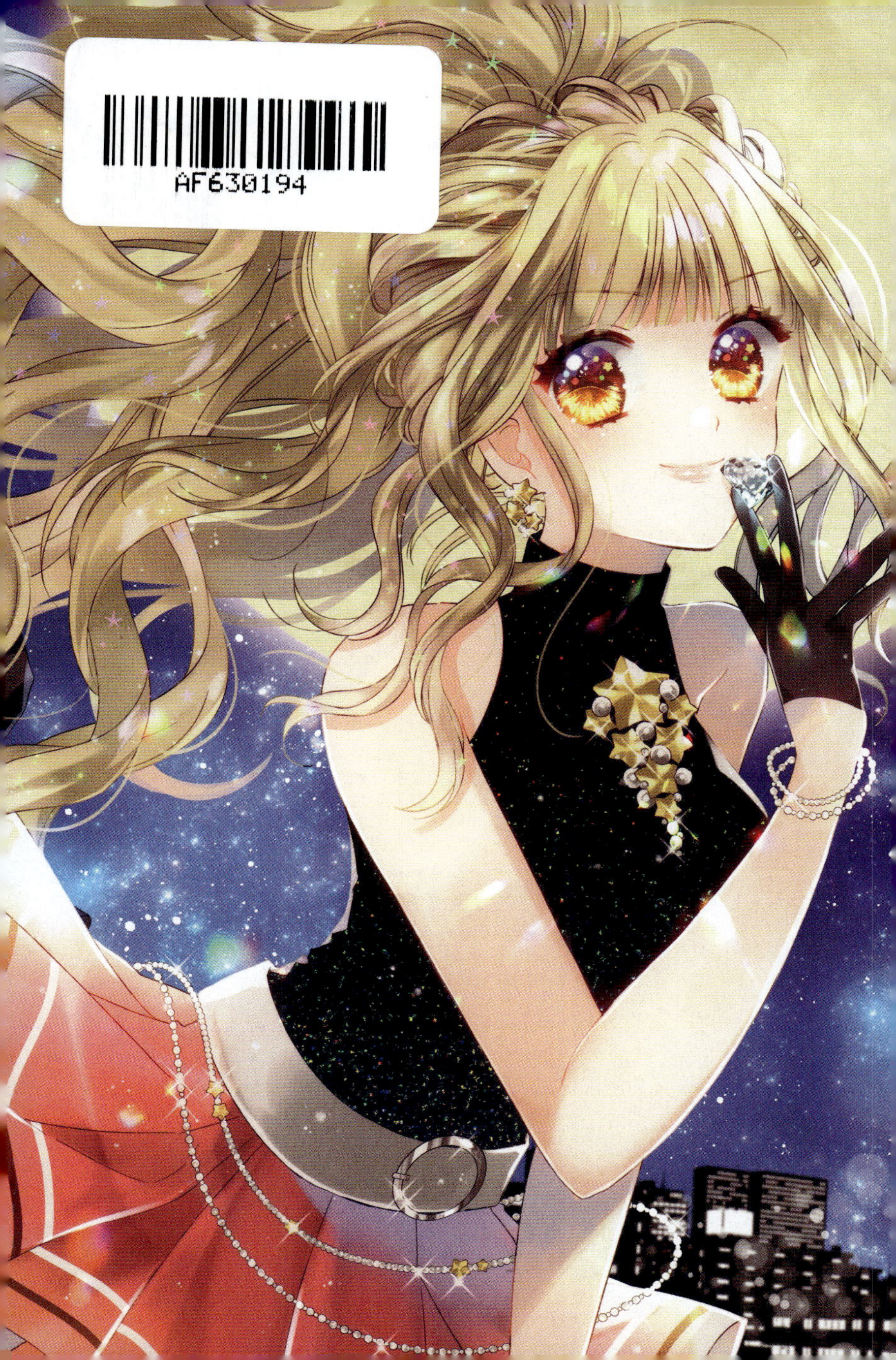

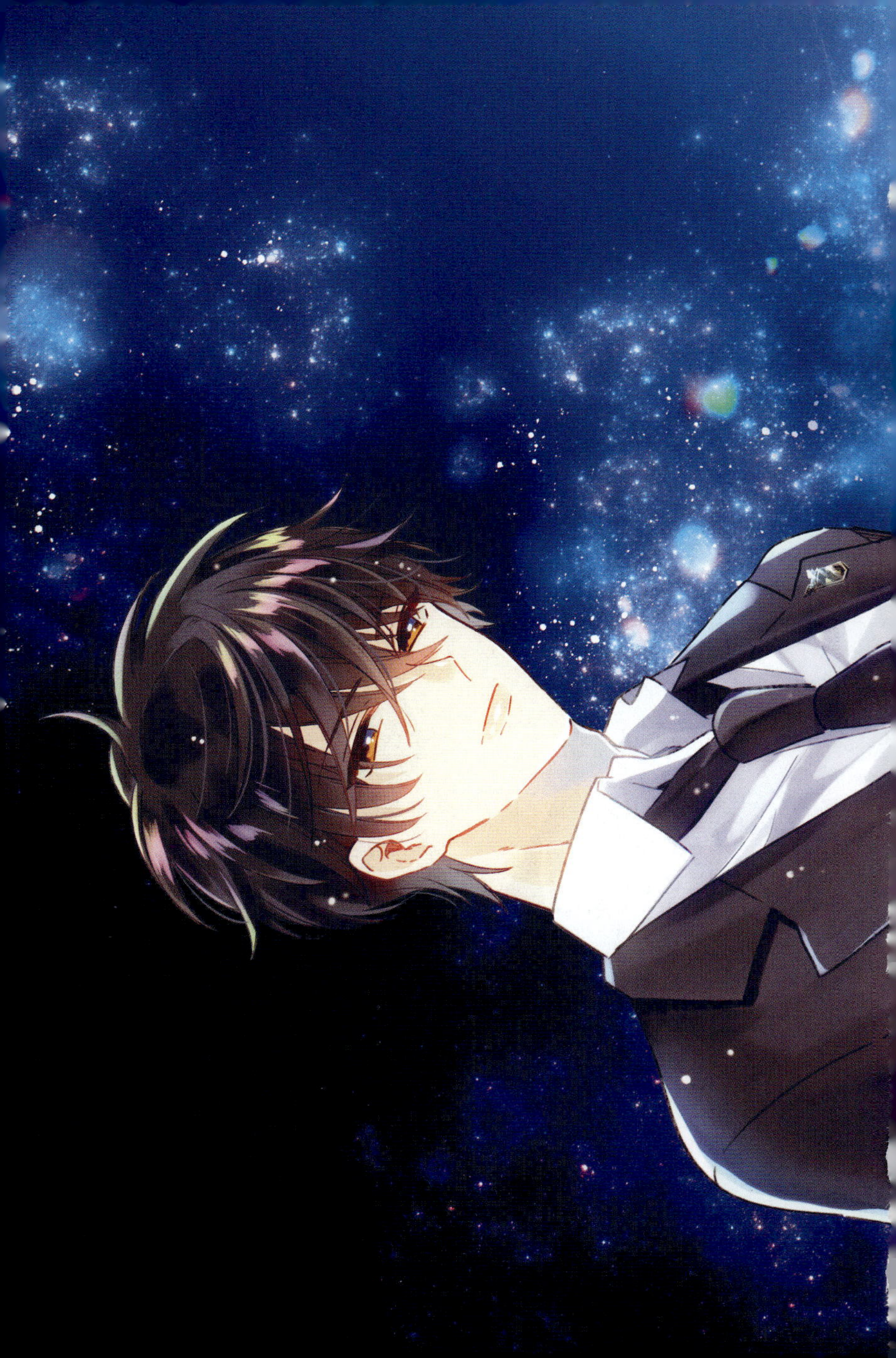

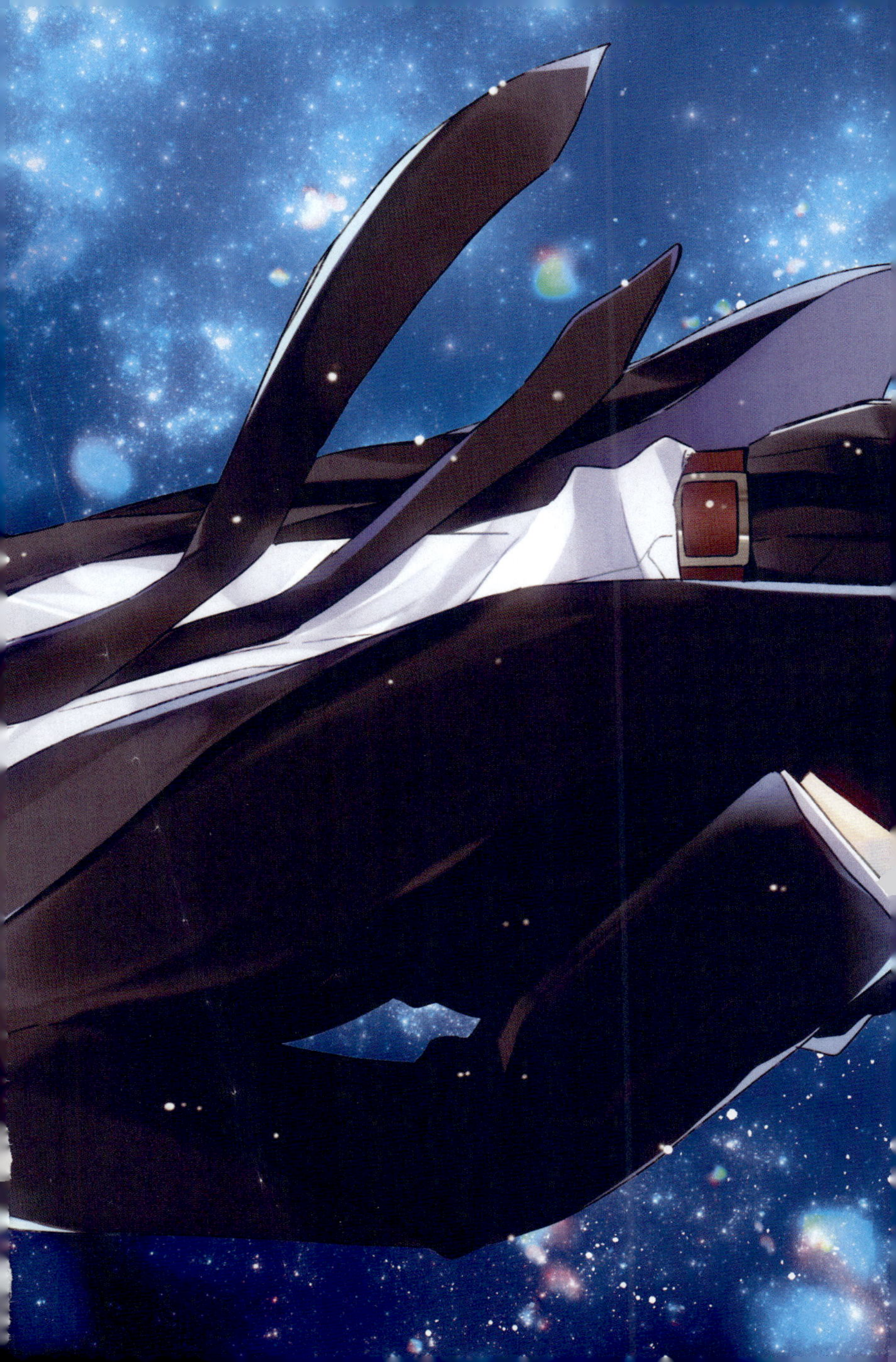

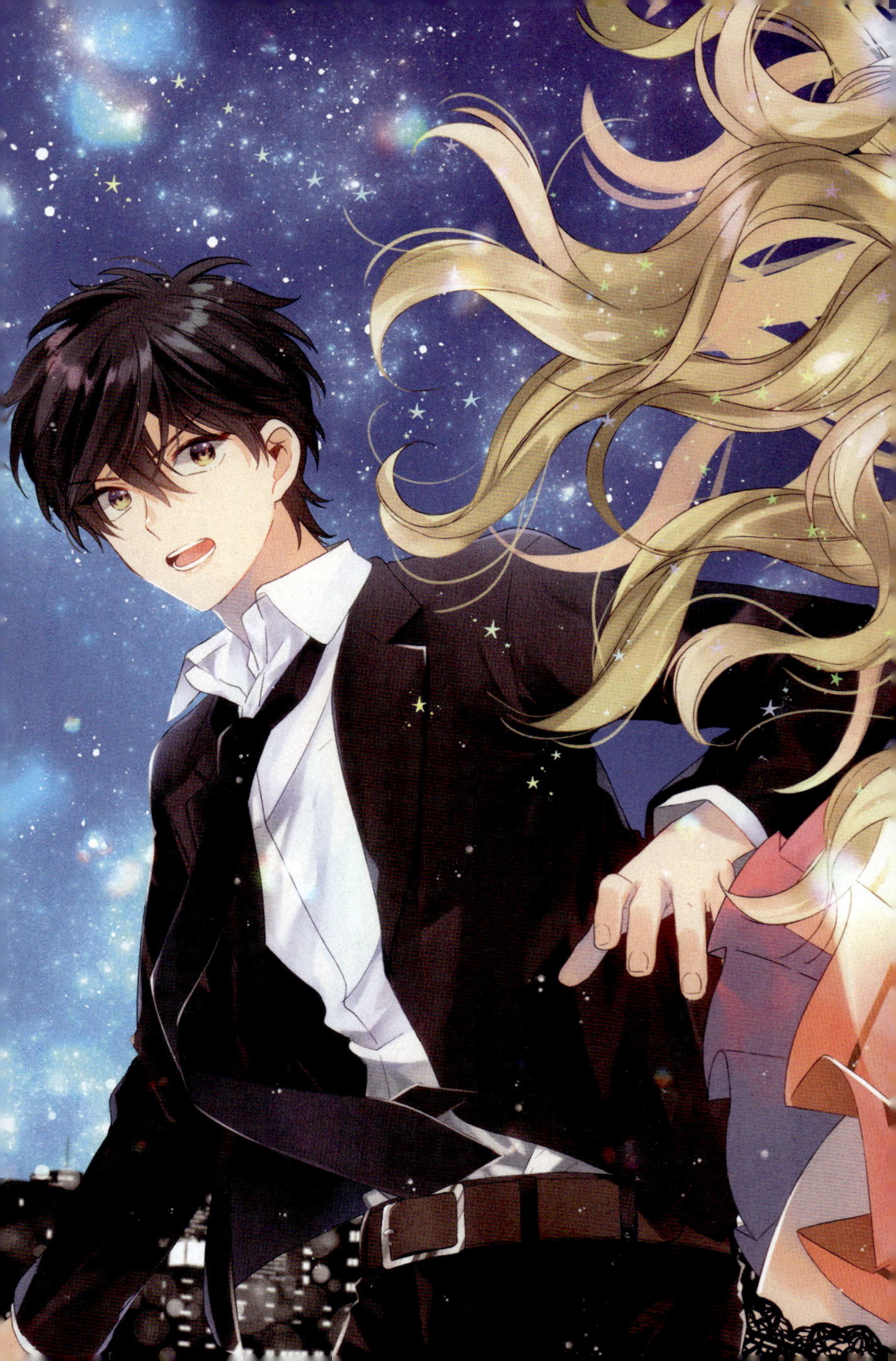

Stellar Witch LIPS

1

Text: Hana Kagami

Zeichnungen: Kotoko Ichi

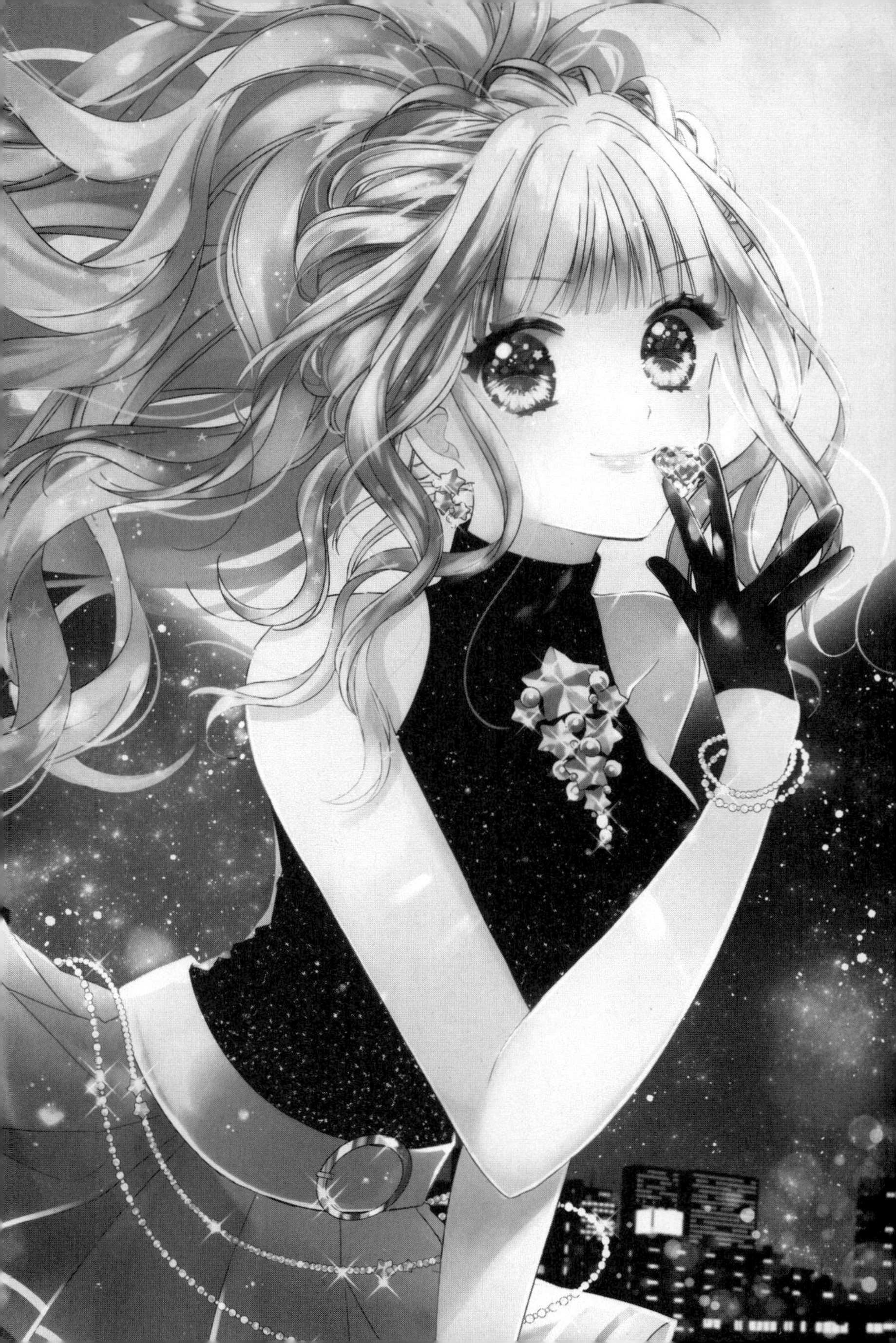

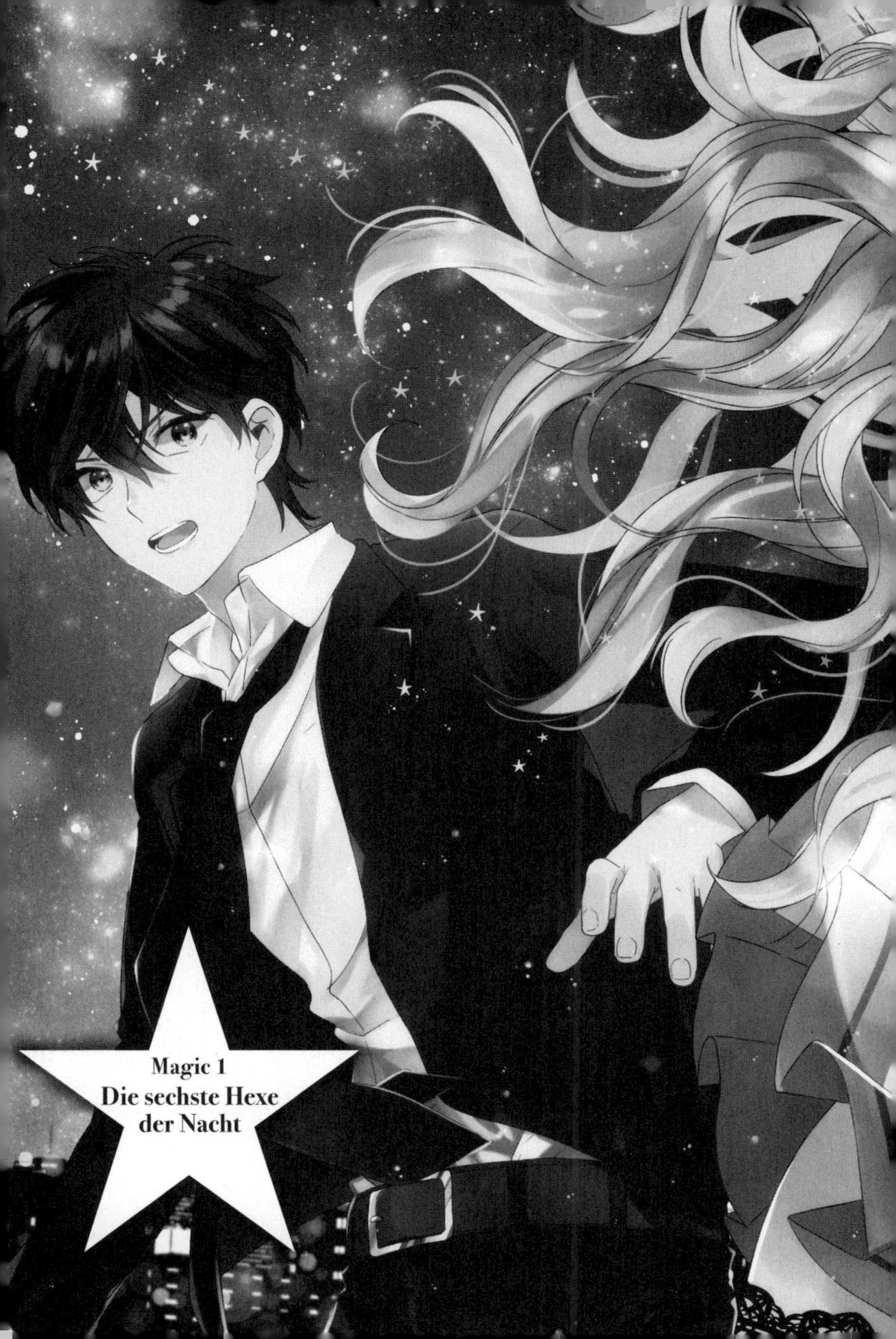
Magic 1
Die sechste Hexe
der Nacht

Inhalt

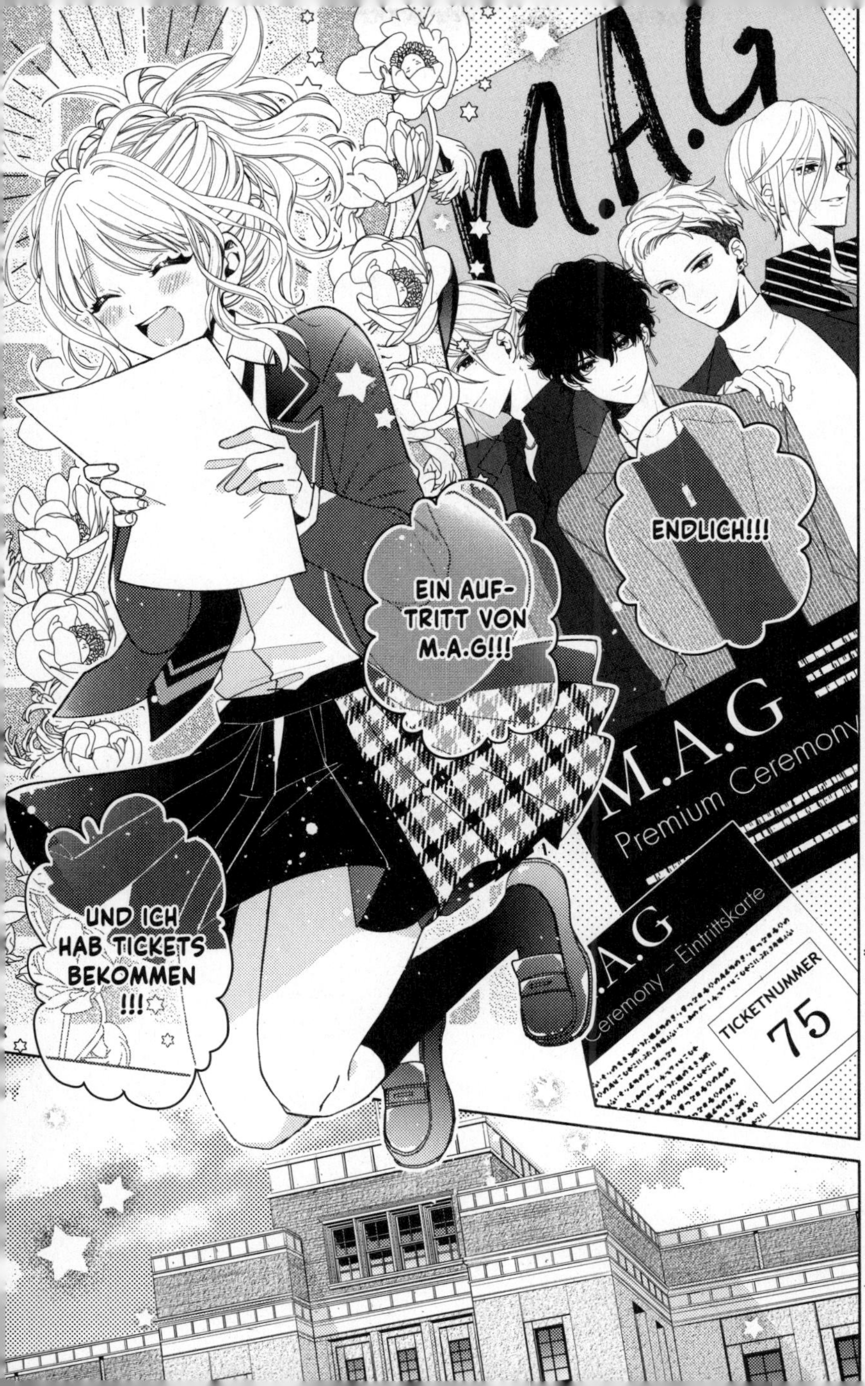
M.A.G
ENDLICH!!!
EIN AUF-
TRITT VON
M.A.G!!!
M.A.G
Premium Ceremony
UND ICH
HAB TICKETS
BEKOMMEN
!!!
.A.G
Ceremony – Eintrittskarte
TICKETNUMMER
75

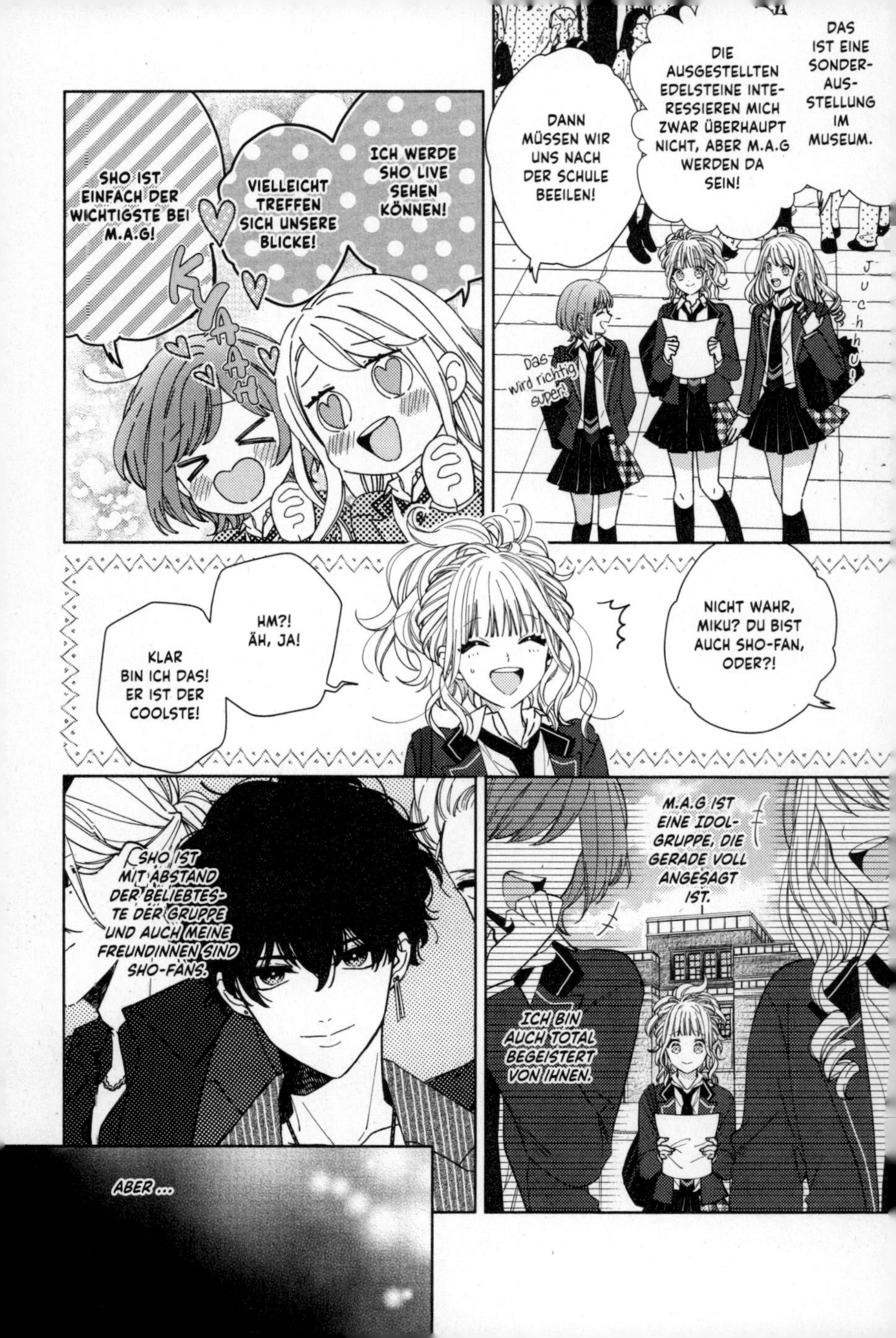
DAS IST EINE SONDER-AUSSTELLUNG IM MUSEUM.
DIE AUSGESTELLTEN EDELSTEINE INTERESSIEREN MICH ZWAR ÜBERHAUPT NICHT, ABER M.A.G WERDEN DA SEIN!
DANN MÜSSEN WIR UNS NACH DER SCHULE BEEILEN!
JUCHHU!
Das wird richtig super!
ICH WERDE SHO LIVE SEHEN KÖNNEN!
VIELLEICHT TREFFEN SICH UNSERE BLICKE!
SHO IST EINFACH DER WICHTIGSTE BEI M.A.G!
KYAAH
NICHT WAHR, MIKU? DU BIST AUCH SHO-FAN, ODER?!
HM?! ÄH, JA!
KLAR BIN ICH DAS! ER IST DER COOLSTE!
M.A.G IST EINE IDOL-GRUPPE, DIE GERADE VOLL ANGESAGT IST.
ICH BIN AUCH TOTAL BEGEISTERT VON IHNEN.
SHO IST MIT ABSTAND DER BELIEBTESTE DER GRUPPE UND AUCH MEINE FREUNDINNEN SIND SHO-FANS.
ABER ...

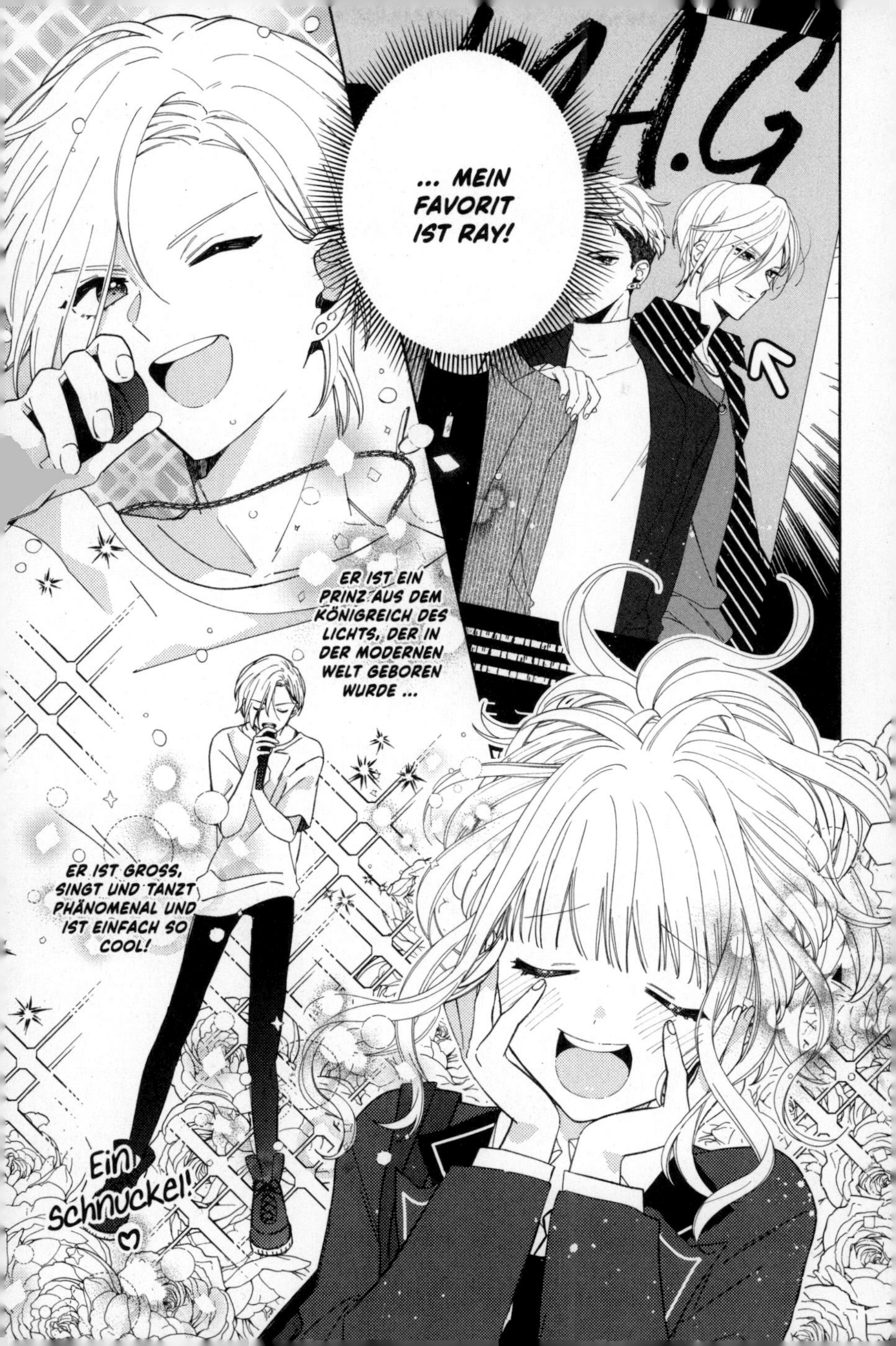
... MEIN FAVORIT IST RAY!
ER IST EIN PRINZ AUS DEM KÖNIGREICH DES LICHTS, DER IN DER MODERNEN WELT GEBOREN WURDE ...
ER IST GROSS, SINGT UND TANZT PHÄNOMENAL UND IST EINFACH SO COOL!
Ein Schnuckel!

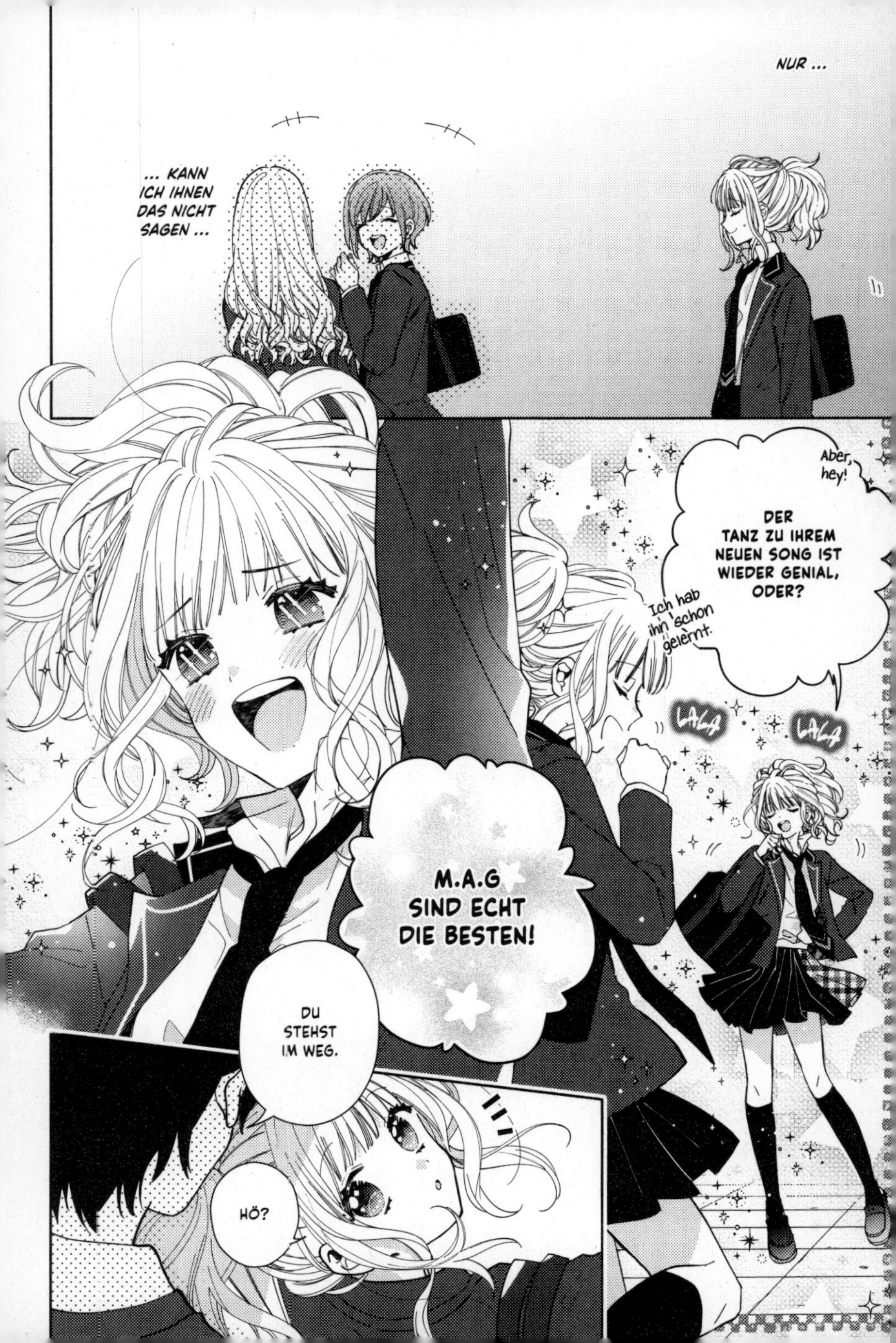
NUR ...
... KANN ICH IHNEN DAS NICHT SAGEN ...
Aber, hey!
DER TANZ ZU IHREM NEUEN SONG IST WIEDER GENIAL, ODER?
Ich hab ihn schon gelernt.
LALA
LALA
M.A.G SIND ECHT DIE BESTEN!
DU STEHST IM WEG.
HÖ?

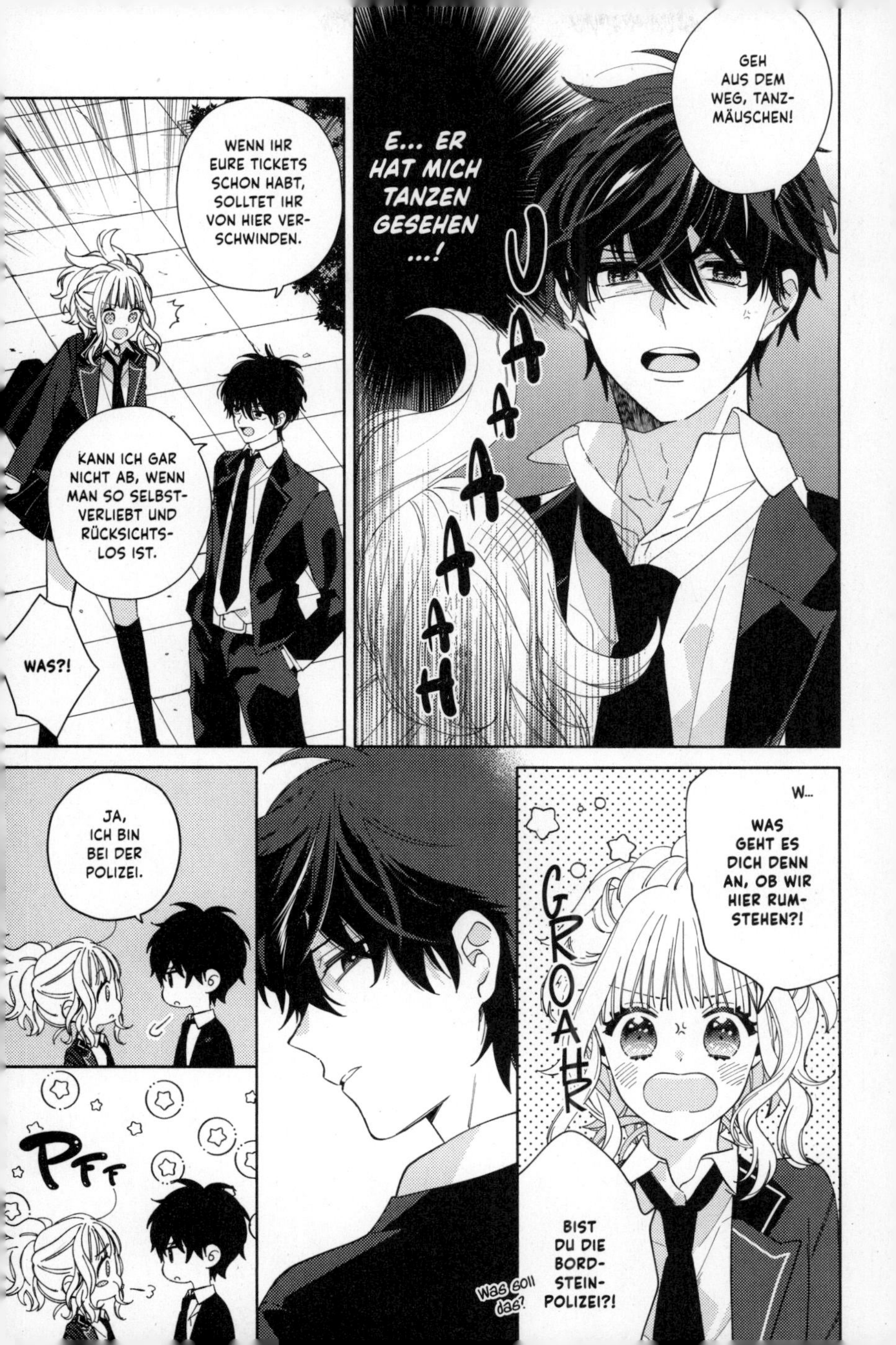
GEH AUS DEM WEG, TANZMÄUSCHEN!
JAAAAAH
E... ER HAT MICH TANZEN GESEHEN ...!
WENN IHR EURE TICKETS SCHON HABT, SOLLTET IHR VON HIER VERSCHWINDEN.
KANN ICH GAR NICHT AB, WENN MAN SO SELBSTVERLIEBT UND RÜCKSICHTSLOS IST.
WAS?!
W...
WAS GEHT ES DICH DENN AN, OB WIR HIER RUMSTEHEN?!
GROAHR
BIST DU DIE BORDSTEIN-POLIZEI?!
Was soll das?
JA, ICH BIN BEI DER POLIZEI.
PFF

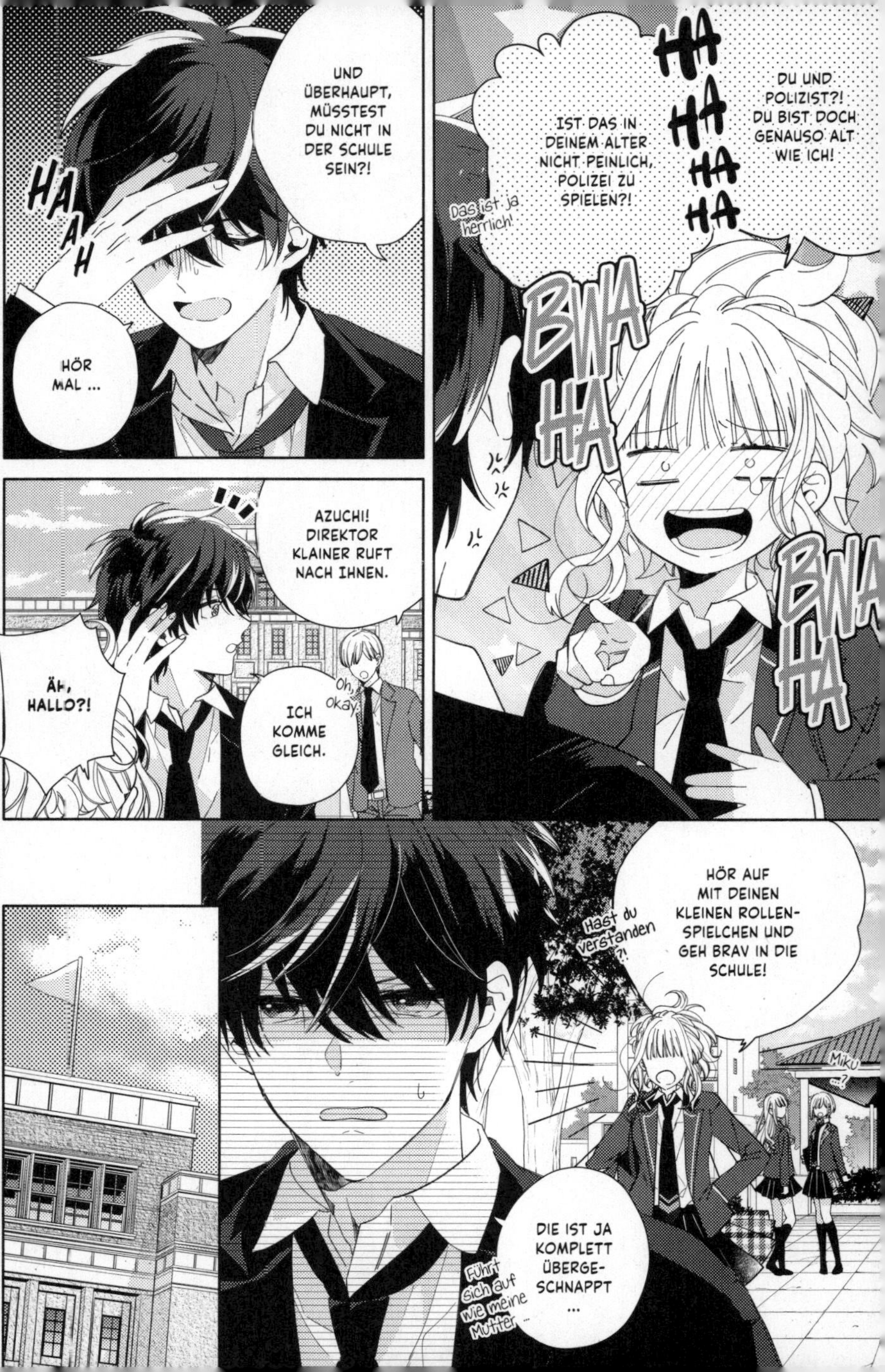

Das ist ja herrlich!
IST DAS IN DEINEM ALTER NICHT PEINLICH, POLIZEI ZU SPIELEN?!
HA HA HA HA HA
DU UND POLIZIST?! DU BIST DOCH GENAUSO ALT WIE ICH!
BWA HA
BWA HA HA
UND ÜBERHAUPT, MÜSSTEST DU NICHT IN DER SCHULE SEIN?!
HAAH
HÖR MAL ...
...
AZUCHI! DIREKTOR KLAINER RUFT NACH IHNEN.
Oh, okay.
ICH KOMME GLEICH.
ÄH, HALLO?!
Miku ...?
HÖR AUF MIT DEINEN KLEINEN ROLLEN-SPIELCHEN UND GEH BRAV IN DIE SCHULE!
Hast du verstanden ?!
DIE IST JA KOMPLETT ÜBERGE-SCHNAPPT ...
Führt sich auf wie meine Mutter ...

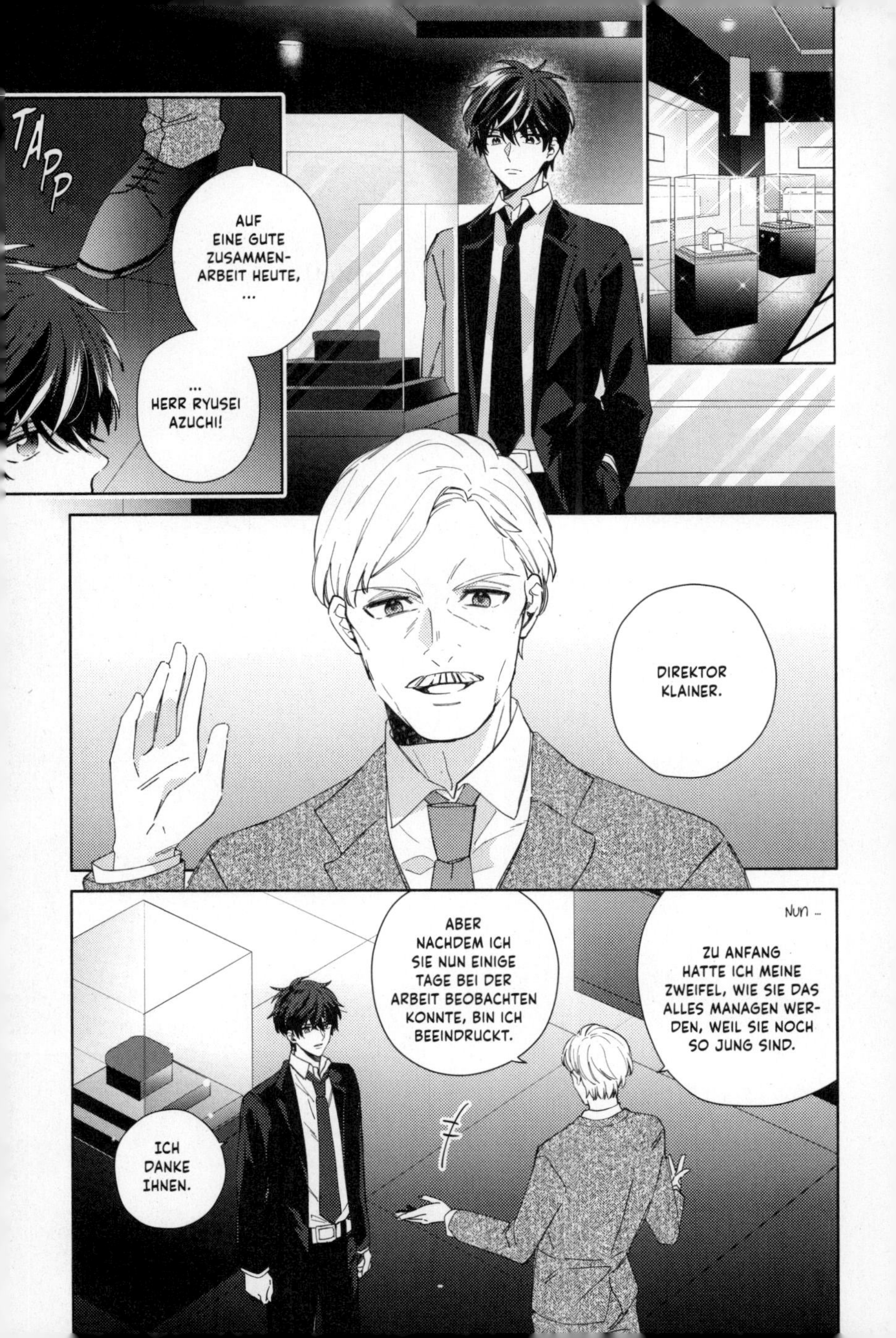
TAPP
AUF EINE GUTE ZUSAMMEN-ARBEIT HEUTE, ...
... HERR RYUSEI AZUCHI!
DIREKTOR KLAINER.
Nun ...
ZU ANFANG HATTE ICH MEINE ZWEIFEL, WIE SIE DAS ALLES MANAGEN WER-DEN, WEIL SIE NOCH SO JUNG SIND.
ABER NACHDEM ICH SIE NUN EINIGE TAGE BEI DER ARBEIT BEOBACHTEN KONNTE, BIN ICH BEEINDRUCKT.
ICH DANKE IHNEN.

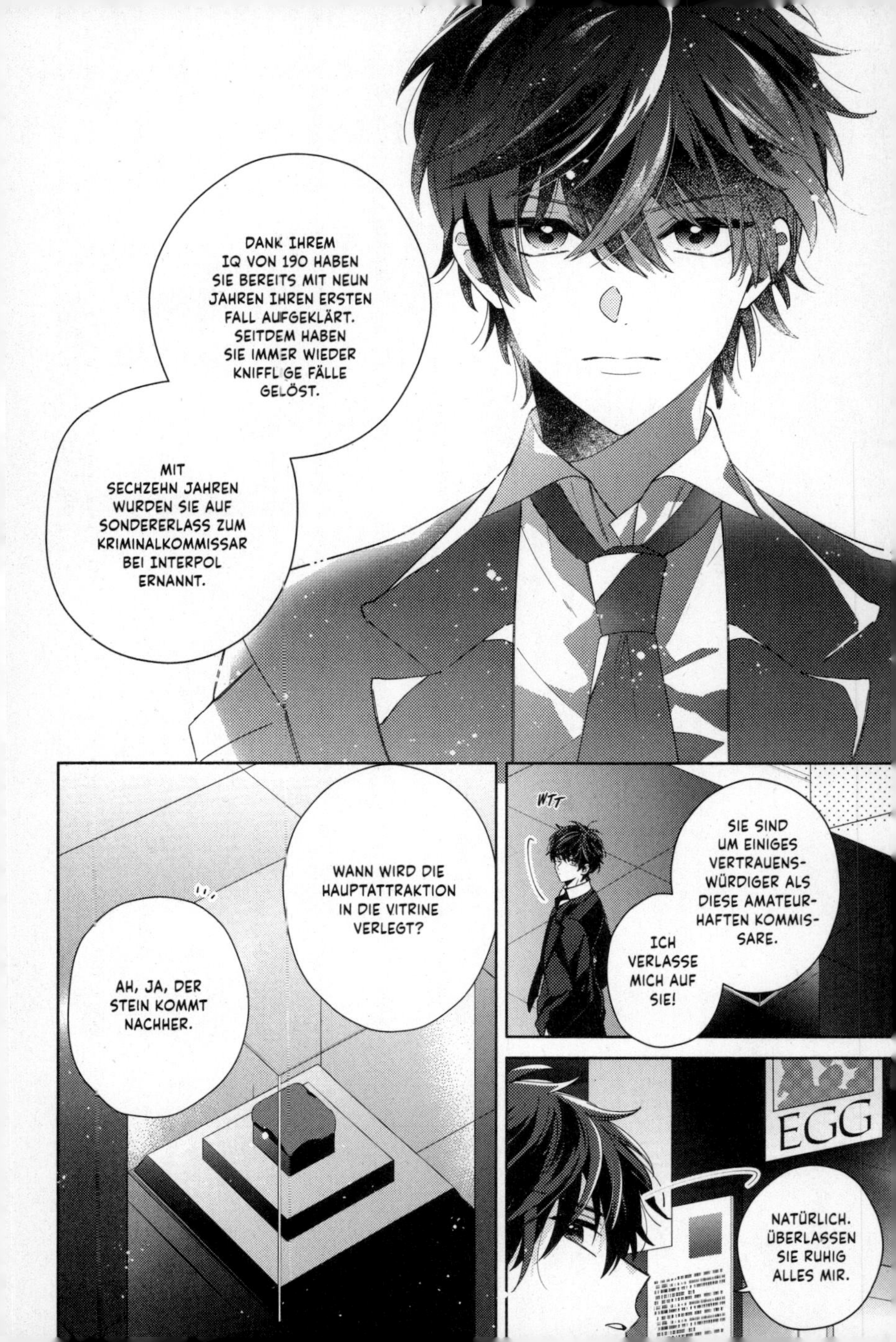
DANK IHREM IQ VON 190 HABEN SIE BEREITS MIT NEUN JAHREN IHREN ERSTEN FALL AUFGEKLÄRT. SEITDEM HABEN SIE IMMER WIEDER KNIFFL GE FÄLLE GELÖST.
MIT SECHZEHN JAHREN WURDEN SIE AUF SONDERERLASS ZUM KRIMINALKOMMISSAR BEI INTERPOL ERNANNT.
WTT
SIE SIND UM EINIGES VERTRAUENS-WÜRDIGER ALS DIESE AMATEUR-HAFTEN KOMMIS-SARE.
ICH VERLASSE MICH AUF SIE!
EGG
NATÜRLICH. ÜBERLASSEN SIE RUHIG ALLES MIR.
WANN WIRD DIE HAUPTATTRAKTION IN DIE VITRINE VERLEGT?
AH, JA, DER STEIN KOMMT NACHHER.

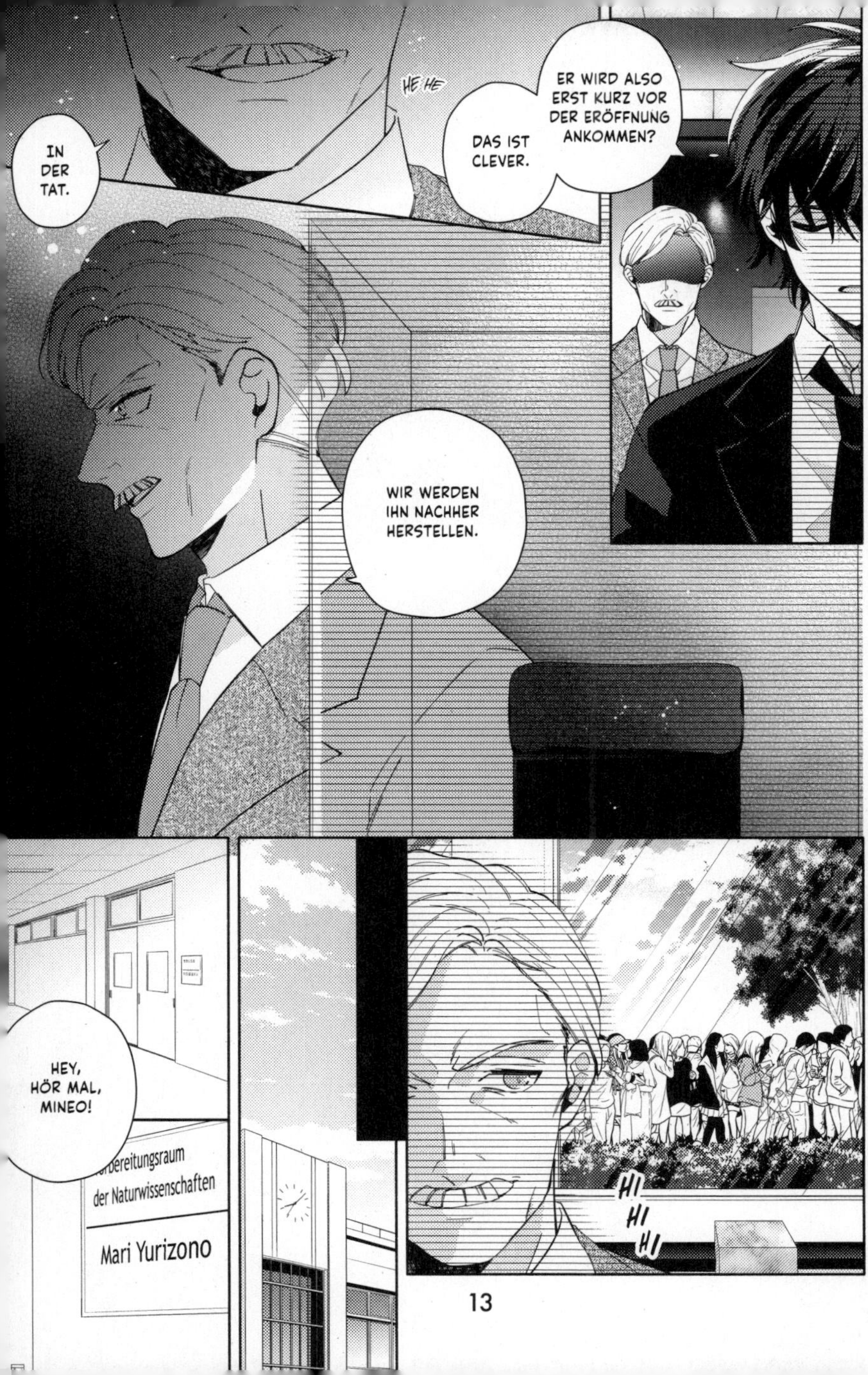
ER WIRD ALSO ERST KURZ VOR DER ERÖFFNUNG ANKOMMEN?
HE HE
DAS IST CLEVER.
IN DER TAT.
WIR WERDEN IHN NACHHER HERSTELLEN.
HI HI HI
HEY, HÖR MAL, MINEO!
orbereitungsraum der Naturwissenschaften
Mari Yurizono

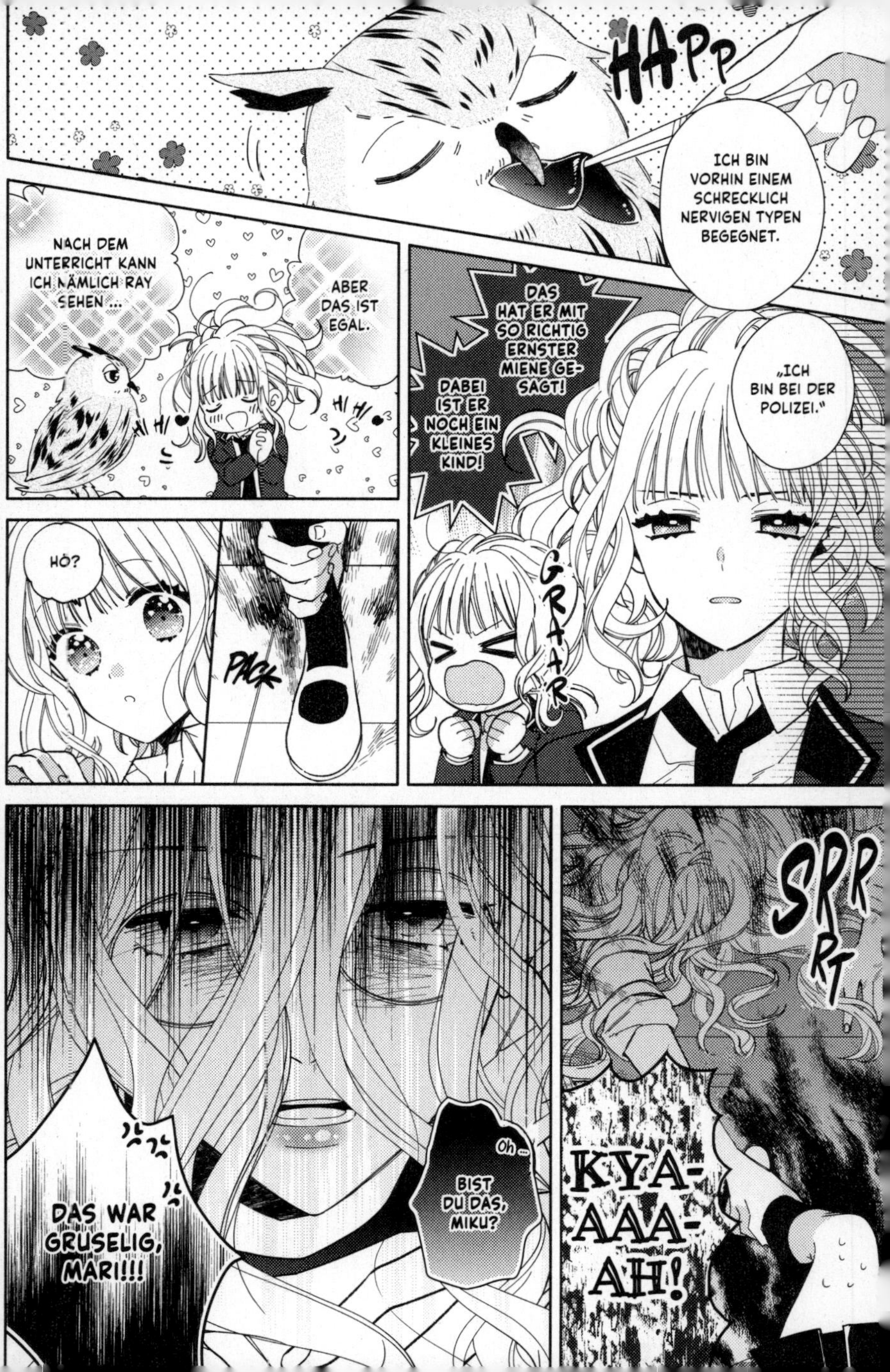
HAPP
ICH BIN VORHIN EINEM SCHRECKLICH NERVIGEN TYPEN BEGEGNET.
„ICH BIN BEI DER POLIZEI."
DAS HAT ER MIT SO RICHTIG ERNSTER MIENE GESAGT!
DABEI IST ER NOCH EIN KLEINES KIND!
GRAAAR
ABER DAS IST EGAL.
NACH DEM UNTERRICHT KANN ICH NÄMLICH RAY SEHEN ...
HI HI
PACK
HÖ?
SRRRT
KYA-AAA-AH!
Oh ...
BIST DU DAS, MIKU?
DAS WAR GRUSELIG, MARI!!!

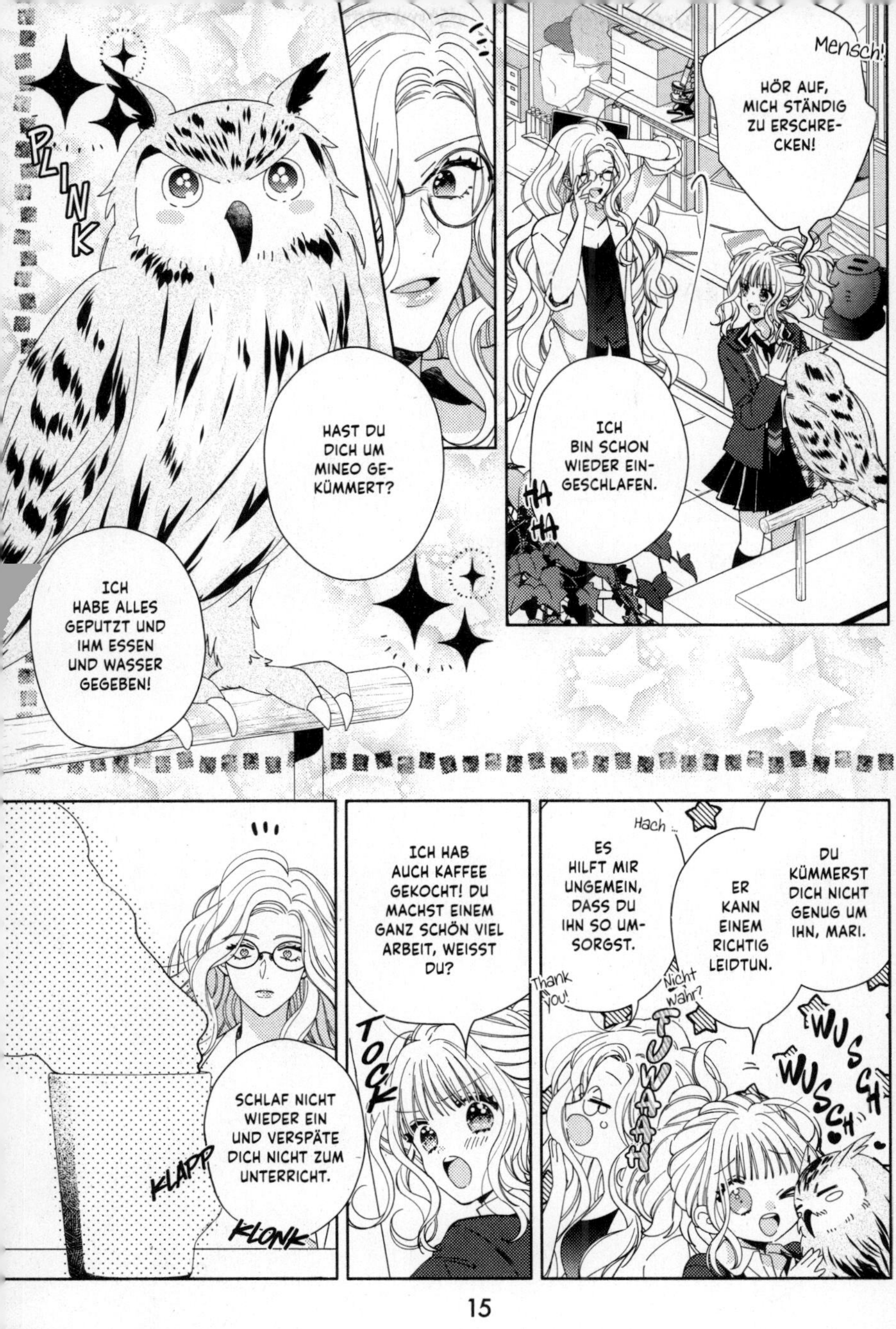
Mensch!
HÖR AUF, MICH STÄNDIG ZU ERSCHRECKEN!
HA HA
ICH BIN SCHON WIEDER EINGESCHLAFEN.
PLINK
HAST DU DICH UM MINEO GEKÜMMERT?
ICH HABE ALLES GEPUTZT UND IHM ESSEN UND WASSER GEGEBEN!
Hach ...
DU KÜMMERST DICH NICHT GENUG UM IHN, MARI.
ER KANN EINEM RICHTIG LEIDTUN.
Nicht wahr?
WUSCH WUSCH
ES HILFT MIR UNGEMEIN, DASS DU IHN SO UMSORGST.
Thank you!
ICH HAB AUCH KAFFEE GEKOCHT! DU MACHST EINEM GANZ SCHÖN VIEL ARBEIT, WEISST DU?
TOCK
SCHLAF NICHT WIEDER EIN UND VERSPÄTE DICH NICHT ZUM UNTERRICHT.
KLAPP
KLONK

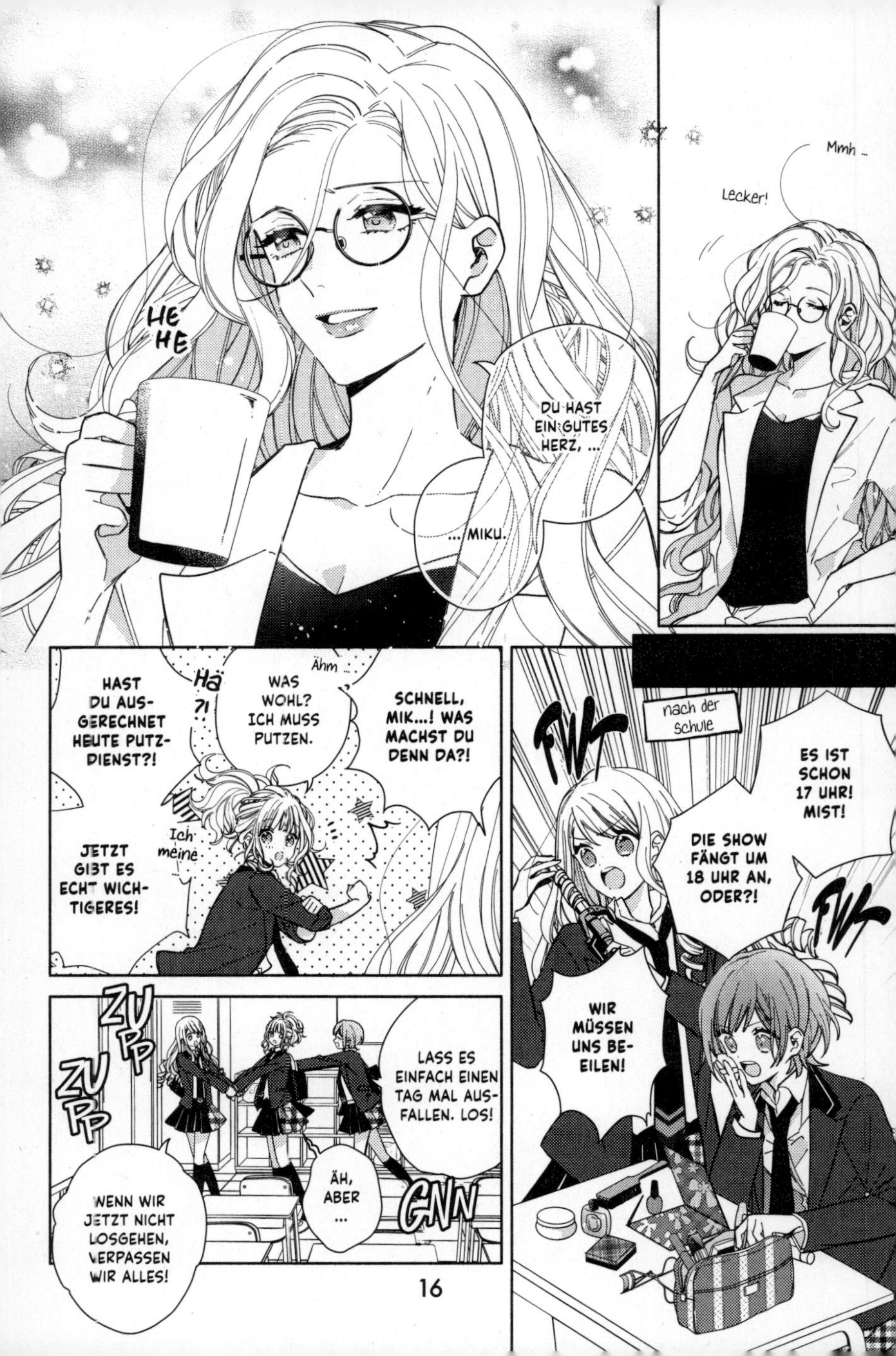

Mmh ...
Lecker!
HE HE
DU HAST EIN GUTES HERZ, ...
... MIKU.
nach der Schule
FWK
ES IST SCHON 17 UHR! MIST!
DIE SHOW FÄNGT UM 18 UHR AN, ODER?!
FWK
WIR MÜSSEN UNS BE-EILEN!
SCHNELL, MIK...! WAS MACHST DU DENN DA?!
Ähm ...
WAS WOHL? ICH MUSS PUTZEN.
Hä?!
HAST DU AUS-GERECHNET HEUTE PUTZ-DIENST?!
Ich meine ...
JETZT GIBT ES ECHT WICH-TIGERES!
LASS ES EINFACH EINEN TAG MAL AUS-FALLEN. LOS!
ÄH, ABER ...
GNN
ZUPP
ZUPP
WENN WIR JETZT NICHT LOSGEHEN, VERPASSEN WIR ALLES!

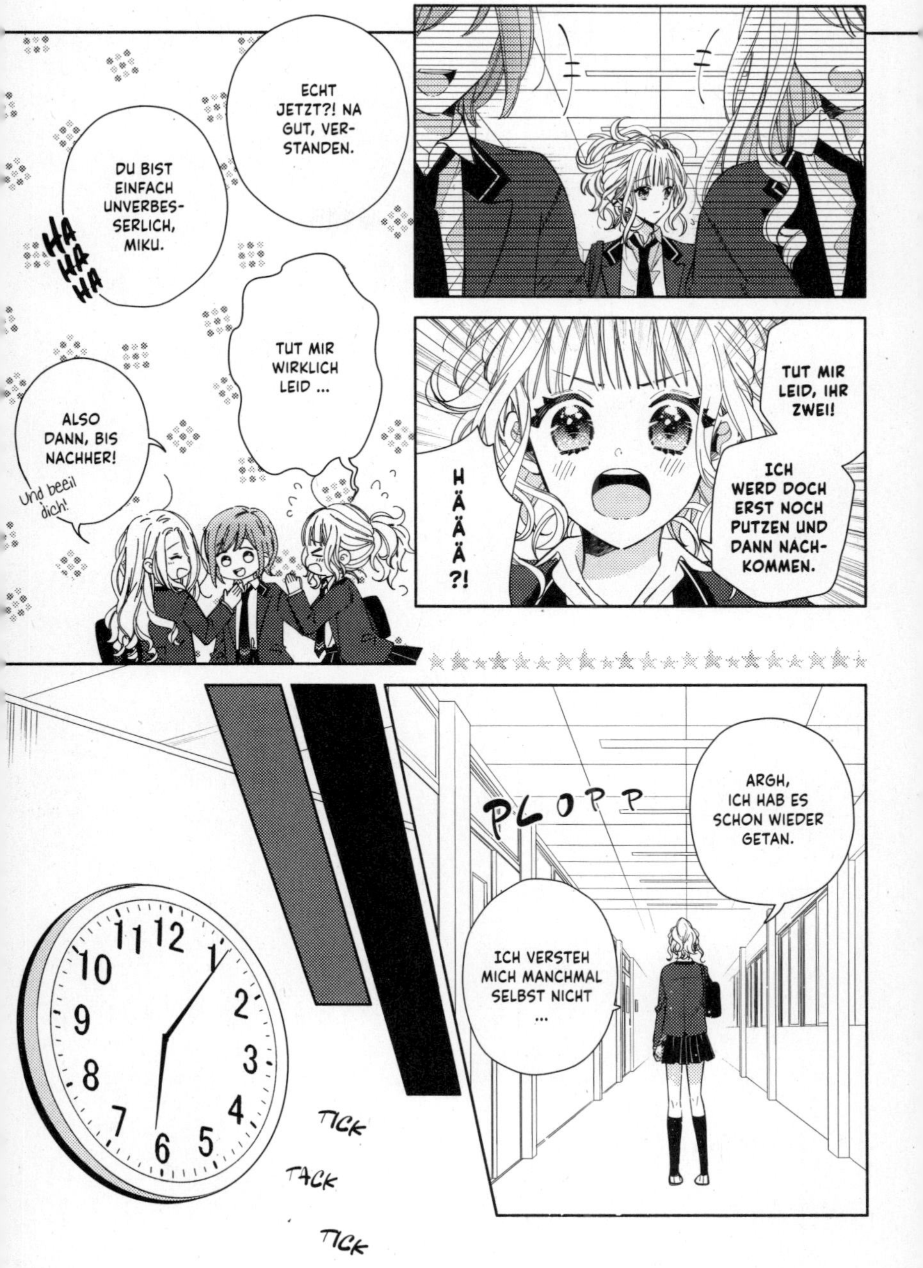
TUT MIR LEID, IHR ZWEI!
ICH WERD DOCH ERST NOCH PUTZEN UND DANN NACHKOMMEN.
HÄÄÄ?!
ECHT JETZT?! NA GUT, VERSTANDEN.
DU BIST EINFACH UNVERBESSERLICH, MIKU.
HAHAHA
TUT MIR WIRKLICH LEID ...
ALSO DANN, BIS NACHHER!
Und beeil dich!
ARGH, ICH HAB ES SCHON WIEDER GETAN.
ICH VERSTEH MICH MANCHMAL SELBST NICHT ...
PLOPP
TICK
TACK
TICK

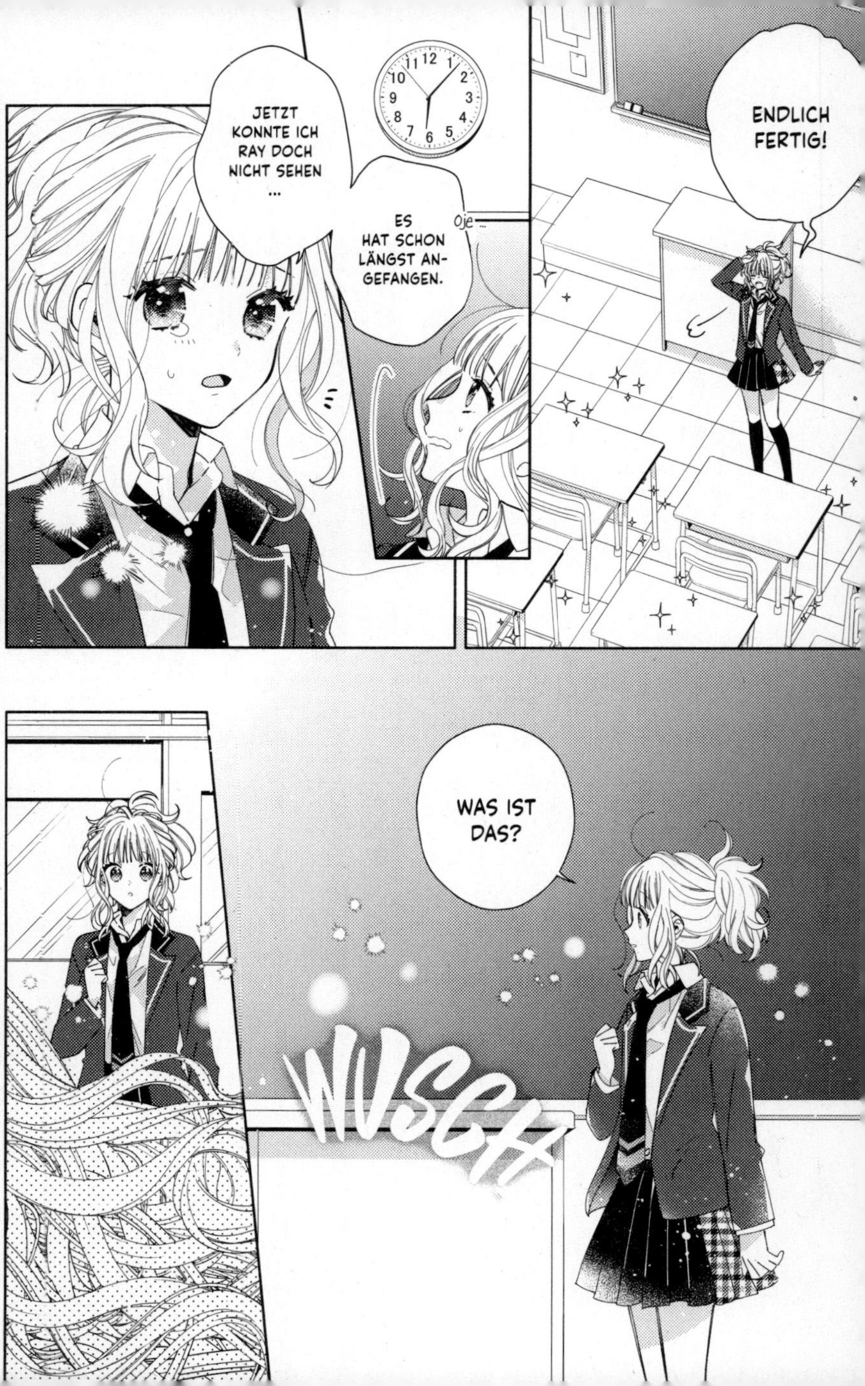
ENDLICH FERTIG!
Oje ...
ES HAT SCHON LÄNGST AN-GEFANGEN.
JETZT KONNTE ICH RAY DOCH NICHT SEHEN ...
WAS IST DAS?
WUSCH

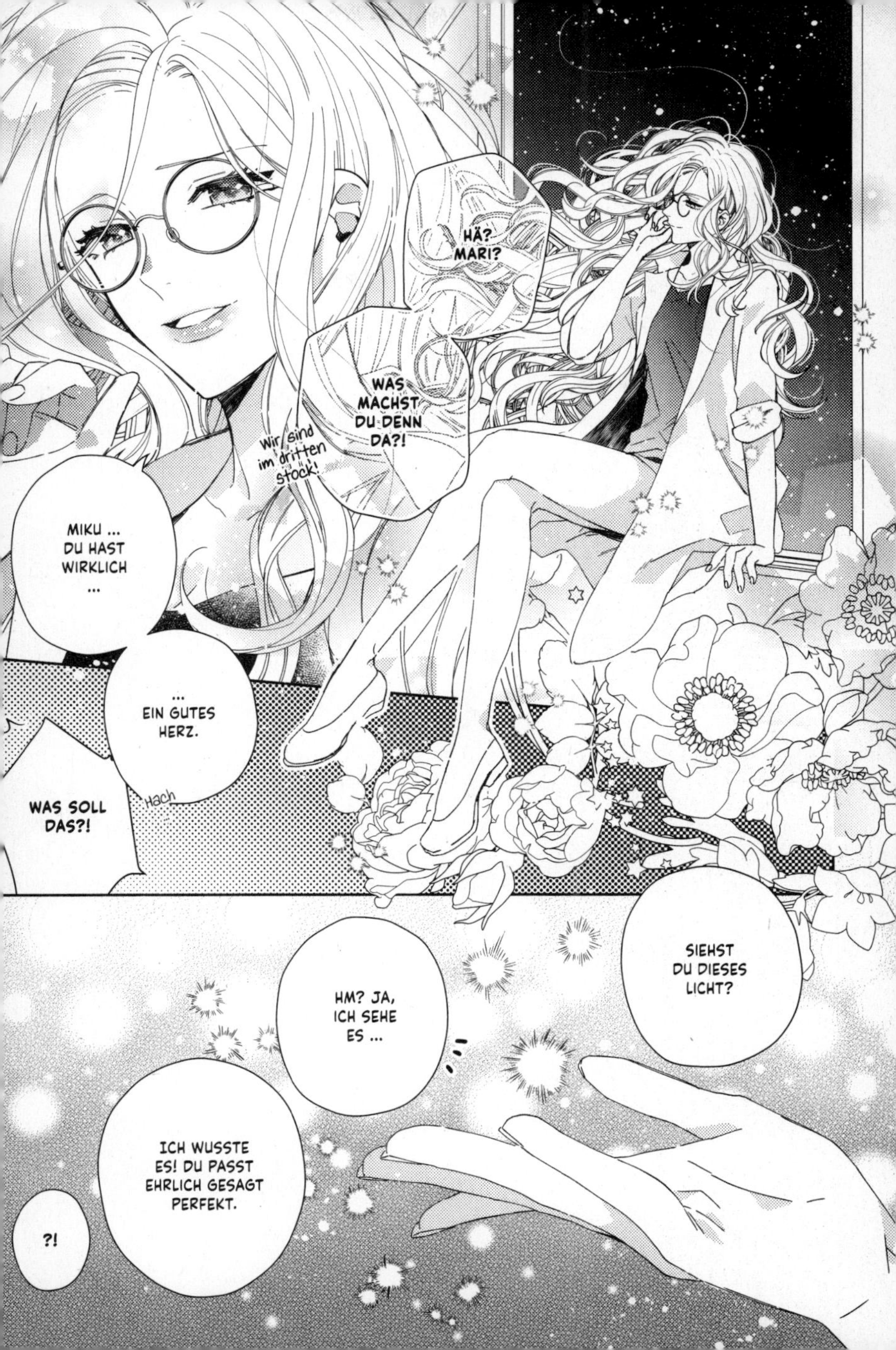
HÄ? MARI?
WAS MACHST DU DENN DA?!
Wir sind im dritten Stock!
MIKU ... DU HAST WIRKLICH ...
... EIN GUTES HERZ.
Hach
WAS SOLL DAS?!
SIEHST DU DIESES LICHT?
HM? JA, ICH SEHE ES ...
ICH WUSSTE ES! DU PASST EHRLICH GESAGT PERFEKT.
?!

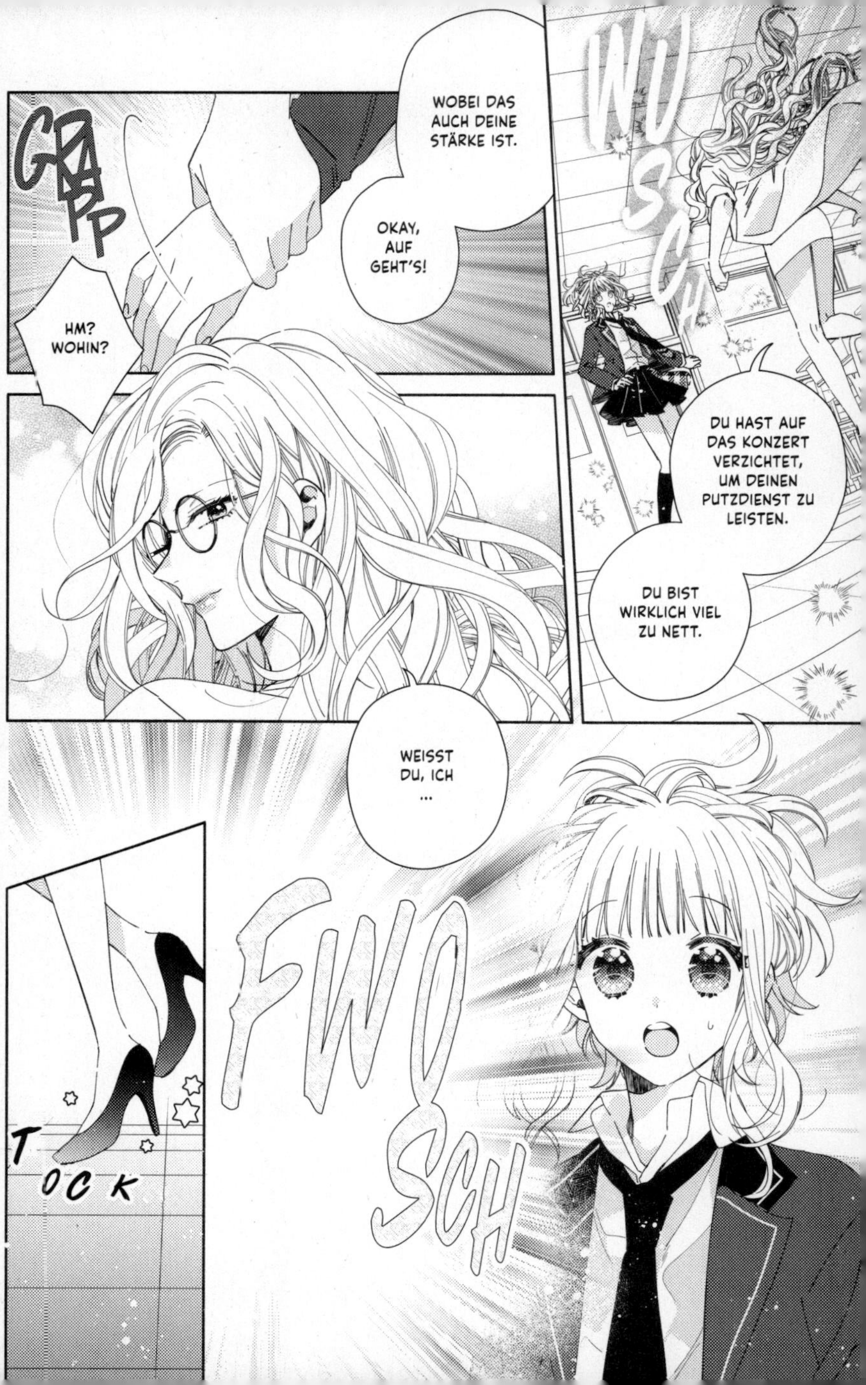
WUSCH
DU HAST AUF DAS KONZERT VERZICHTET, UM DEINEN PUTZDIENST ZU LEISTEN.
DU BIST WIRKLICH VIEL ZU NETT.
WOBEI DAS AUCH DEINE STÄRKE IST.
OKAY, AUF GEHT'S!
GRAPP
HM? WOHIN?
WEISST DU, ICH ...
FWOSCH
TOCK

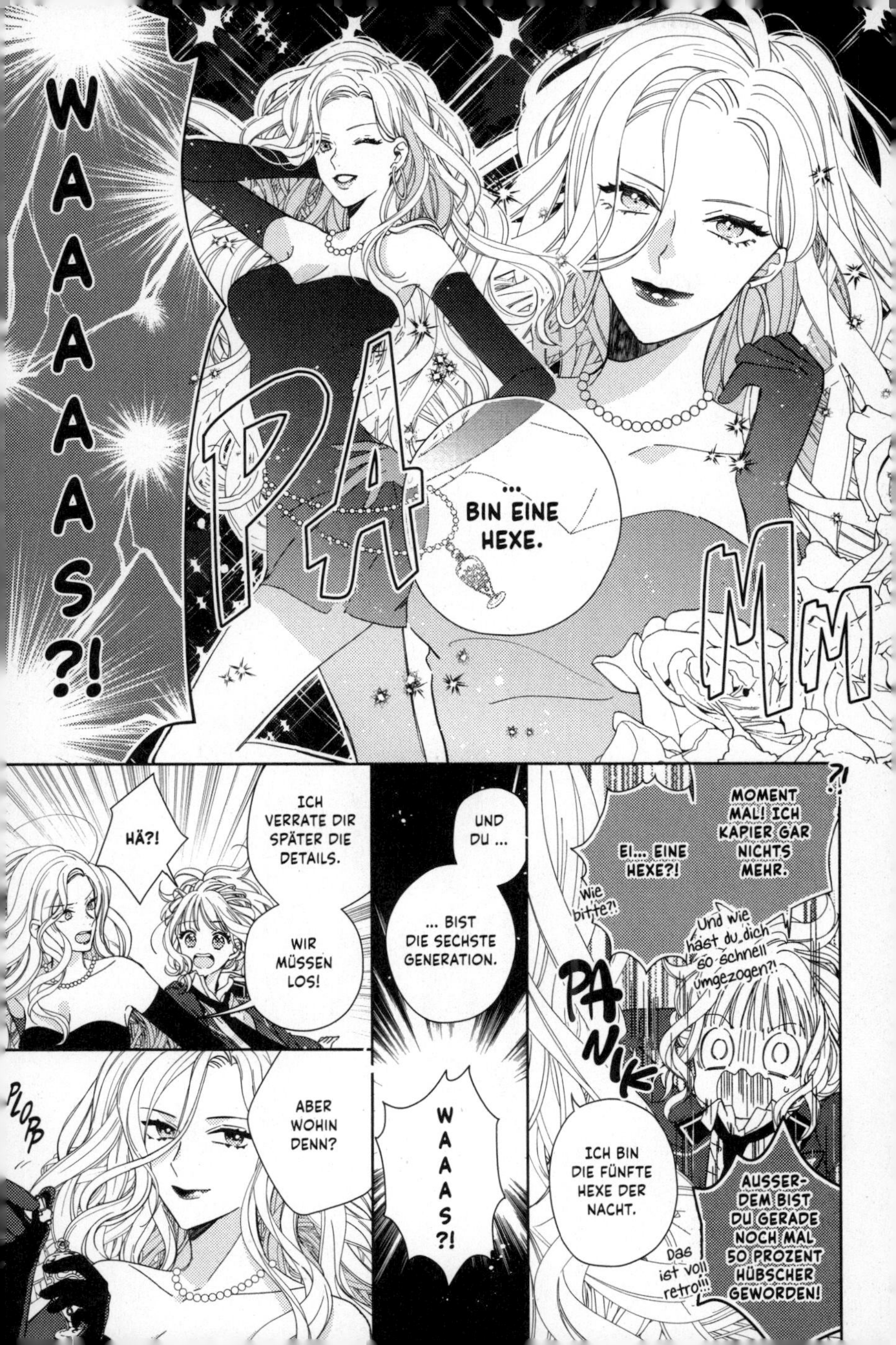
WAAAAAS?!
PA
... BIN EINE HEXE.
MM
MOMENT MAL! ICH KAPIER GAR NICHTS MEHR.
EI... EINE HEXE?!
Wie bitte?!
Und wie hast du dich so schnell umgezogen?!
PANIK
UND DU ...
... BIST DIE SECHSTE GENERATION.
ICH VERRATE DIR SPÄTER DIE DETAILS.
HÄ?!
WIR MÜSSEN LOS!
AUSSER-DEM BIST DU GERADE NOCH MAL 50 PROZENT HÜBSCHER GEWORDEN!
Das ist voll retro!!
ICH BIN DIE FÜNFTE HEXE DER NACHT.
WAAAS?!
ABER WOHIN DENN?
PLOPP

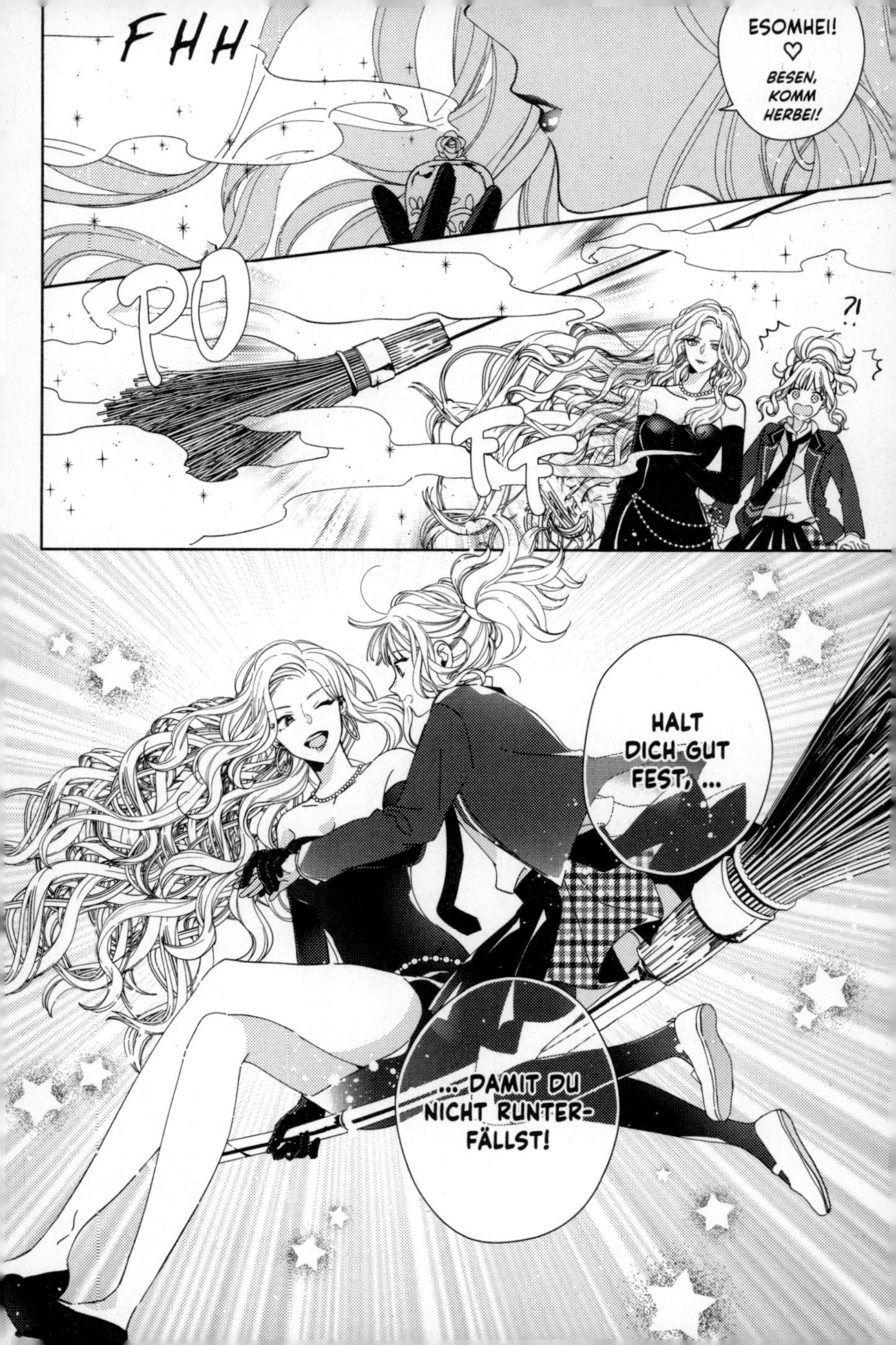
ESOMHEI! ♡ BESEN, KOMM HERBEI!
FHH
?!
PO
FF
HALT DICH GUT FEST, ...
... DAMIT DU NICHT RUNTER-FÄLLST!

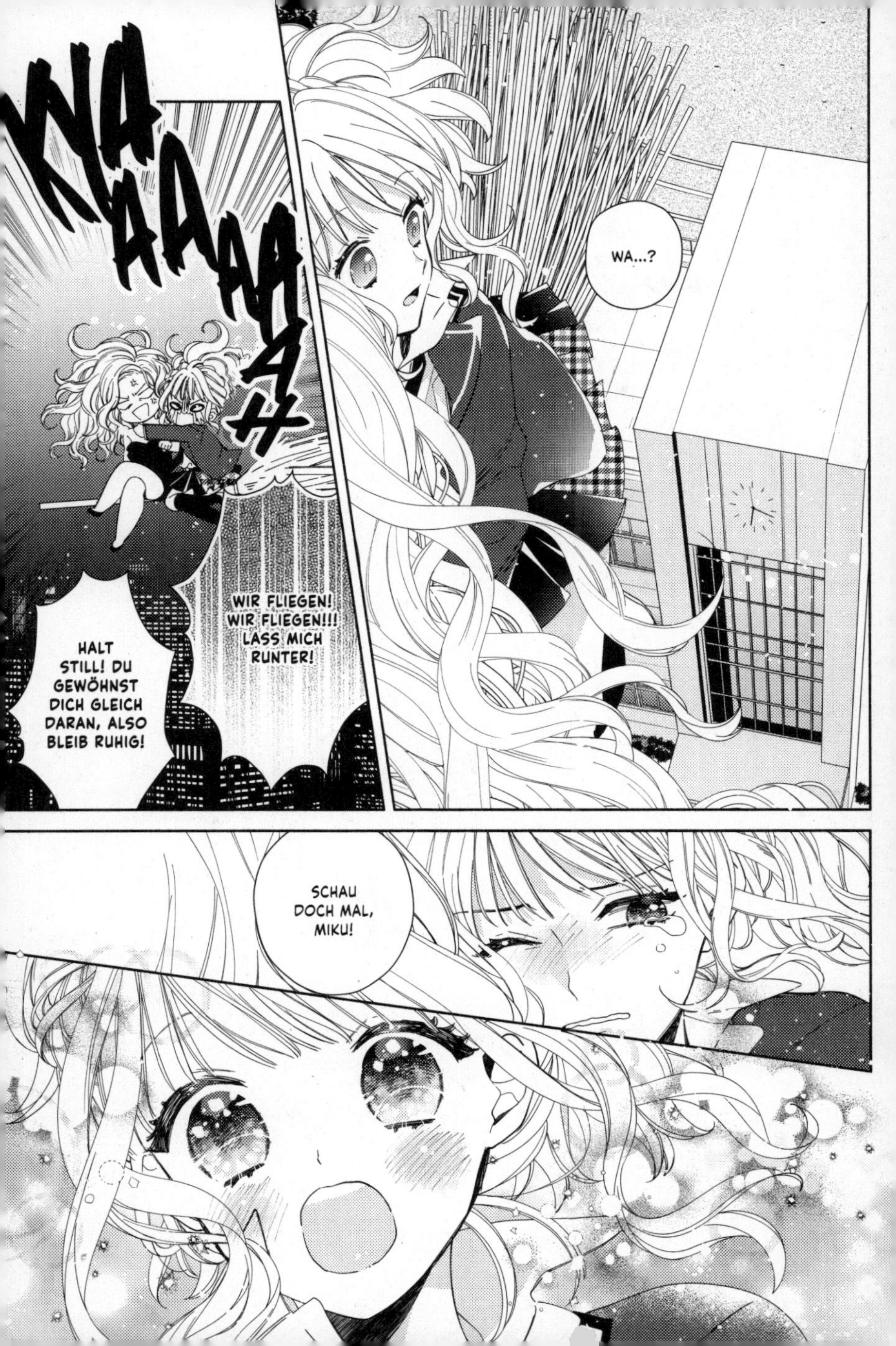
WA...?
KYAAAAAAAAAA
WIR FLIEGEN! WIR FLIEGEN!!! LASS MICH RUNTER!
HALT STILL! DU GEWÖHNST DICH GLEICH DARAN, ALSO BLEIB RUHIG!
SCHAU DOCH MAL, MIKU!

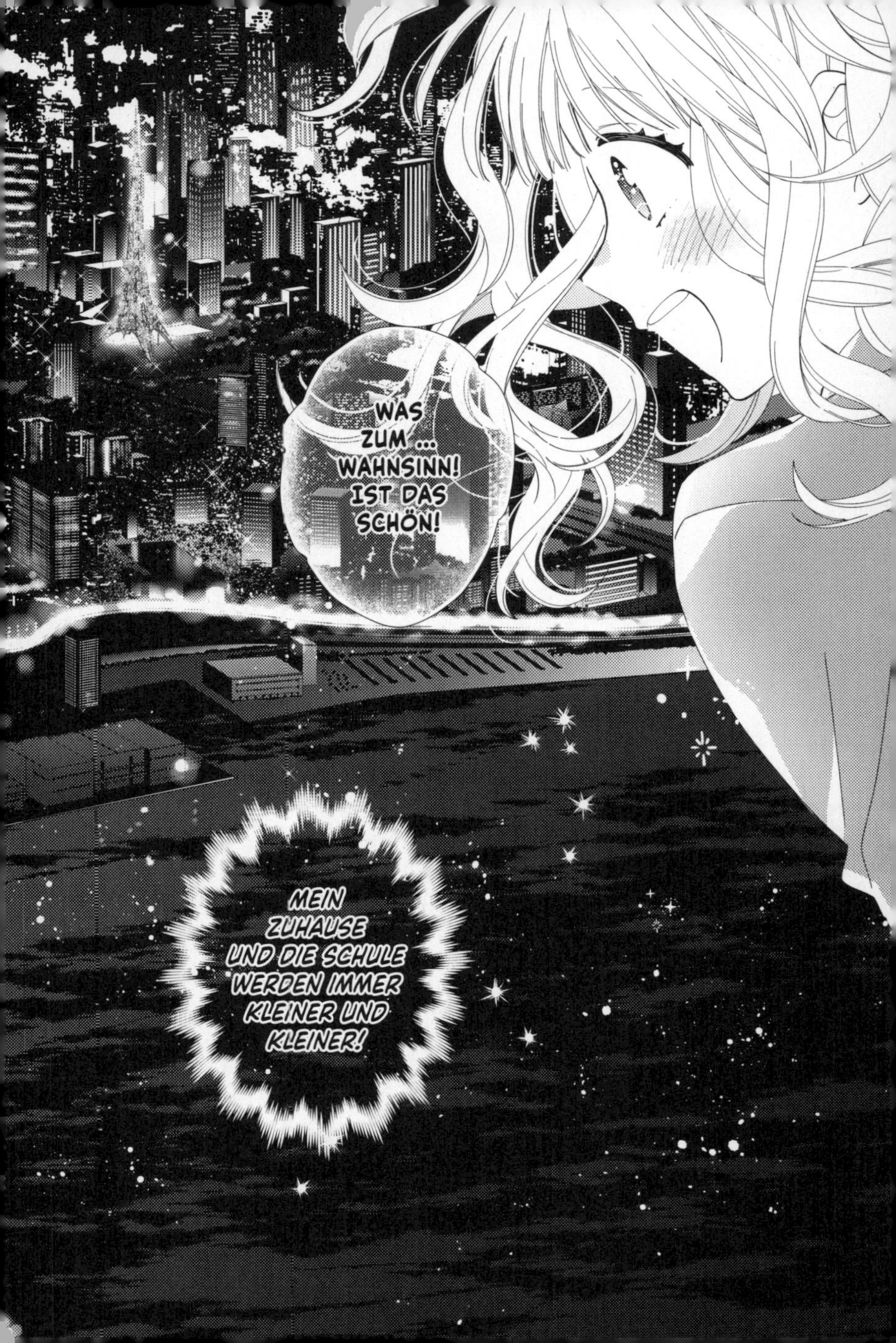
WAS ZUM ... WAHNSINN! IST DAS SCHÖN!
MEIN ZUHAUSE UND DIE SCHULE WERDEN IMMER KLEINER UND KLEINER!

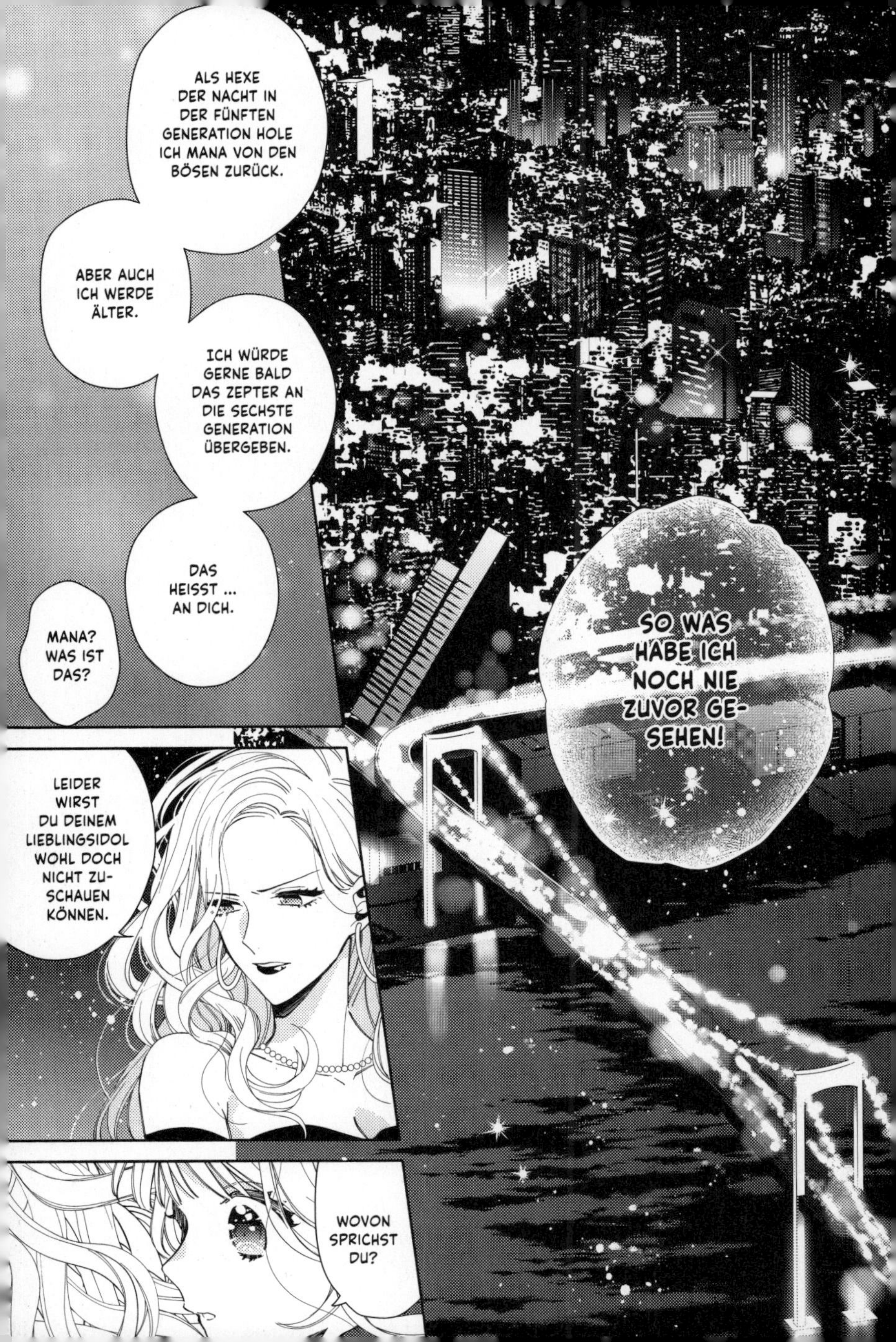
SO WAS HABE ICH NOCH NIE ZUVOR GE-SEHEN!
ALS HEXE DER NACHT IN DER FÜNFTEN GENERATION HOLE ICH MANA VON DEN BÖSEN ZURÜCK.
ABER AUCH ICH WERDE ÄLTER.
ICH WÜRDE GERNE BALD DAS ZEPTER AN DIE SECHSTE GENERATION ÜBERGEBEN.
DAS HEISST ... AN DICH.
MANA? WAS IST DAS?
LEIDER WIRST DU DEINEM LIEBLINGSIDOL WOHL DOCH NICHT ZU-SCHAUEN KÖNNEN.
WOVON SPRICHST DU?

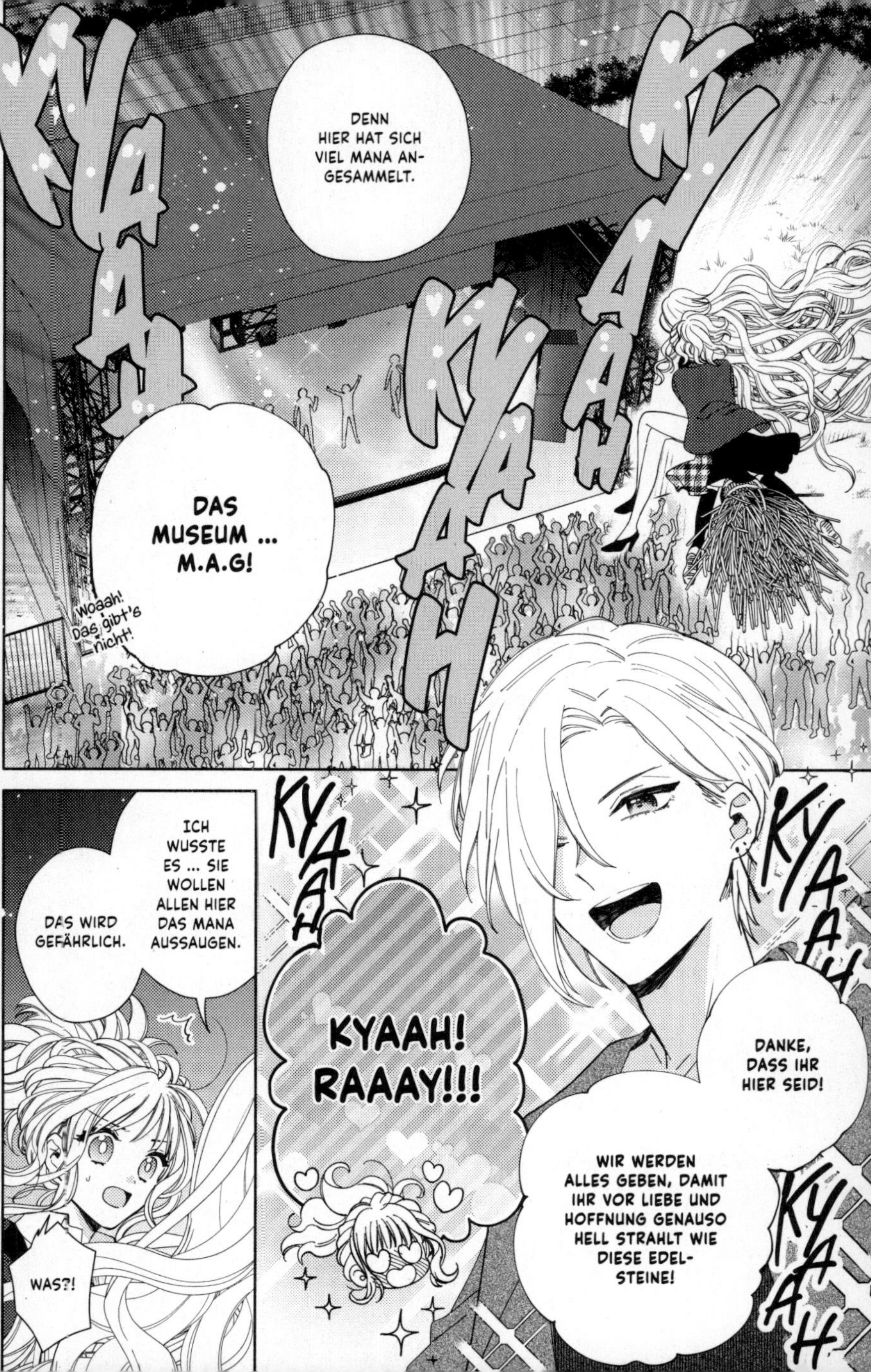
KYAAH
DENN HIER HAT SICH VIEL MANA ANGESAMMELT.
KYAAH
KYAAAAH
DAS MUSEUM ... M.A.G!
Woaah! Das gibt's nicht!
KYAAH
DANKE, DASS IHR HIER SEID!
WIR WERDEN ALLES GEBEN, DAMIT IHR VOR LIEBE UND HOFFNUNG GENAUSO HELL STRAHLT WIE DIESE EDELSTEINE!
KYAAH
KYAAH
KYAAH! RAAAY!!!
KYAAH
ICH WUSSTE ES ... SIE WOLLEN ALLEN HIER DAS MANA AUSSAUGEN.
DAS WIRD GEFÄHRLICH.
WAS?!

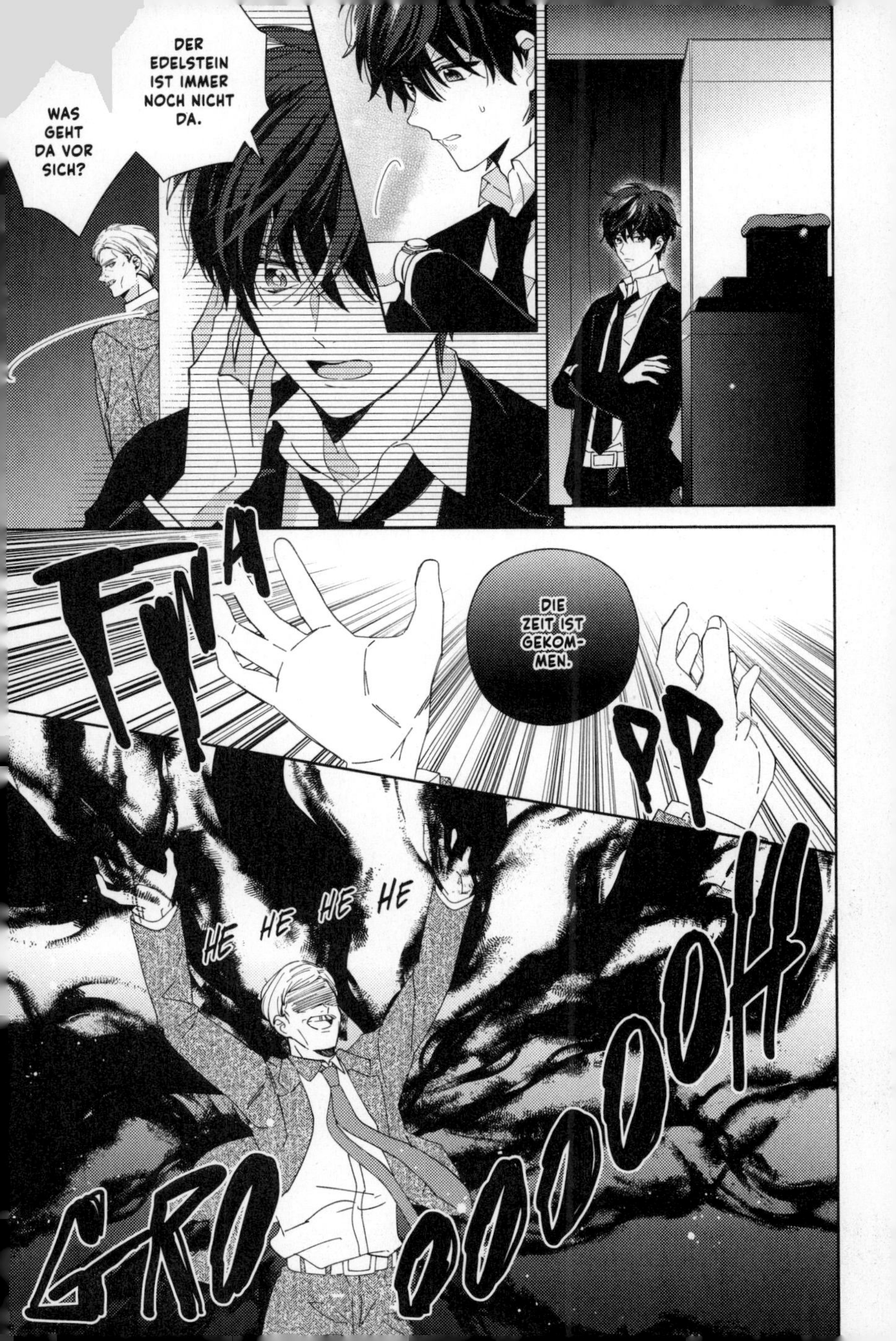
DER EDELSTEIN IST IMMER NOCH NICHT DA.
WAS GEHT DA VOR SICH?
DIE ZEIT IST GEKOM-MEN.
FWAPP
HE HE HE HE
GROOOOOOOH!

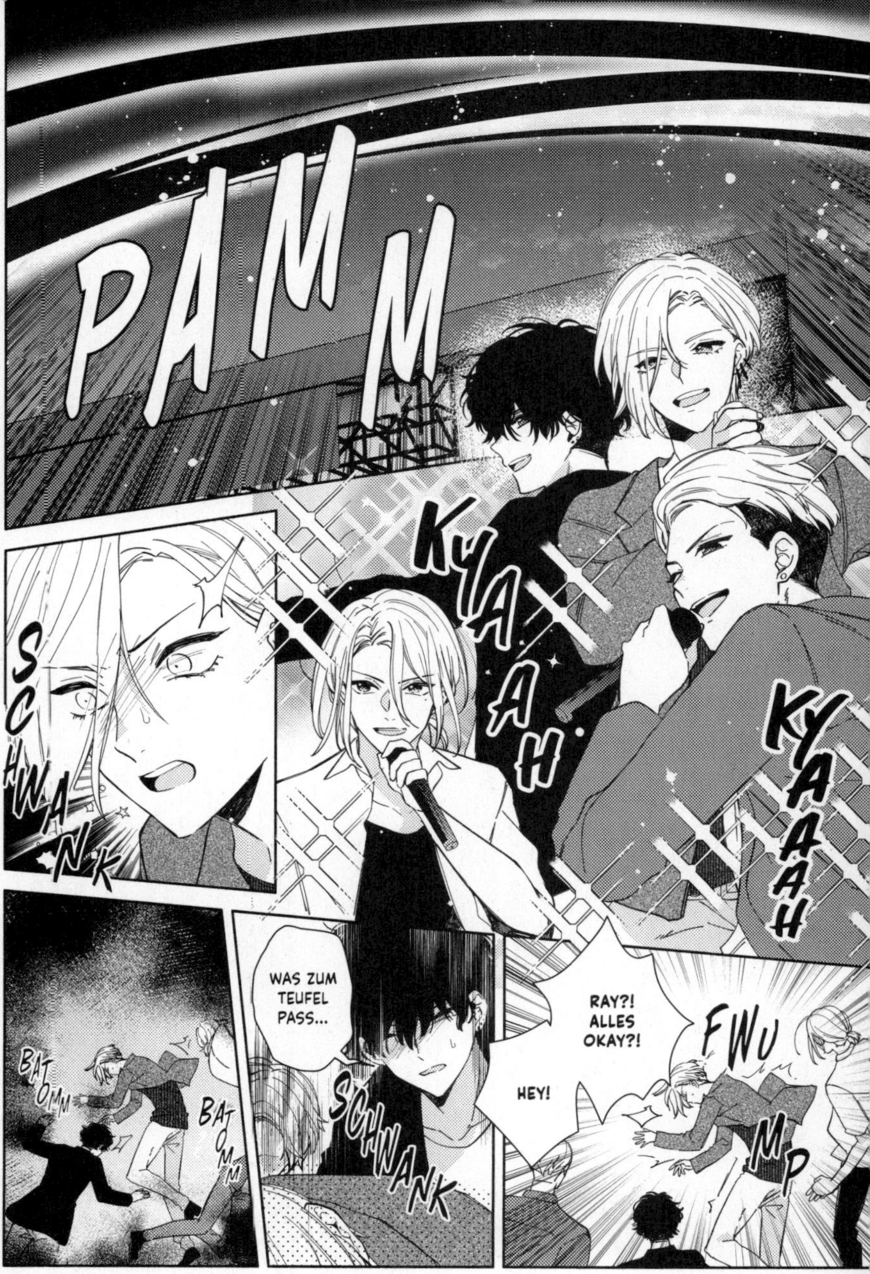
KYAAAAH
KYAAAH
PAMM
SCHWANK
RAY?! ALLES OKAY?!
HEY!
FWUMMP
WAS ZUM TEUFEL PASS...
SCHWANK
BATOMM
BATOMM

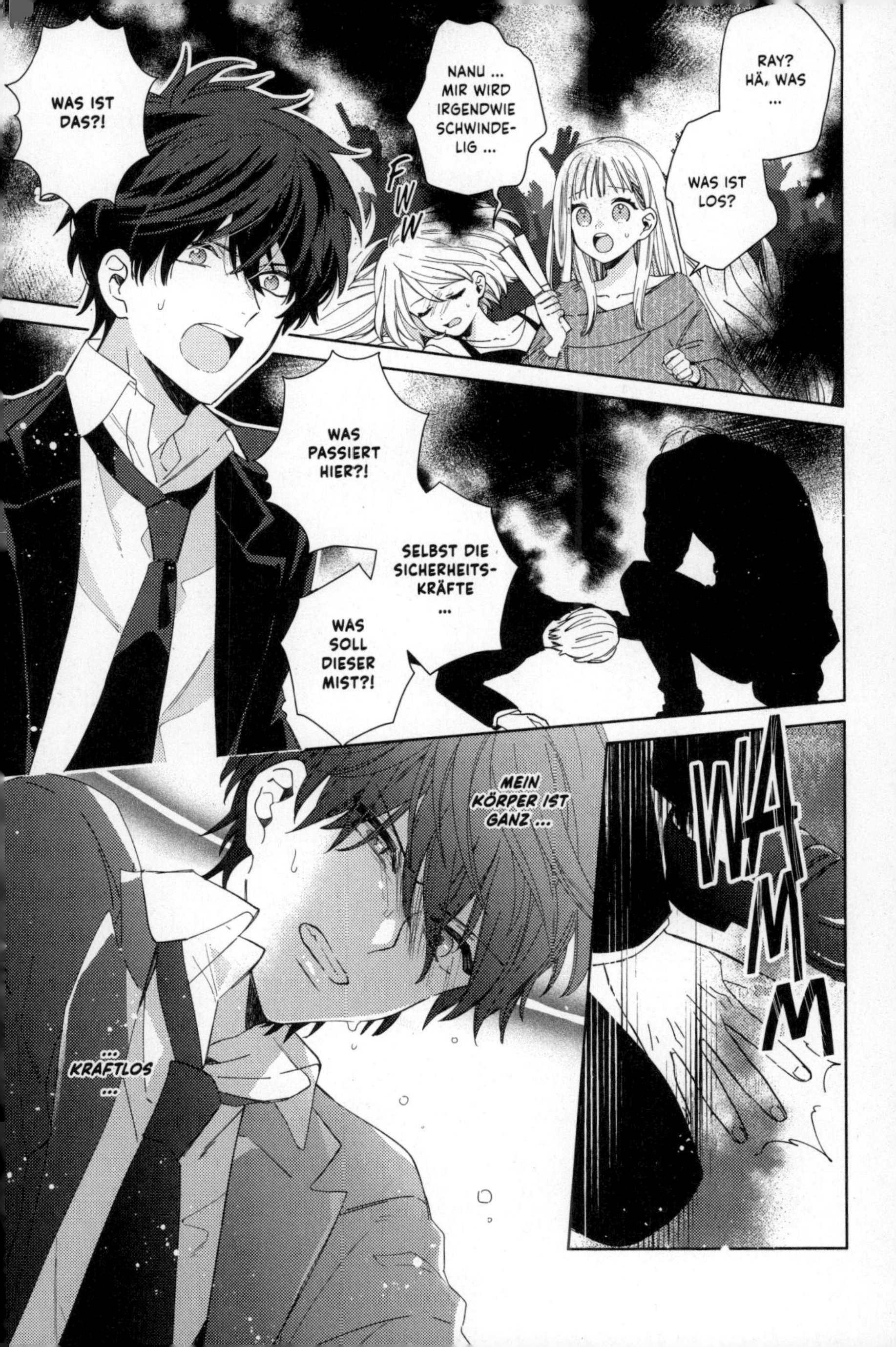
RAY? HÄ, WAS ...
WAS IST LOS?
NANU ... MIR WIRD IRGENDWIE SCHWINDE-LIG ...
FWW
WAS IST DAS?!
WAS PASSIERT HIER?!
SELBST DIE SICHERHEITS-KRÄFTE ...
WAS SOLL DIESER MIST?!
WAMM
MEIN KÖRPER IST GANZ ...
... KRAFTLOS ...

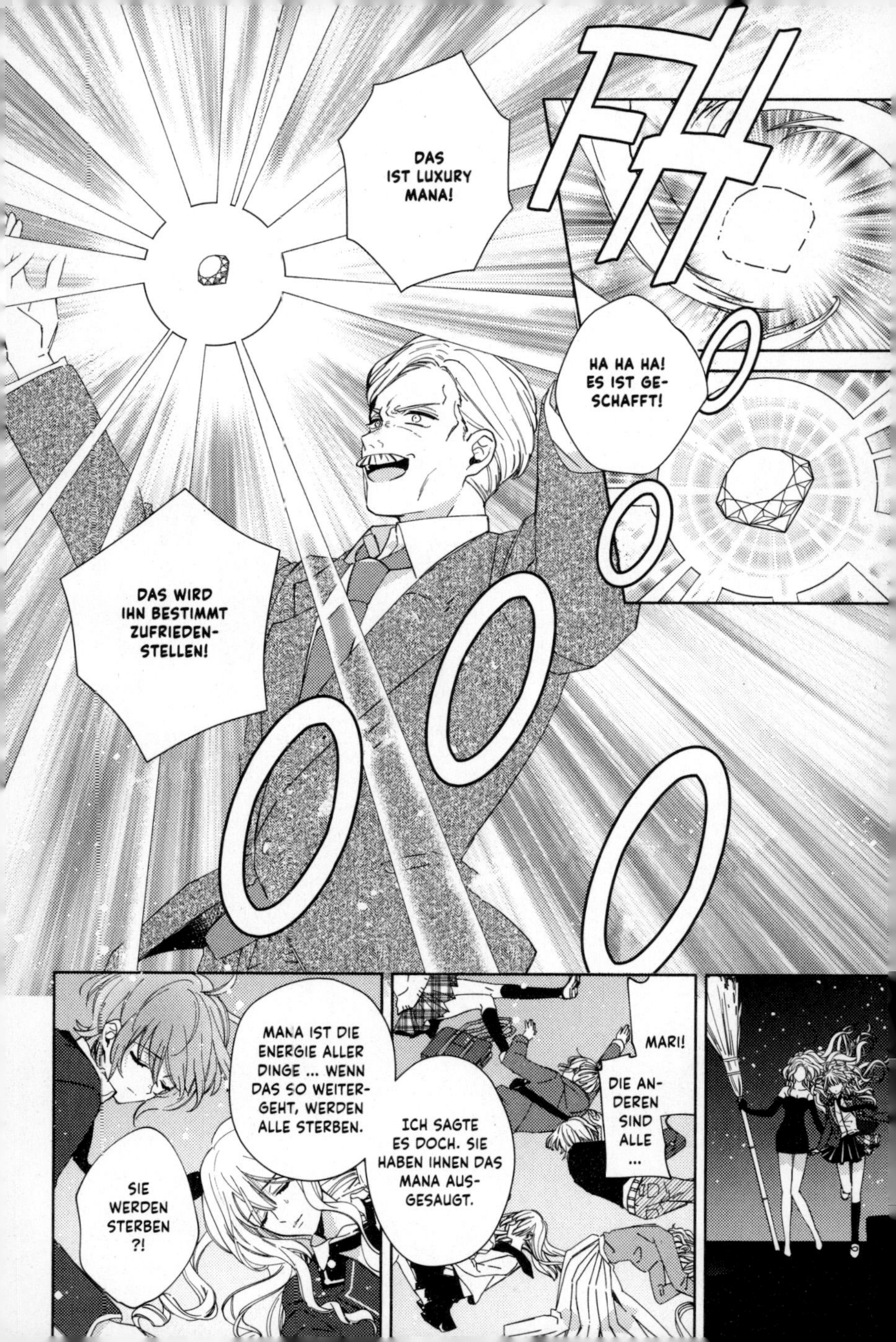

FHH
HA HA HA! ES IST GE-SCHAFFT!
DAS IST LUXURY MANA!
DAS WIRD IHN BESTIMMT ZUFRIEDEN-STELLEN!
MARI!
DIE AN-DEREN SIND ALLE ...
ICH SAGTE ES DOCH. SIE HABEN IHNEN DAS MANA AUS-GESAUGT.
MANA IST DIE ENERGIE ALLER DINGE ... WENN DAS SO WEITER-GEHT, WERDEN ALLE STERBEN.
SIE WERDEN STERBEN?!

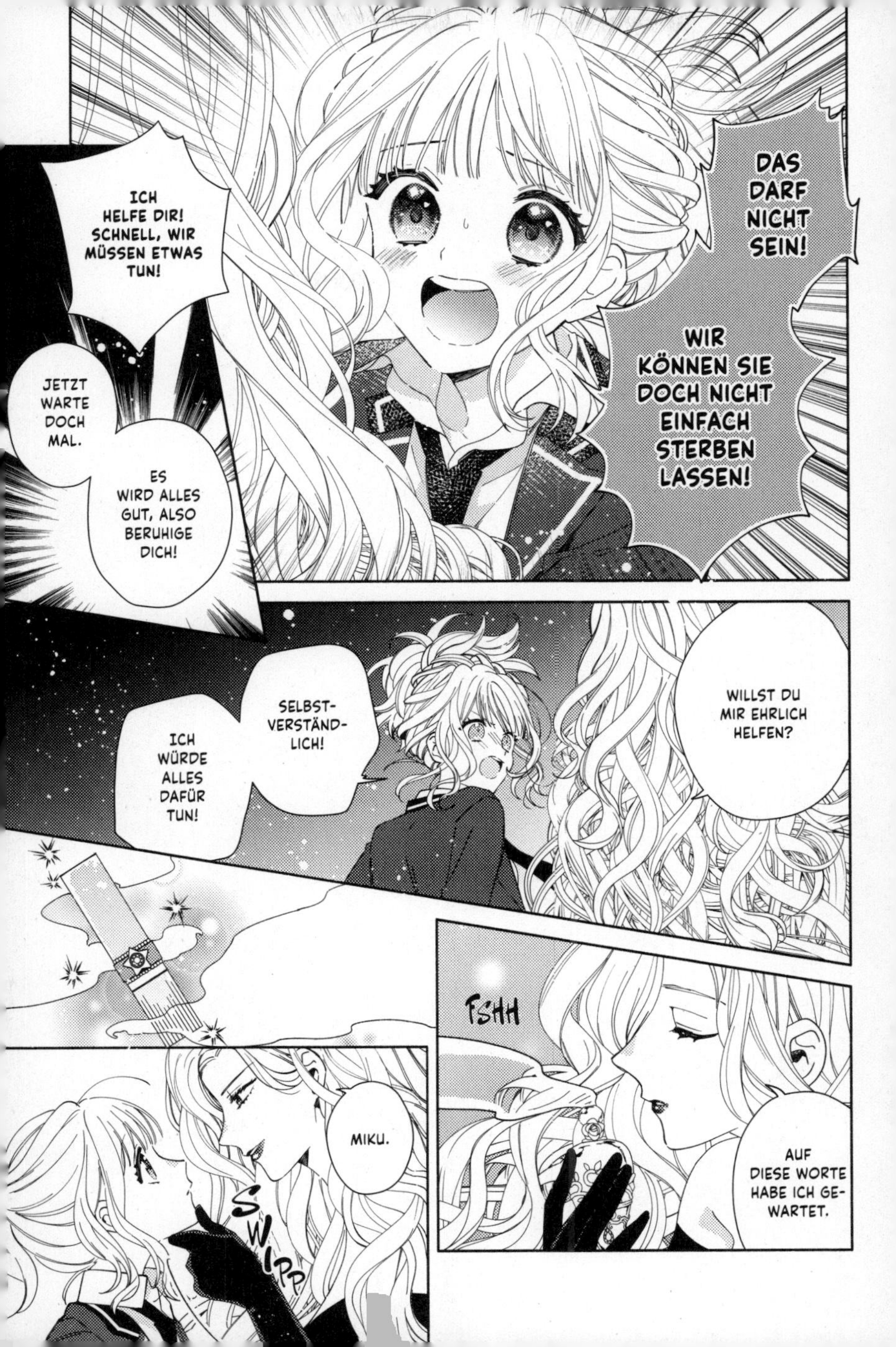
DAS DARF NICHT SEIN!
WIR KÖNNEN SIE DOCH NICHT EINFACH STERBEN LASSEN!
ICH HELFE DIR! SCHNELL, WIR MÜSSEN ETWAS TUN!
JETZT WARTE DOCH MAL.
ES WIRD ALLES GUT, ALSO BERUHIGE DICH!
WILLST DU MIR EHRLICH HELFEN?
SELBST-VERSTÄND-LICH!
ICH WÜRDE ALLES DAFÜR TUN!
FSHH
AUF DIESE WORTE HABE ICH GE-WARTET.
MIKU.
SWIPP

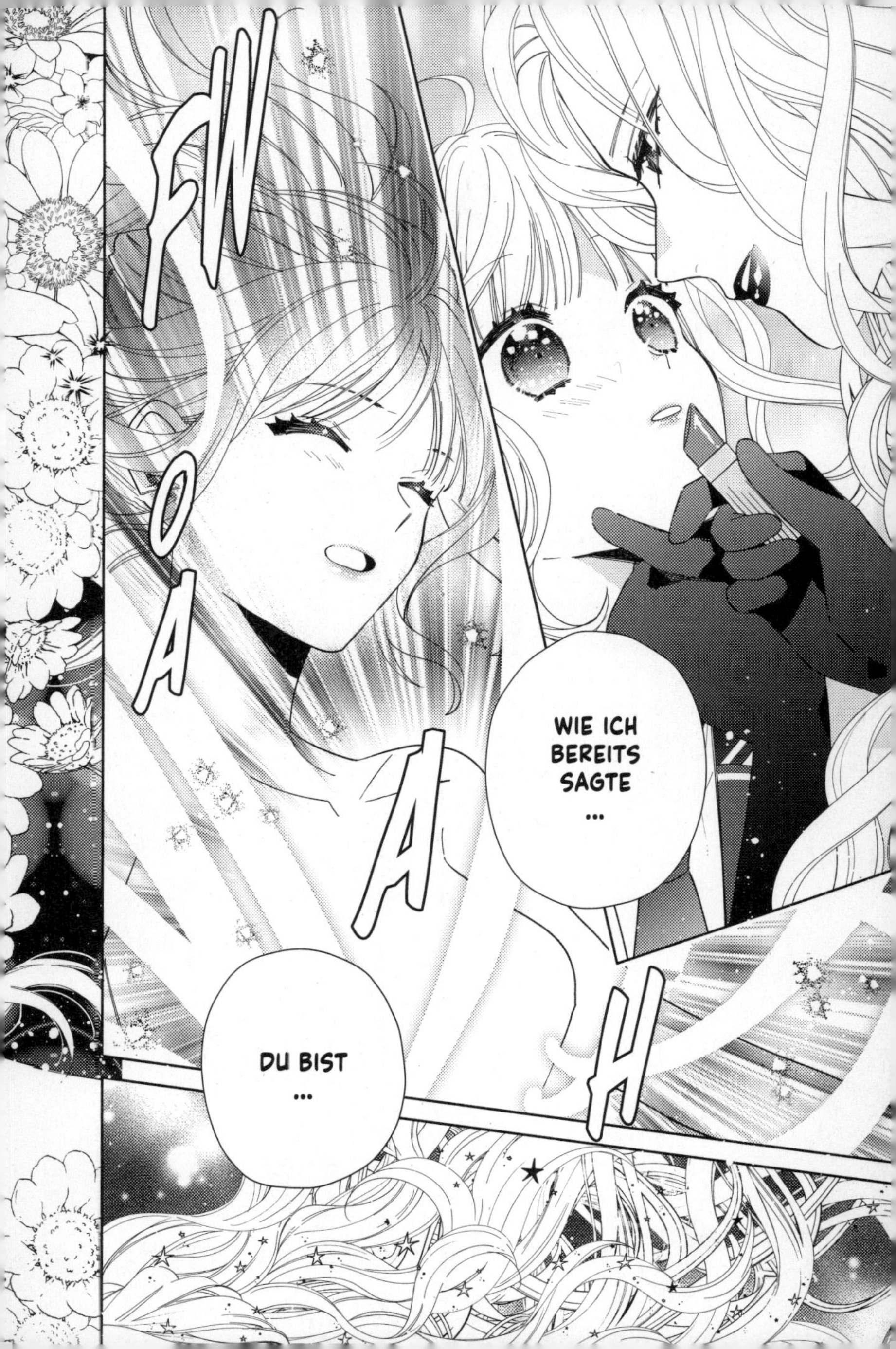
FWOAAH
WIE ICH BEREITS SAGTE ...
DU BIST ...

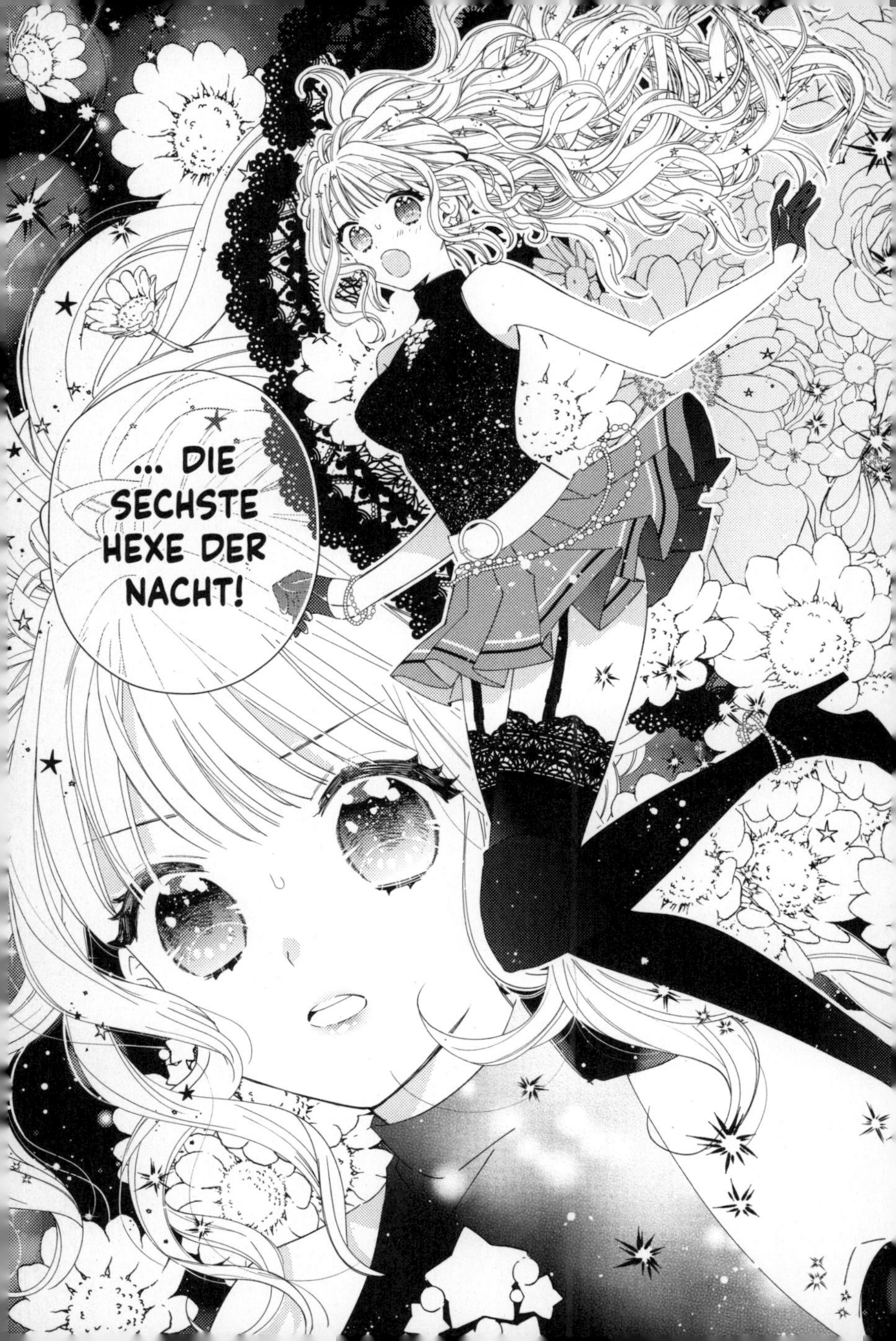
... DIE SECHSTE HEXE DER NACHT!

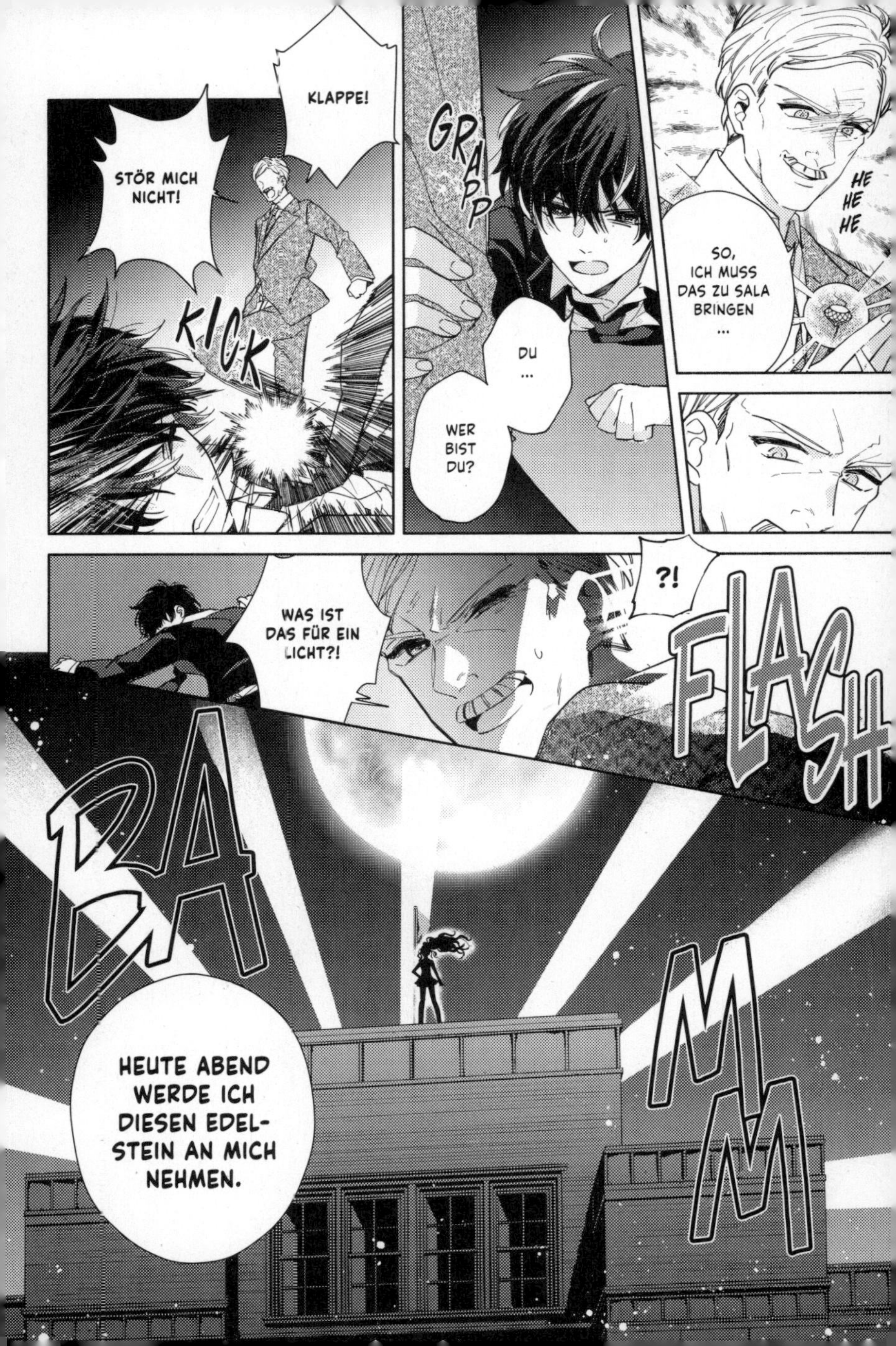
KLAPPE!
STÖR MICH NICHT!
KICK
GRAPP
DU ...
WER BIST DU?
SO, ICH MUSS DAS ZU SALA BRINGEN ...
HE HE HE
WAS IST DAS FÜR EIN LICHT?!
?!
FLASH
BAMM
HEUTE ABEND WERDE ICH DIESEN EDEL-STEIN AN MICH NEHMEN.

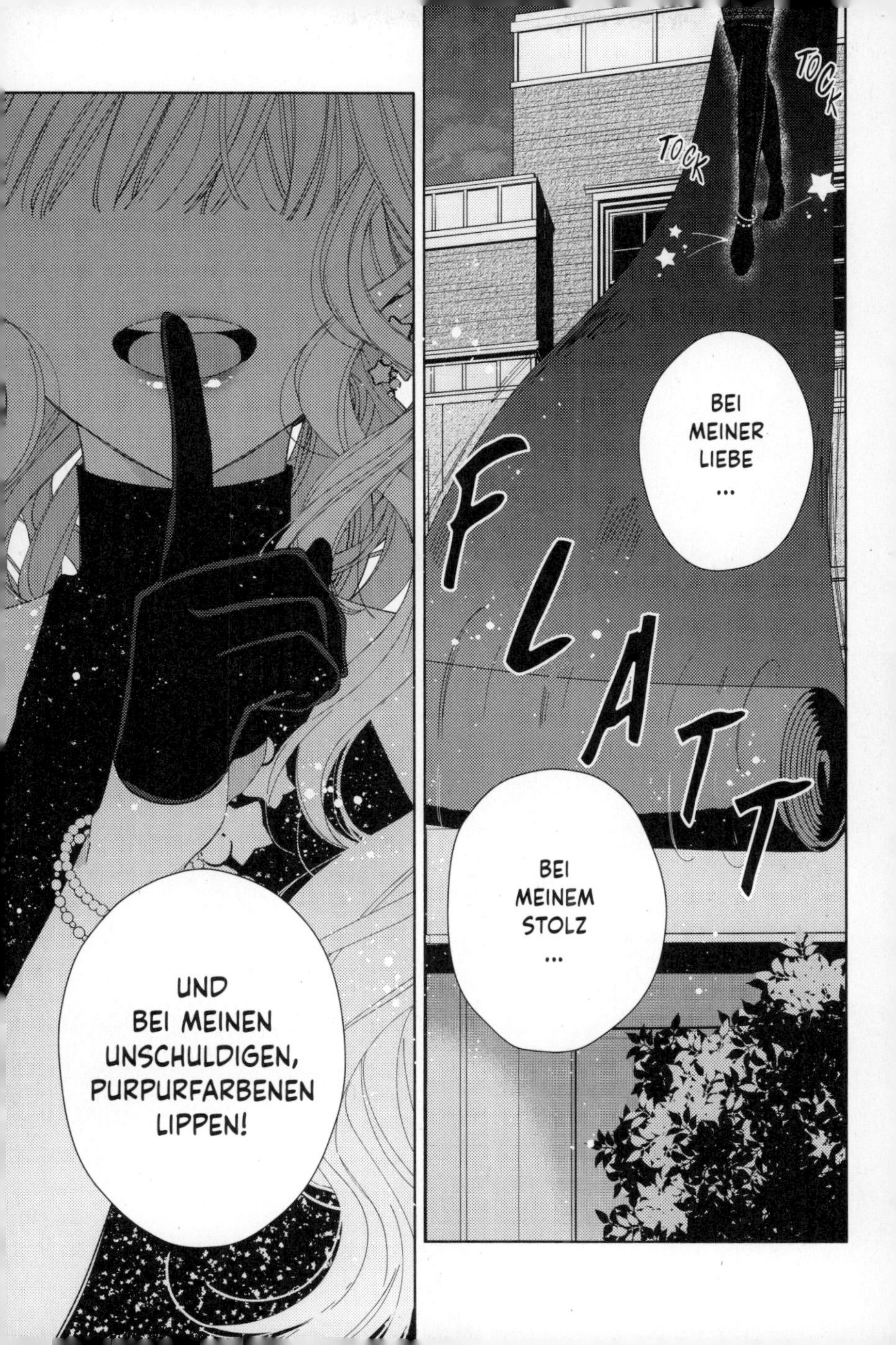
TOCK
TOCK
BEI MEINER LIEBE ...
FLATT
BEI MEINEM STOLZ ...
UND BEI MEINEN UNSCHULDIGEN, PURPURFARBENEN LIPPEN!

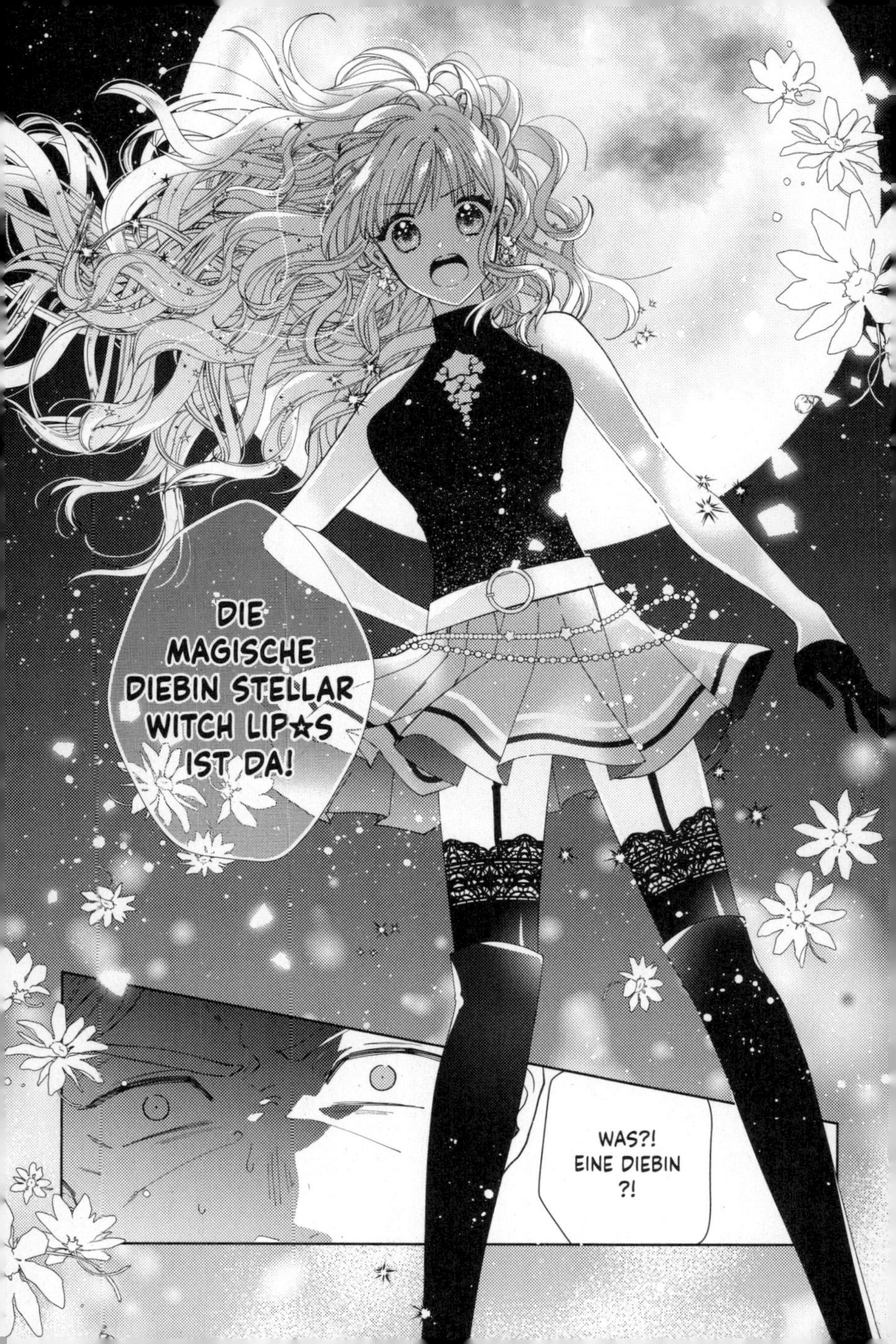
DIE MAGISCHE DIEBIN STELLAR WITCH LIP☆S IST DA!
WAS?! EINE DIEBIN ?!

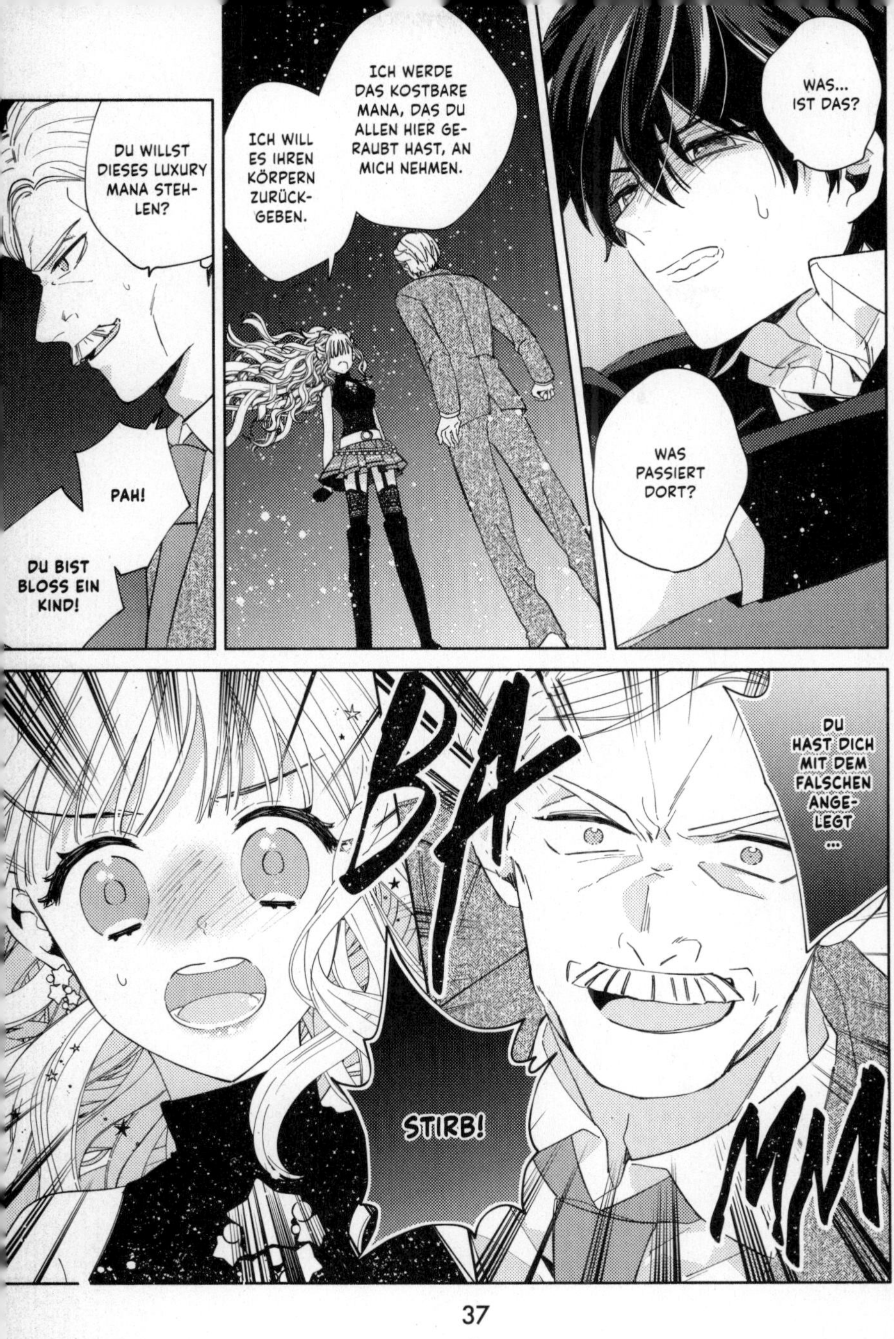
WAS... IST DAS?
WAS PASSIERT DORT?
ICH WERDE DAS KOSTBARE MANA, DAS DU ALLEN HIER GERAUBT HAST, AN MICH NEHMEN.
ICH WILL ES IHREN KÖRPERN ZURÜCKGEBEN.
DU WILLST DIESES LUXURY MANA STEHLEN?
PAH!
DU BIST BLOSS EIN KIND!
DU HAST DICH MIT DEM FALSCHEN ANGELEGT...
BA
MM
STIRB!

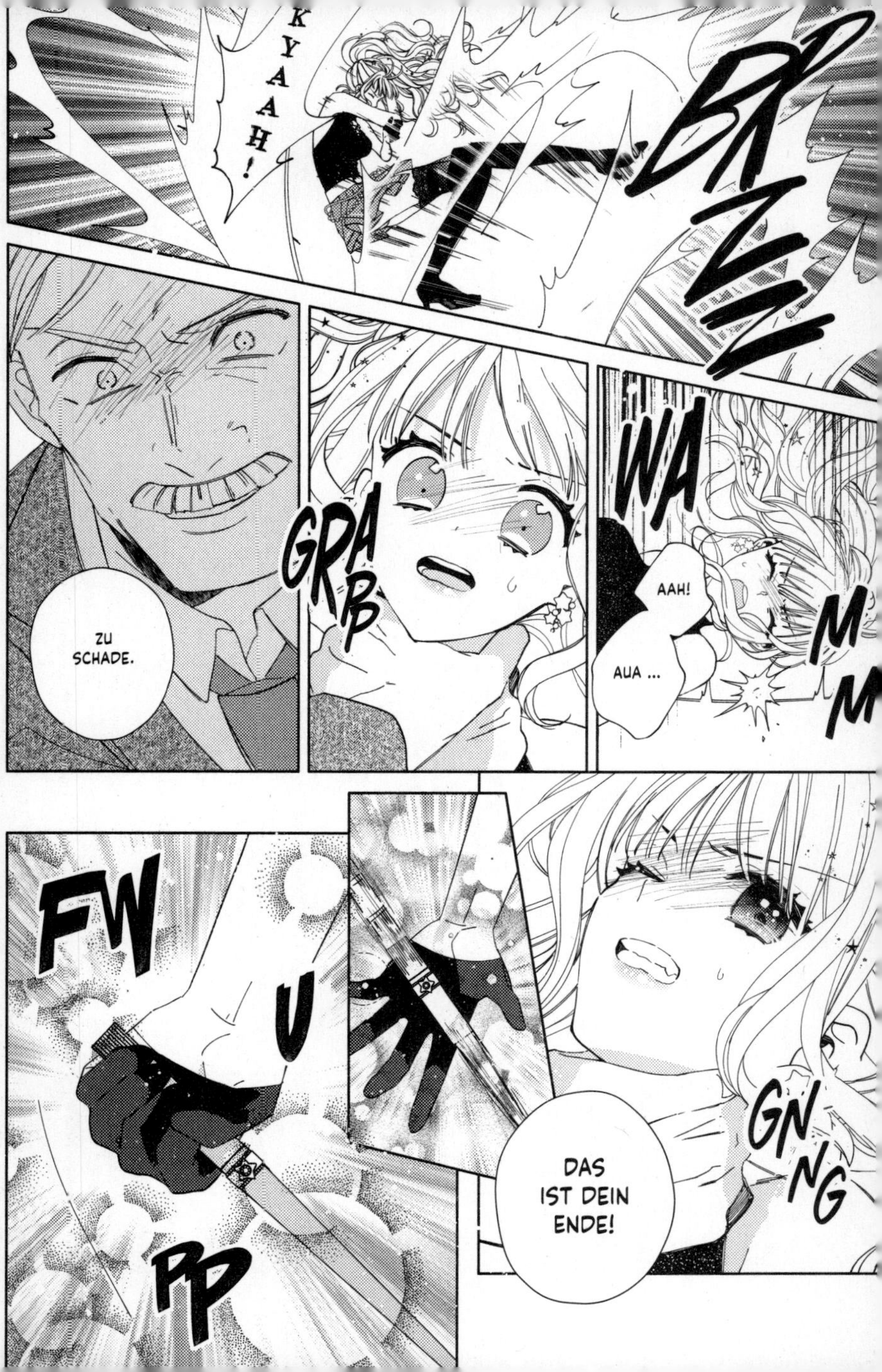
KYAAH!
WA
AAH!
AUA ...
ZU SCHADE.
GNNG
DAS IST DEIN ENDE!
FWUPP

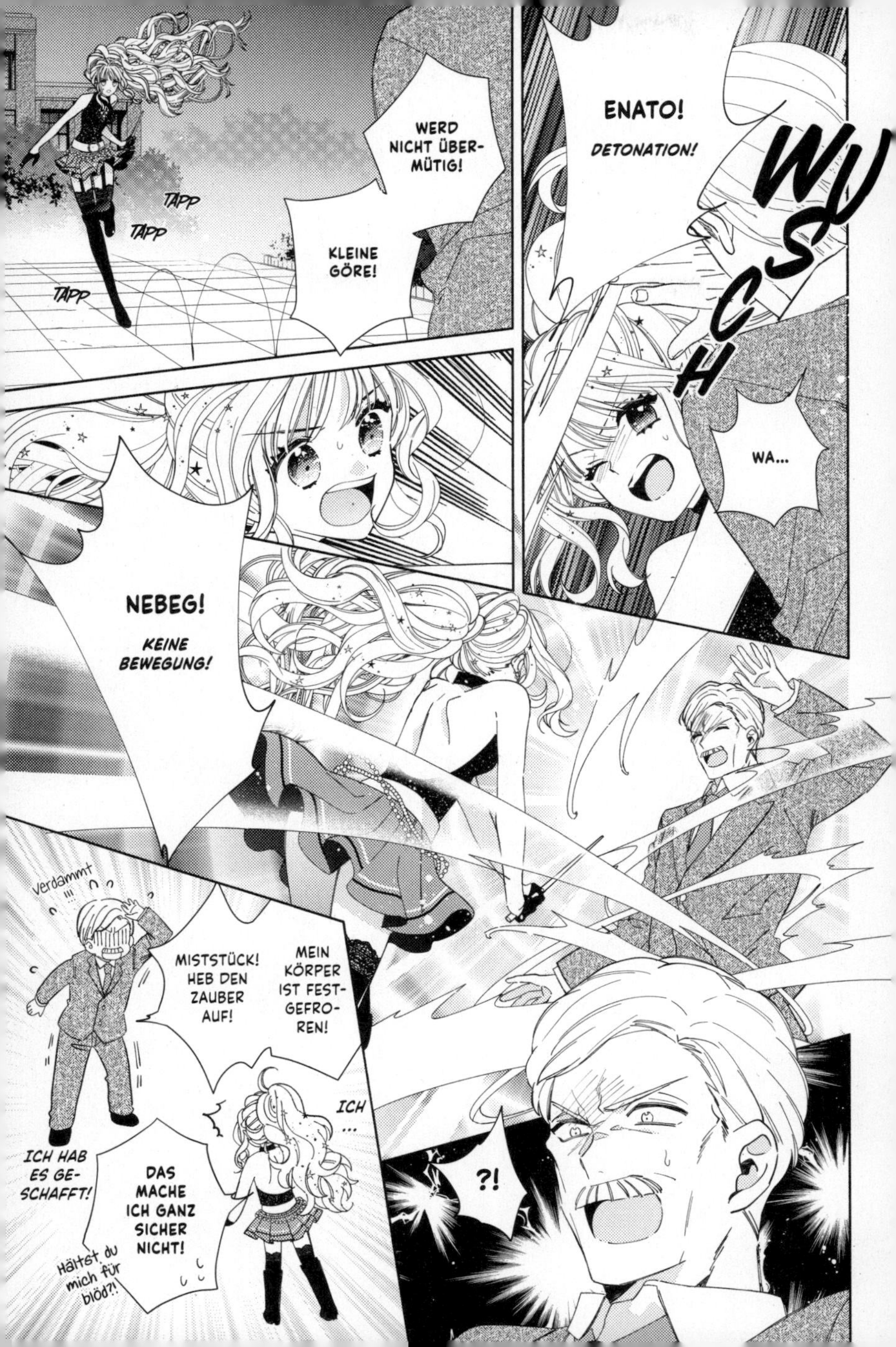
TAPP
TAPP
TAPP
WERD NICHT ÜBERMÜTIG!
KLEINE GÖRE!
ENATO!
DETONATION!
WUSCH
WA...
NEBEG!
KEINE BEWEGUNG!
?!
MEIN KÖRPER IST FESTGEFROREN!
MISTSTÜCK! HEB DEN ZAUBER AUF!
Verdammt !!!
ICH ...
DAS MACHE ICH GANZ SICHER NICHT!
ICH HAB ES GESCHAFFT!
Hältst du mich für blöd?!

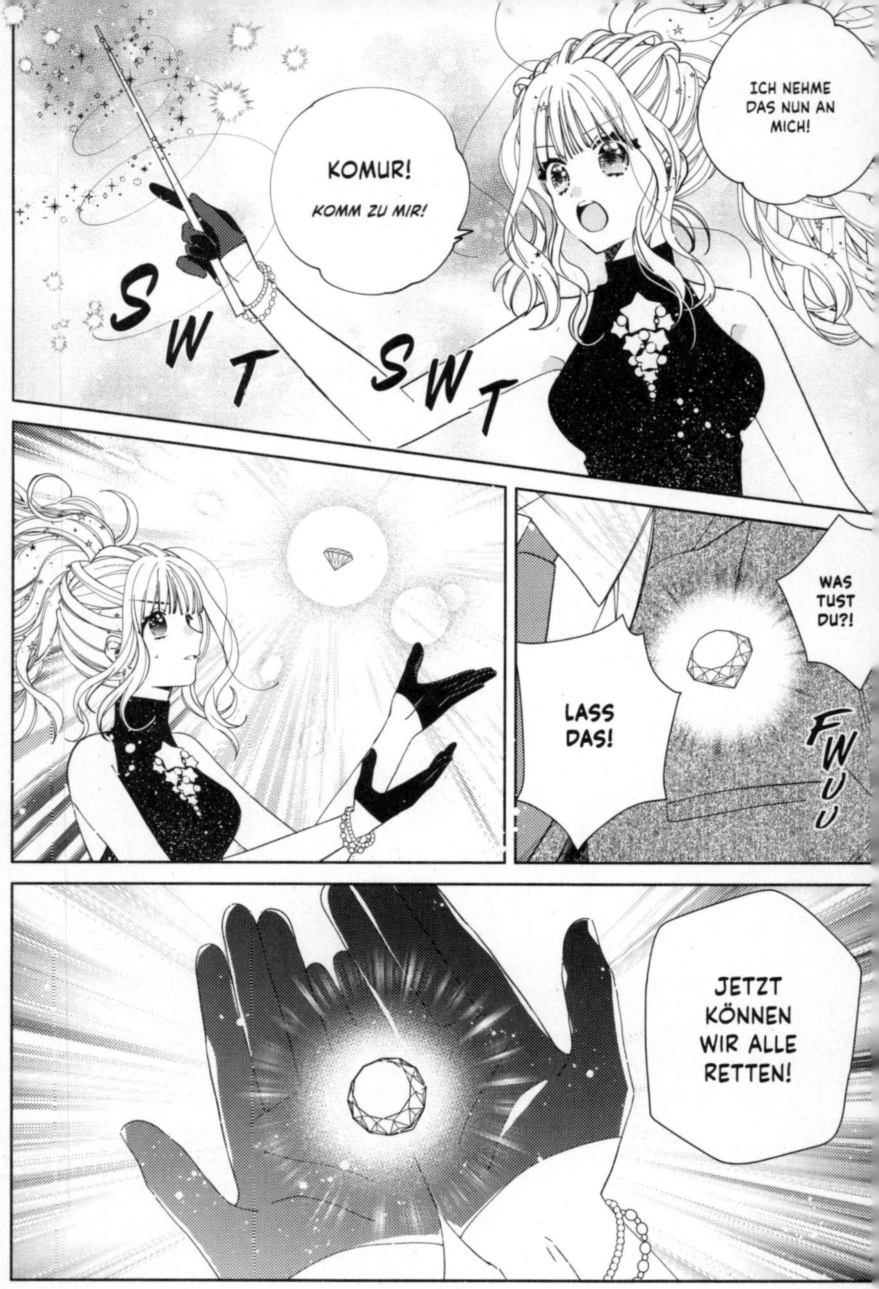
ICH NEHME DAS NUN AN MICH!
KOMUR!
KOMM ZU MIR!
SWT SWT
WAS TUST DU?!
LASS DAS!
FWUU
JETZT KÖNNEN WIR ALLE RETTEN!

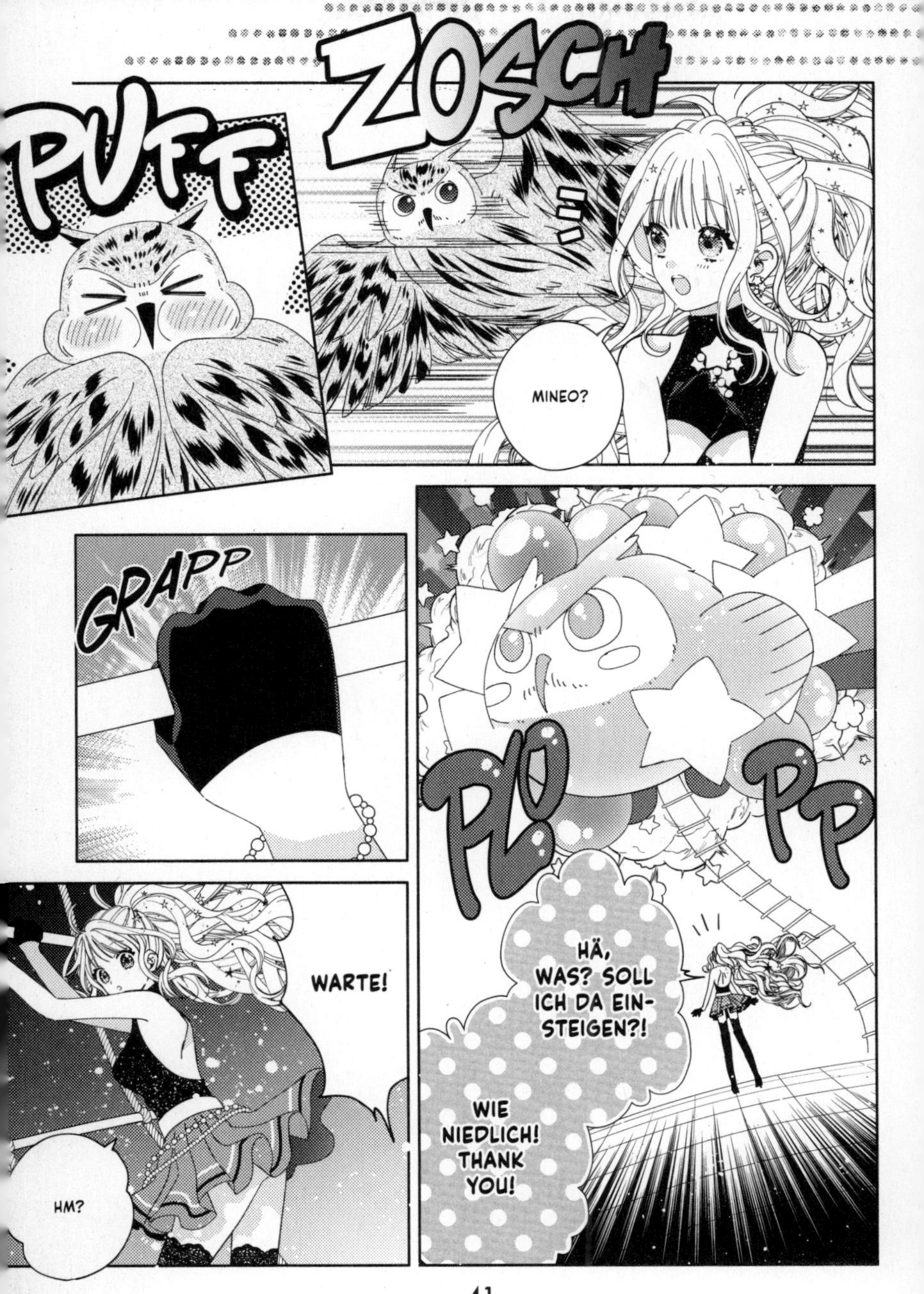
ZOSCH
MINEO?
PUFF
PLOPP
HÄ, WAS? SOLL ICH DA EIN-STEIGEN?!
WIE NIEDLICH! THANK YOU!
GRAPP
WARTE!
HM?

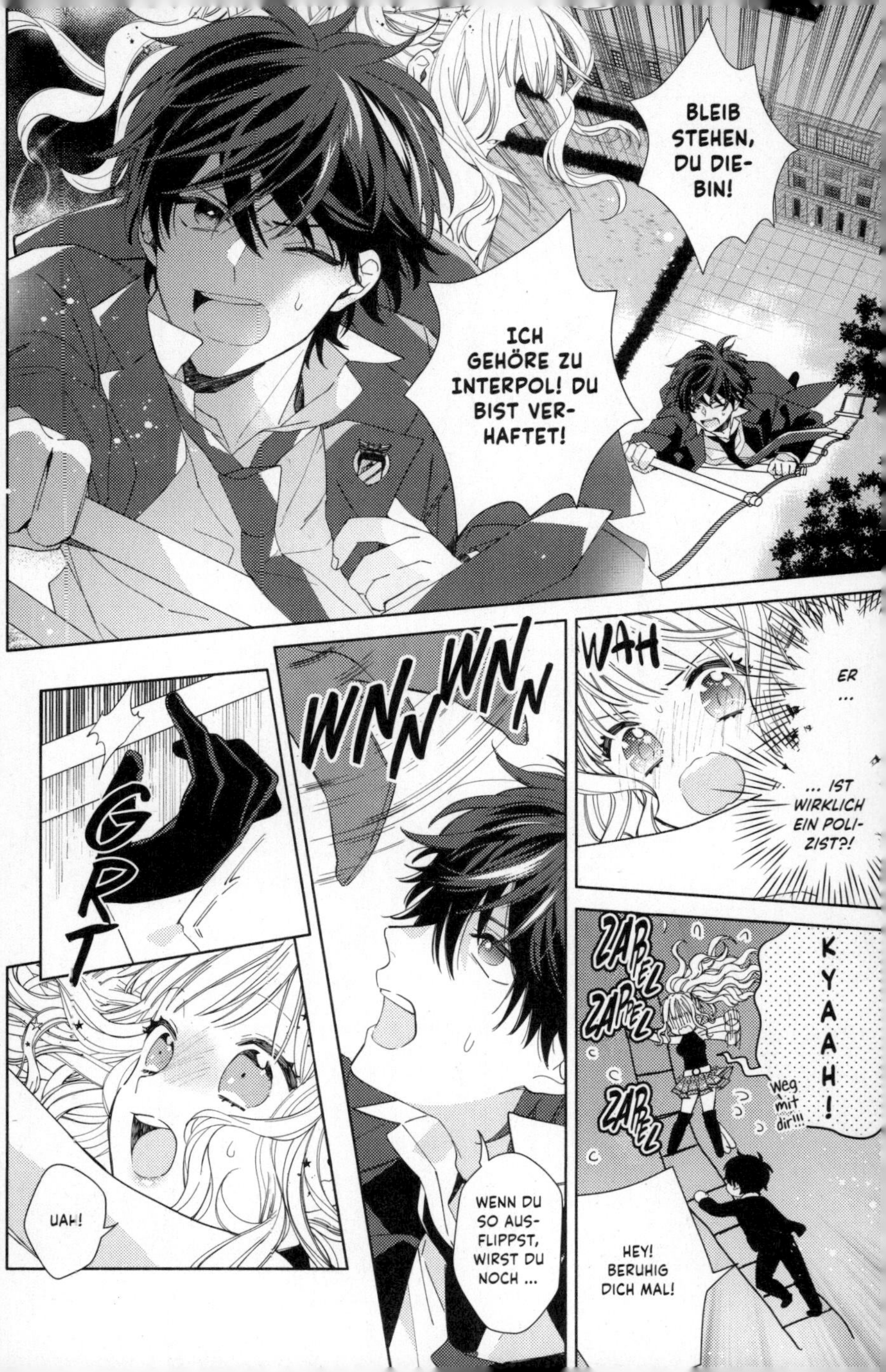
BLEIB STEHEN, DU DIE-BIN!
ICH GEHÖRE ZU INTERPOL! DU BIST VER-HAFTET!
WAH
ER ...
... IST WIRKLICH EIN POLI-ZIST?!
WNN WNN
GRT
KYAAH!
Weg mit dir!!!
ZAPPEL ZAPPEL ZAPPEL
HEY! BERUHIG DICH MAL!
WENN DU SO AUS-FLIPPST, WIRST DU NOCH ...
UAH!

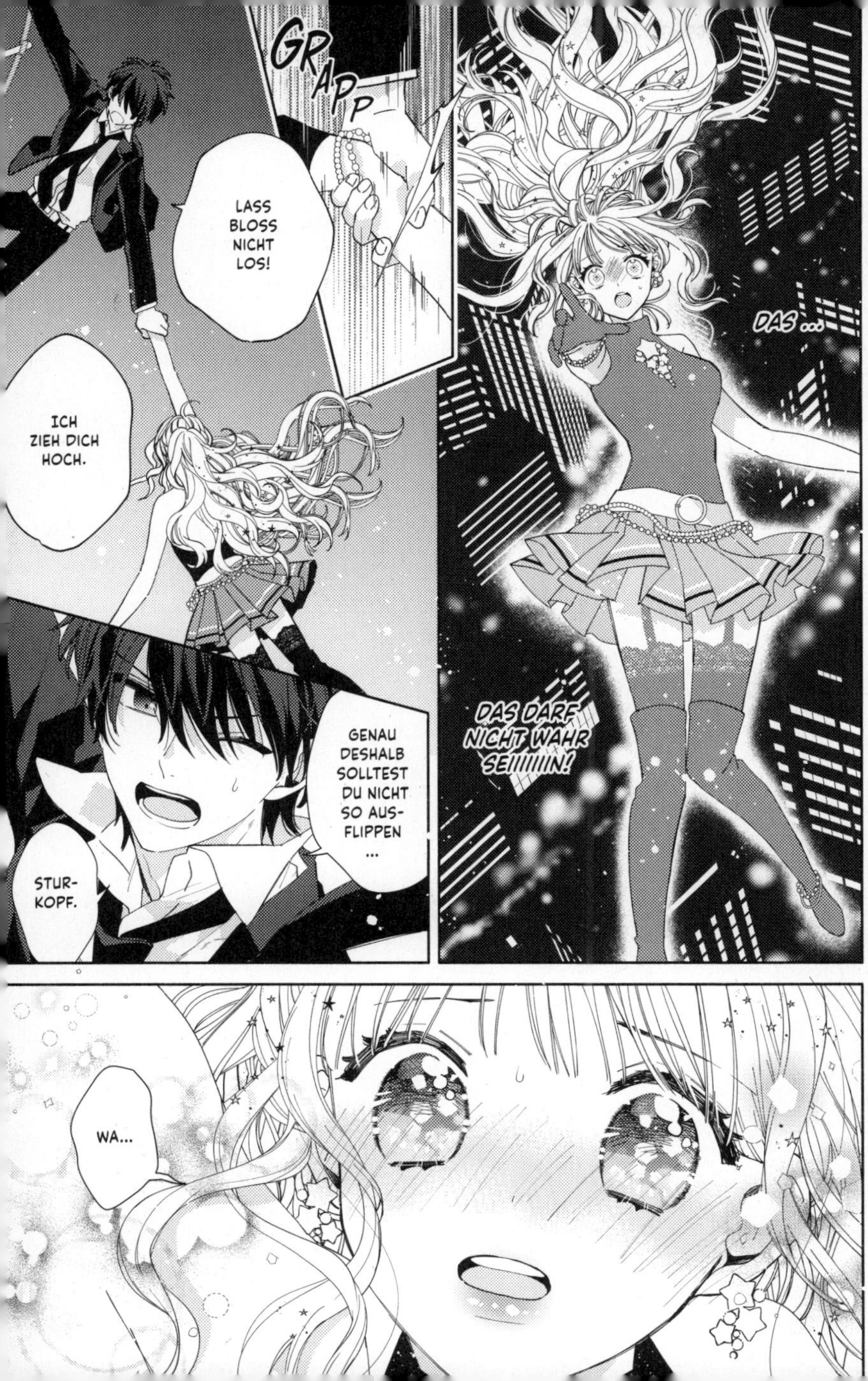
DAS ...
GRAPP
LASS BLOSS NICHT LOS!
ICH ZIEH DICH HOCH.
DAS DARF NICHT WAHR SEIIIIIIIN!
GENAU DESHALB SOLLTEST DU NICHT SO AUS-FLIPPEN ...
STUR-KOPF.
WA...

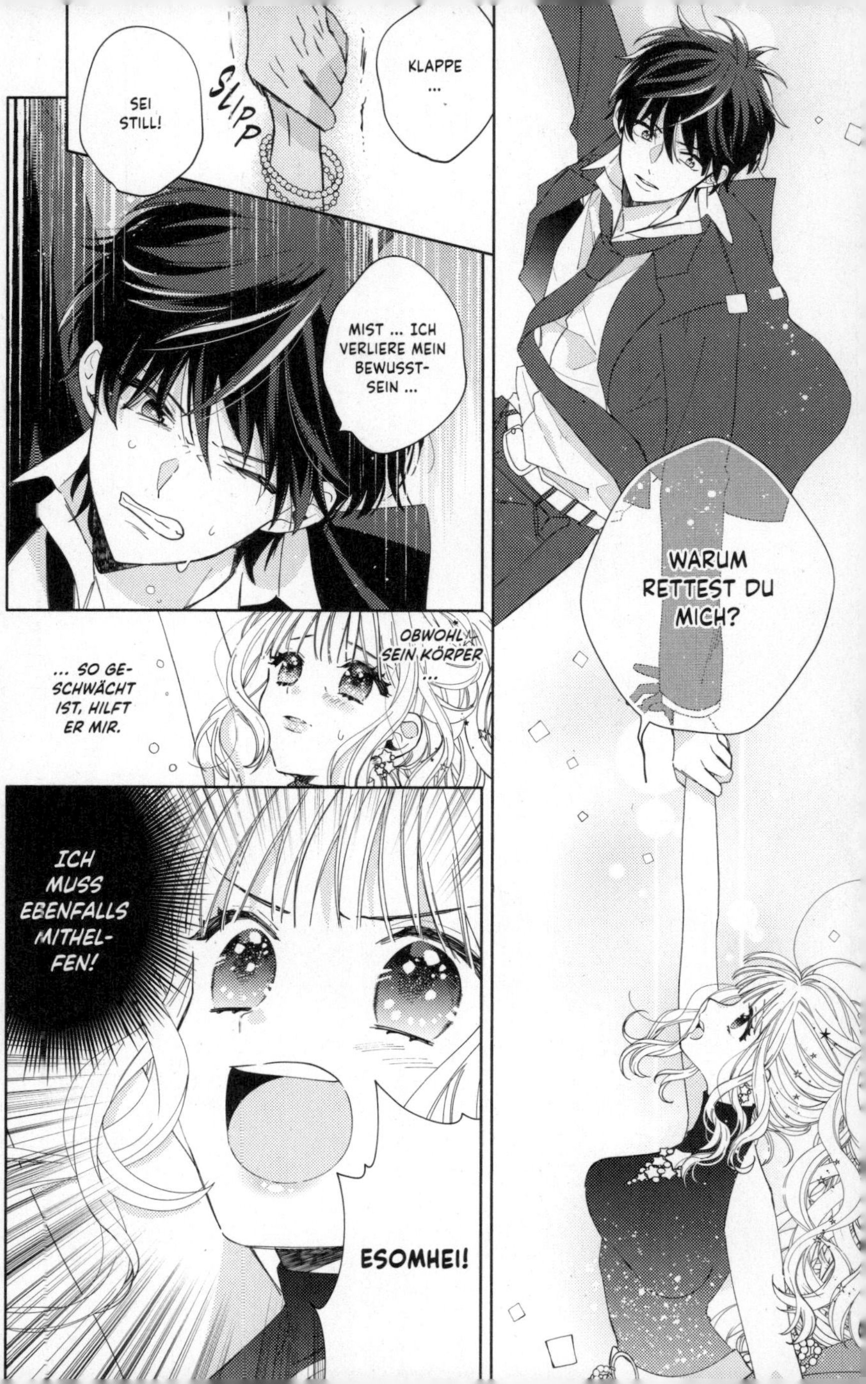
KLAPPE ...
SEI STILL!
SLIPP
MIST ... ICH VERLIERE MEIN BEWUSST-SEIN ...
WARUM RETTEST DU MICH?
OBWOHL SEIN KÖRPER ...
... SO GE-SCHWÄCHT IST, HILFT ER MIR.
ICH MUSS EBENFALLS MITHEL-FEN!
ESOMHEI!

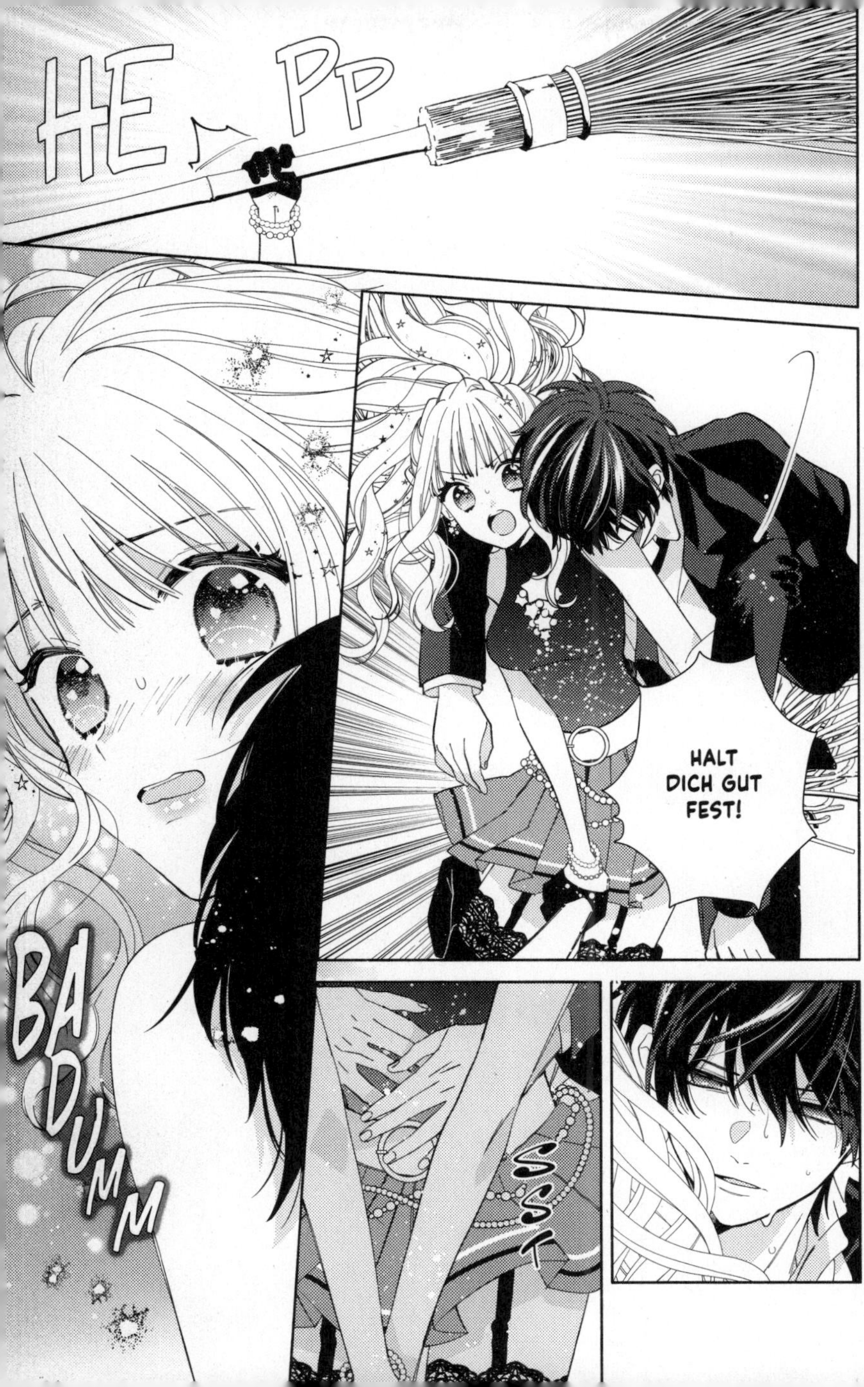
HE PP
HALT DICH GUT FEST!
BADUMM
SSK

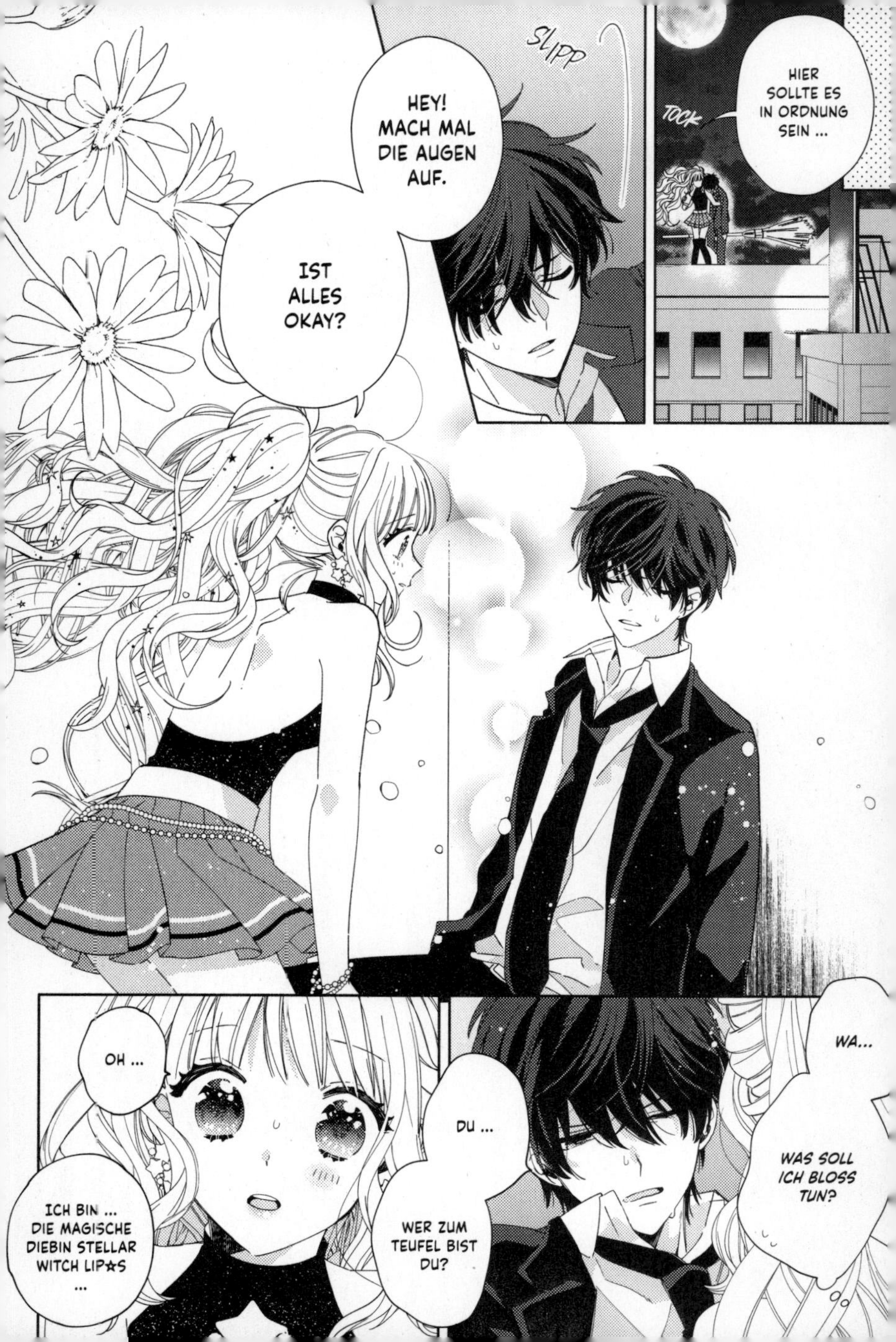
TOCK
HIER SOLLTE ES IN ORDNUNG SEIN ...
SLIPP
HEY! MACH MAL DIE AUGEN AUF.
IST ALLES OKAY?
WA...
WAS SOLL ICH BLOSS TUN?
DU ...
WER ZUM TEUFEL BIST DU?
OH ...
ICH BIN ... DIE MAGISCHE DIEBIN STELLAR WITCH LIP☆S ...

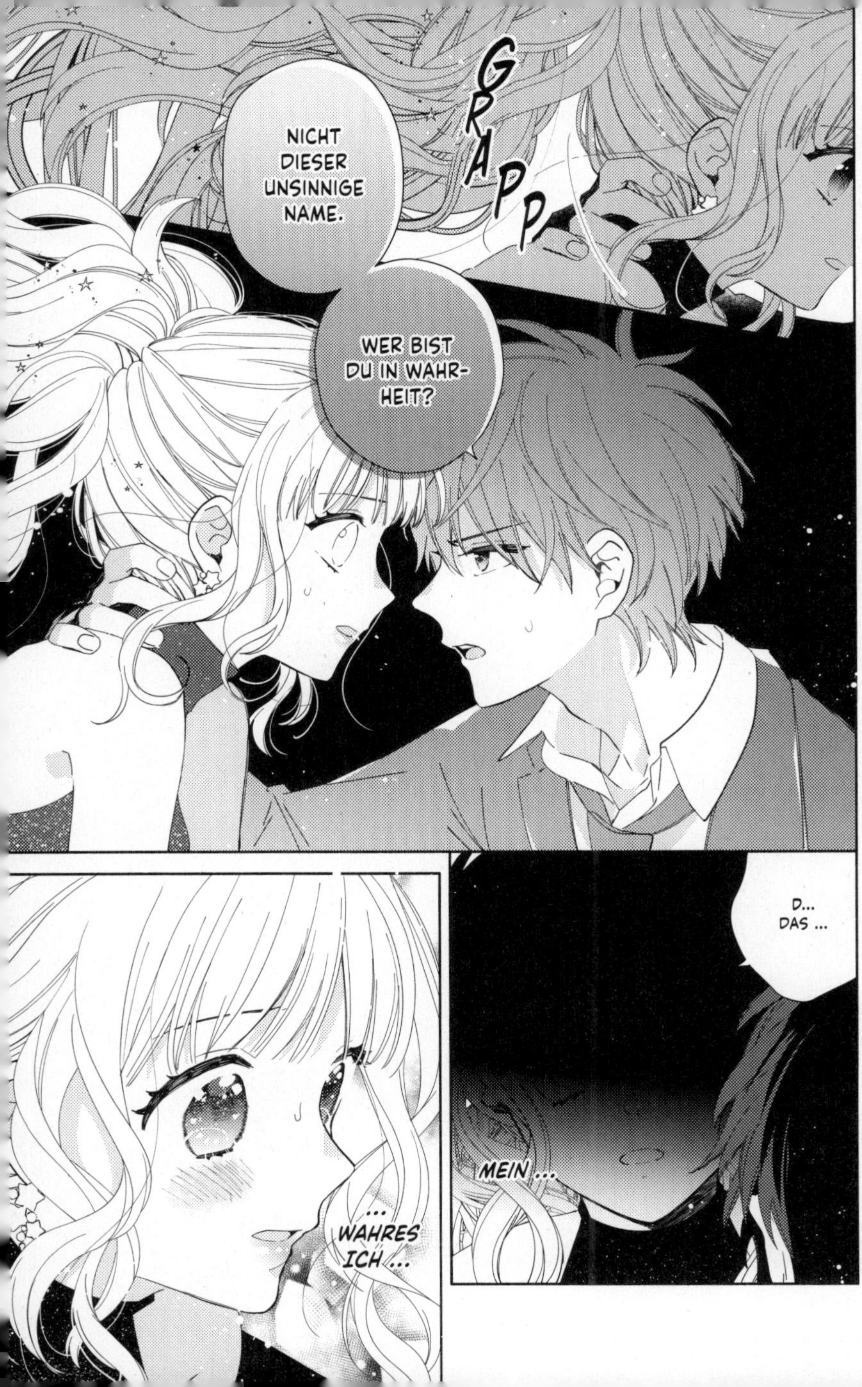
GRAPP
NICHT DIESER UNSINNIGE NAME.
WER BIST DU IN WAHR-HEIT?
D... DAS ...
MEIN ...
... WAHRES ICH ...

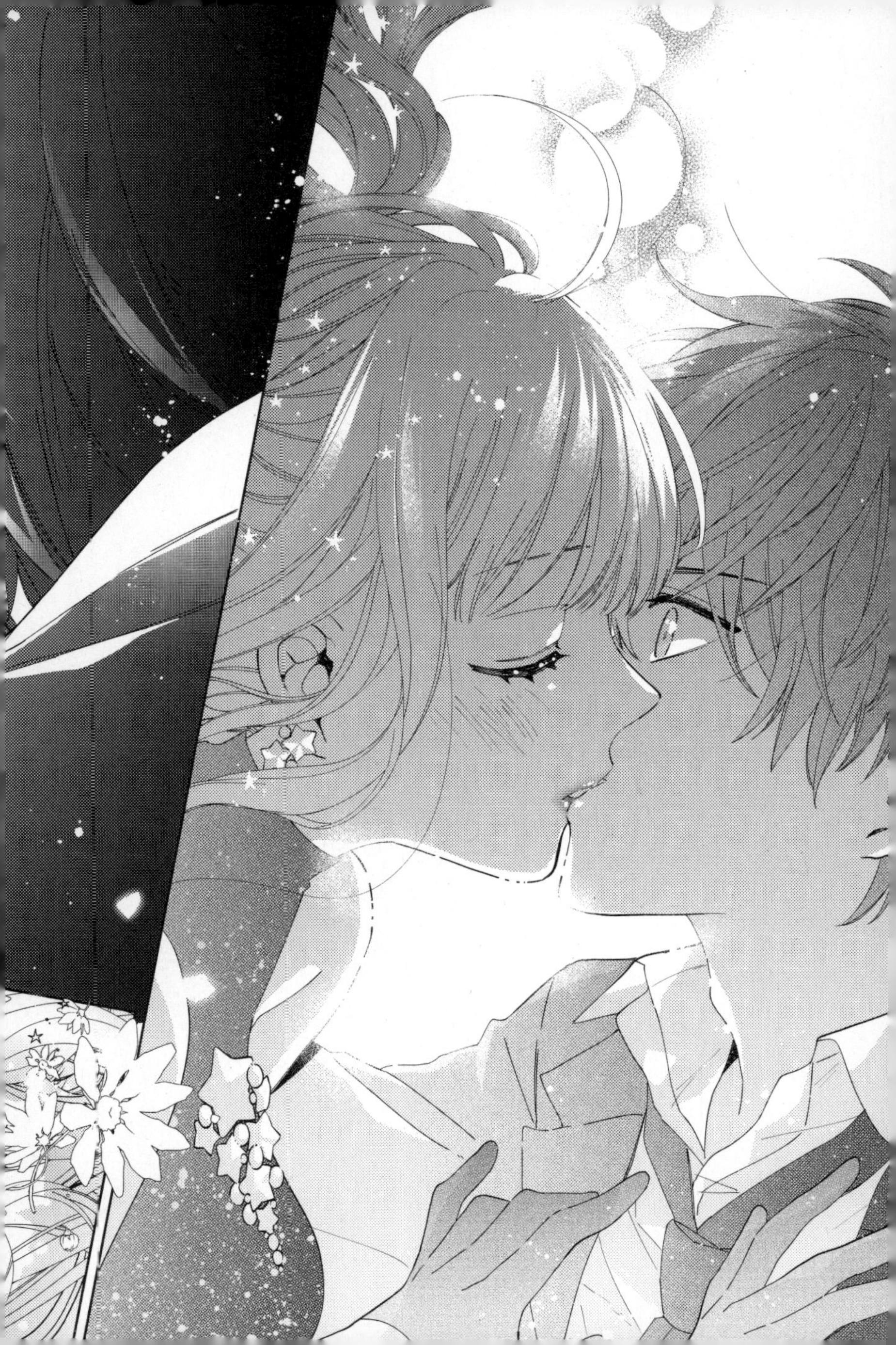

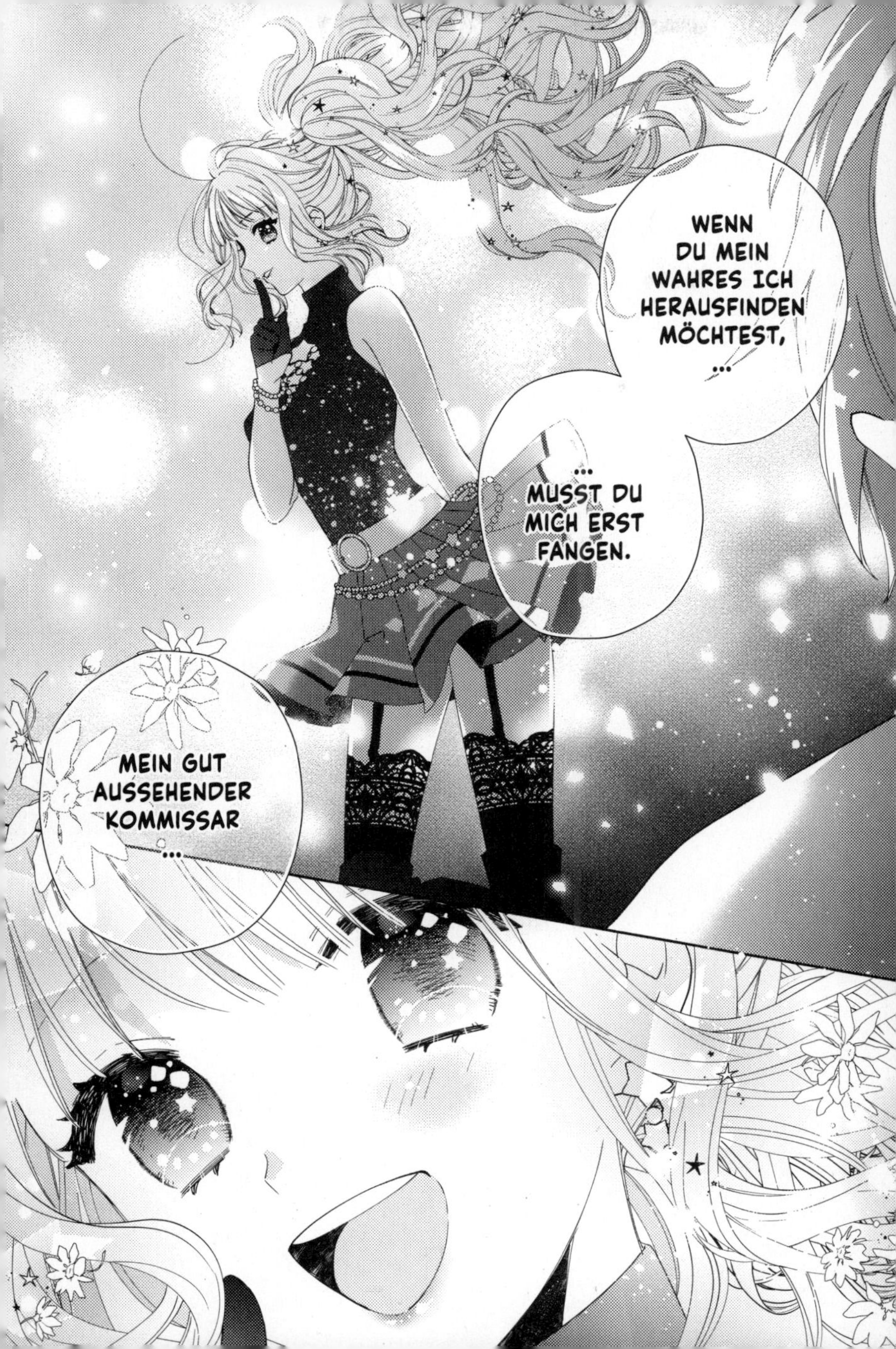
WENN DU MEIN WAHRES ICH HERAUSFINDEN MÖCHTEST, ...
... MUSST DU MICH ERST FANGEN.
MEIN GUT AUSSEHENDER KOMMISSAR ...

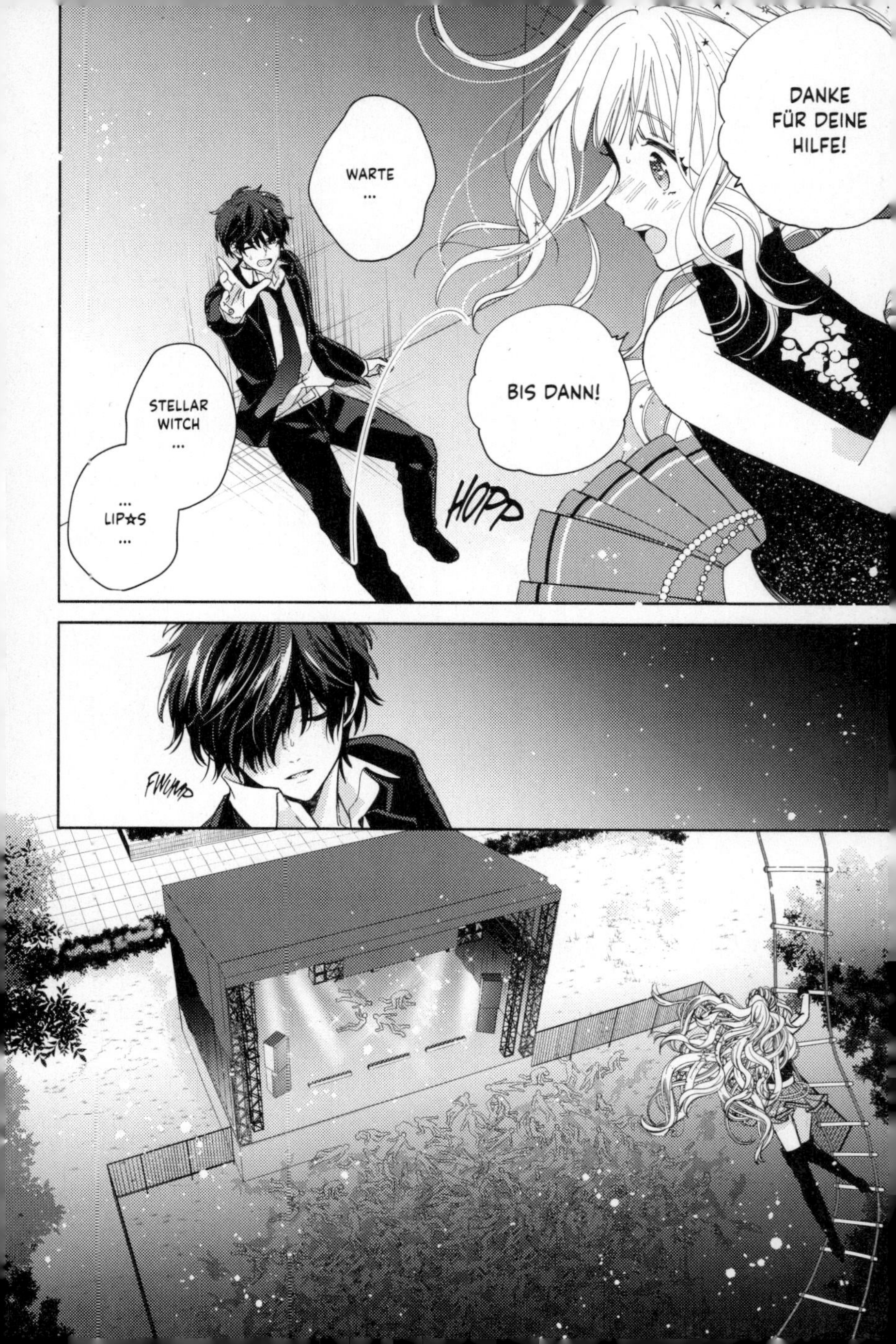
DANKE FÜR DEINE HILFE!
BIS DANN!
HOPP
WARTE ...
STELLAR WITCH ...
... LIP☆S ...
FWUMP

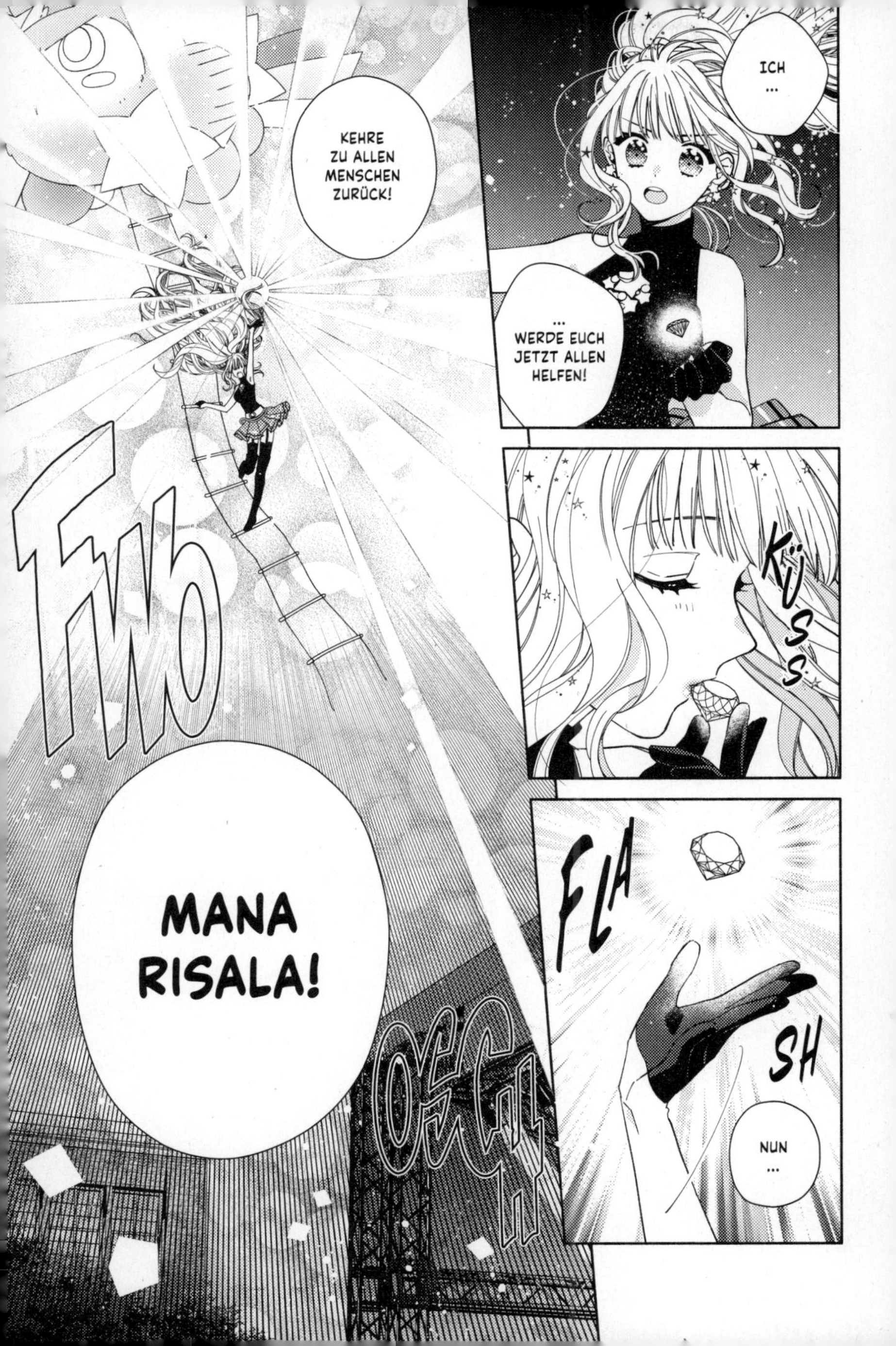
ICH ...
... WERDE EUCH JETZT ALLEN HELFEN!
KÜSS
FLASH
NUN ...
KEHRE ZU ALLEN MENSCHEN ZURÜCK!
MANA RISALA!

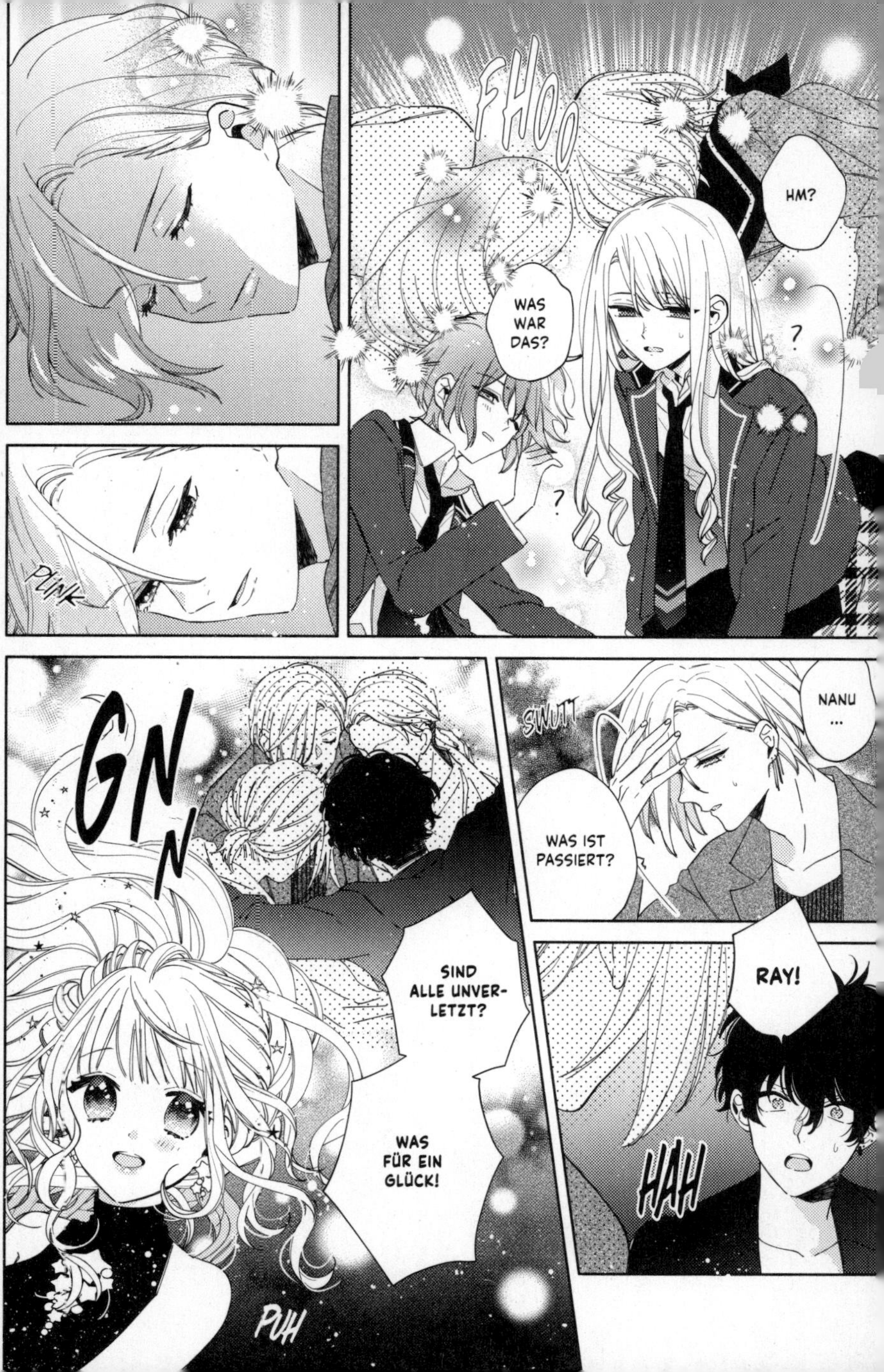
FHOO
HM?
WAS WAR DAS?
?
?
PLINK
NANU ...
SWUTT
WAS IST PASSIERT?
RAY!
HAH
GNN
SIND ALLE UNVERLETZT?
WAS FÜR EIN GLÜCK!
PUH

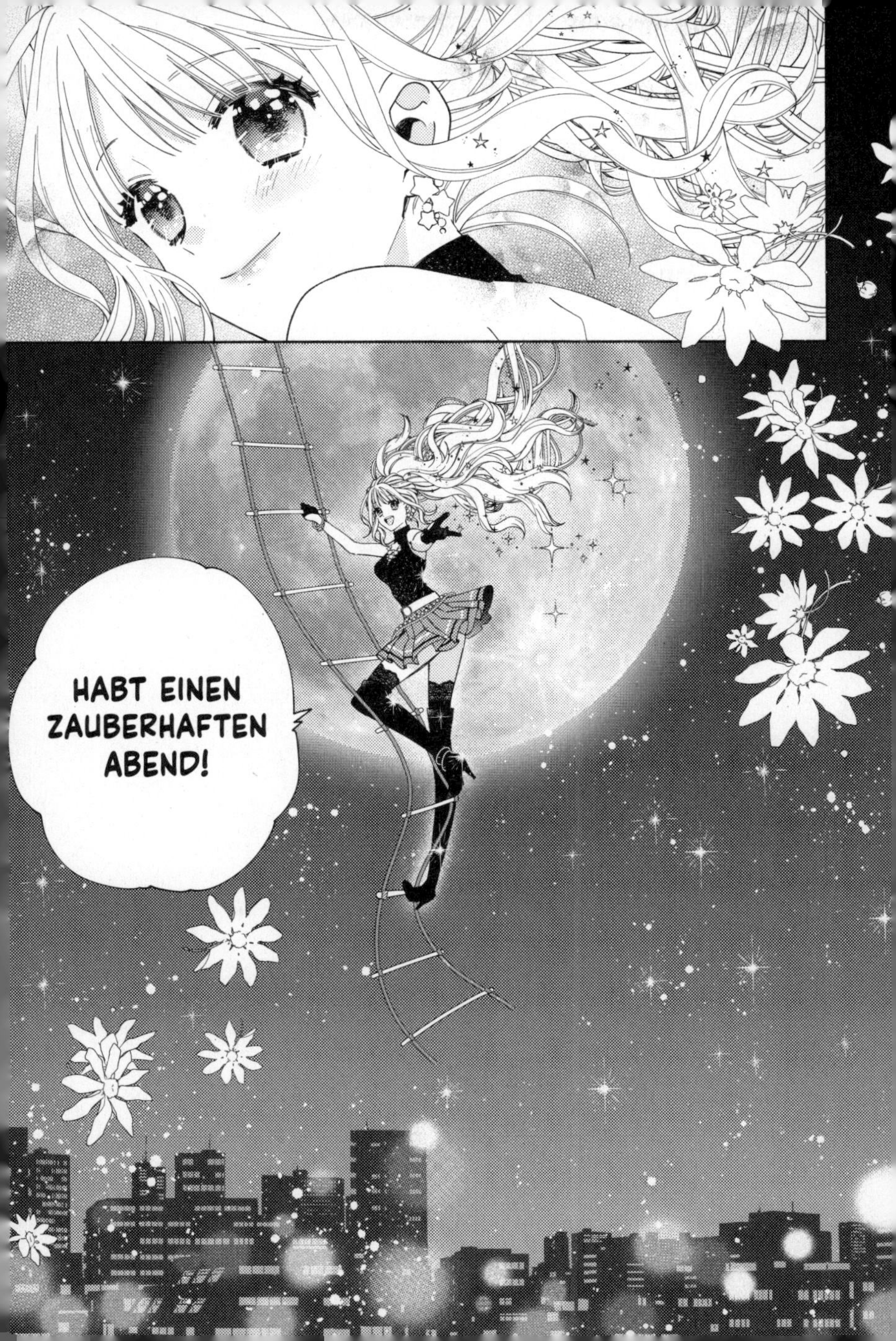
HABT EINEN ZAUBERHAFTEN ABEND!

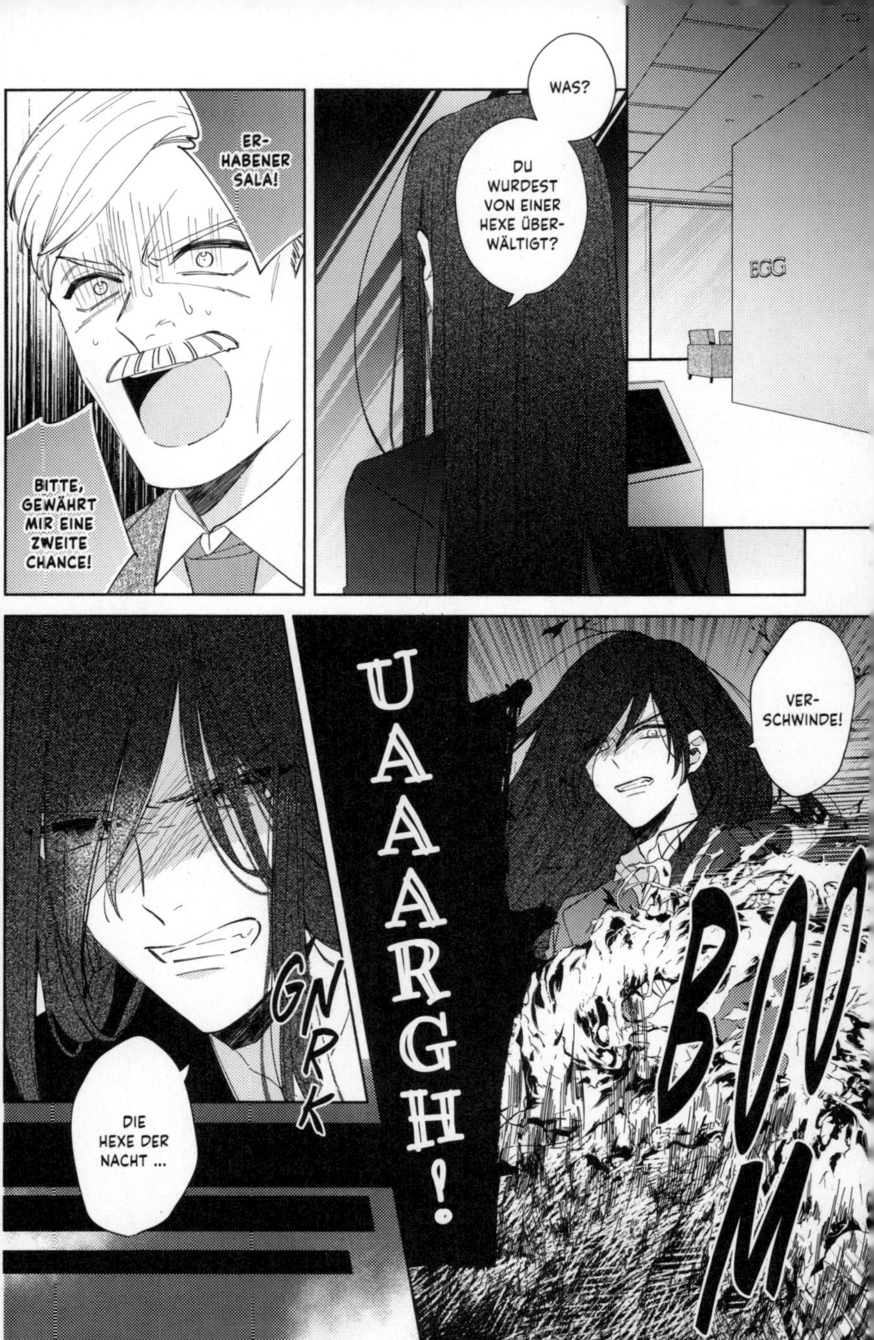
WAS?
DU WURDEST VON EINER HEXE ÜBER-WÄLTIGT?
ER-HABENER SALA!
BITTE, GEWÄHRT MIR EINE ZWEITE CHANCE!
EGG
VER-SCHWINDE!
BOOM
UAAARGH!
GNRK
DIE HEXE DER NACHT ...

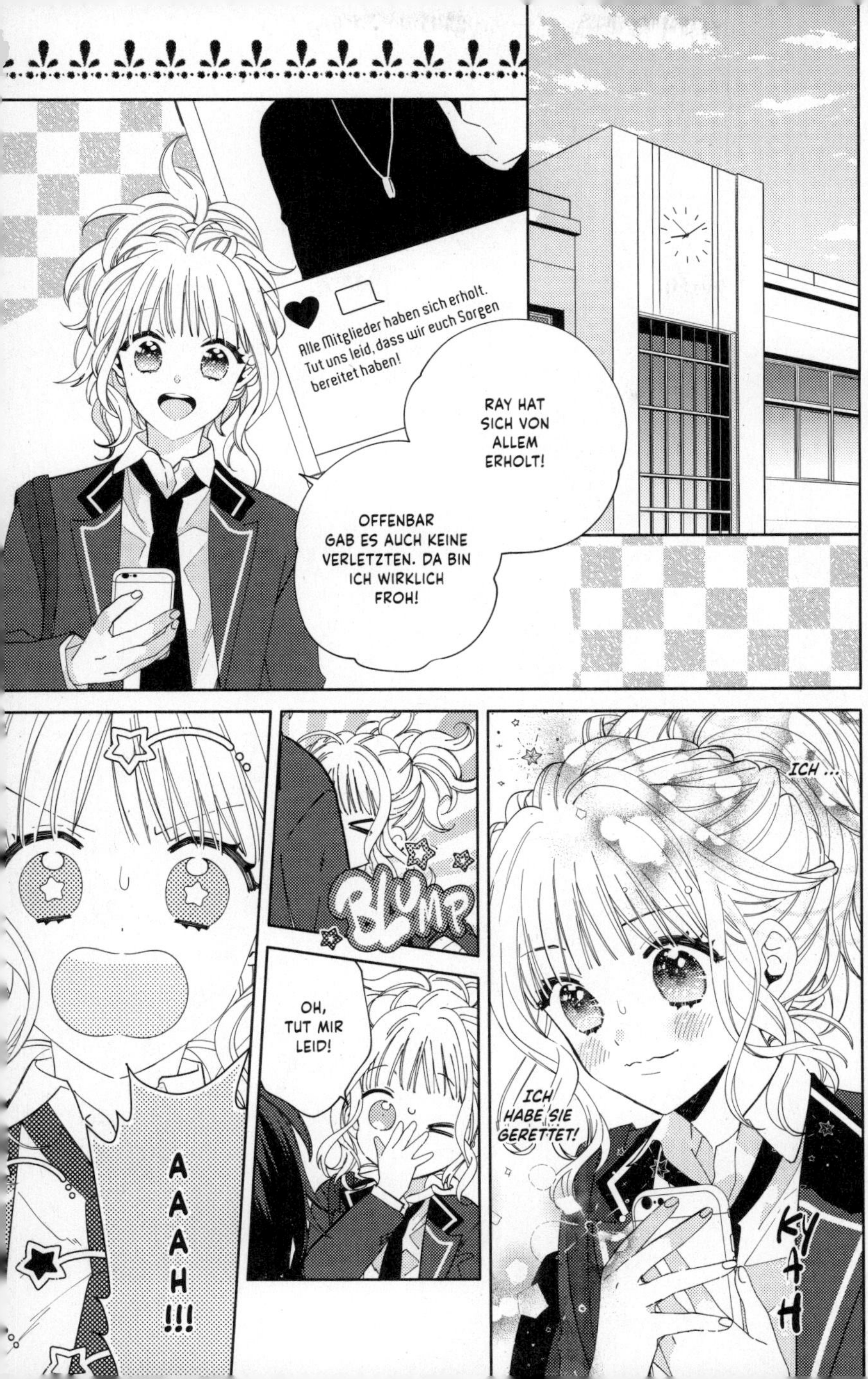
Alle Mitglieder haben sich erholt. Tut uns leid, dass wir euch Sorgen bereitet haben!
RAY HAT SICH VON ALLEM ERHOLT!
OFFENBAR GAB ES AUCH KEINE VERLETZTEN. DA BIN ICH WIRKLICH FROH!
ICH ...
ICH HABE SIE GERETTET!
KYAAH
BLUMP
OH, TUT MIR LEID!
AAAAH!!!

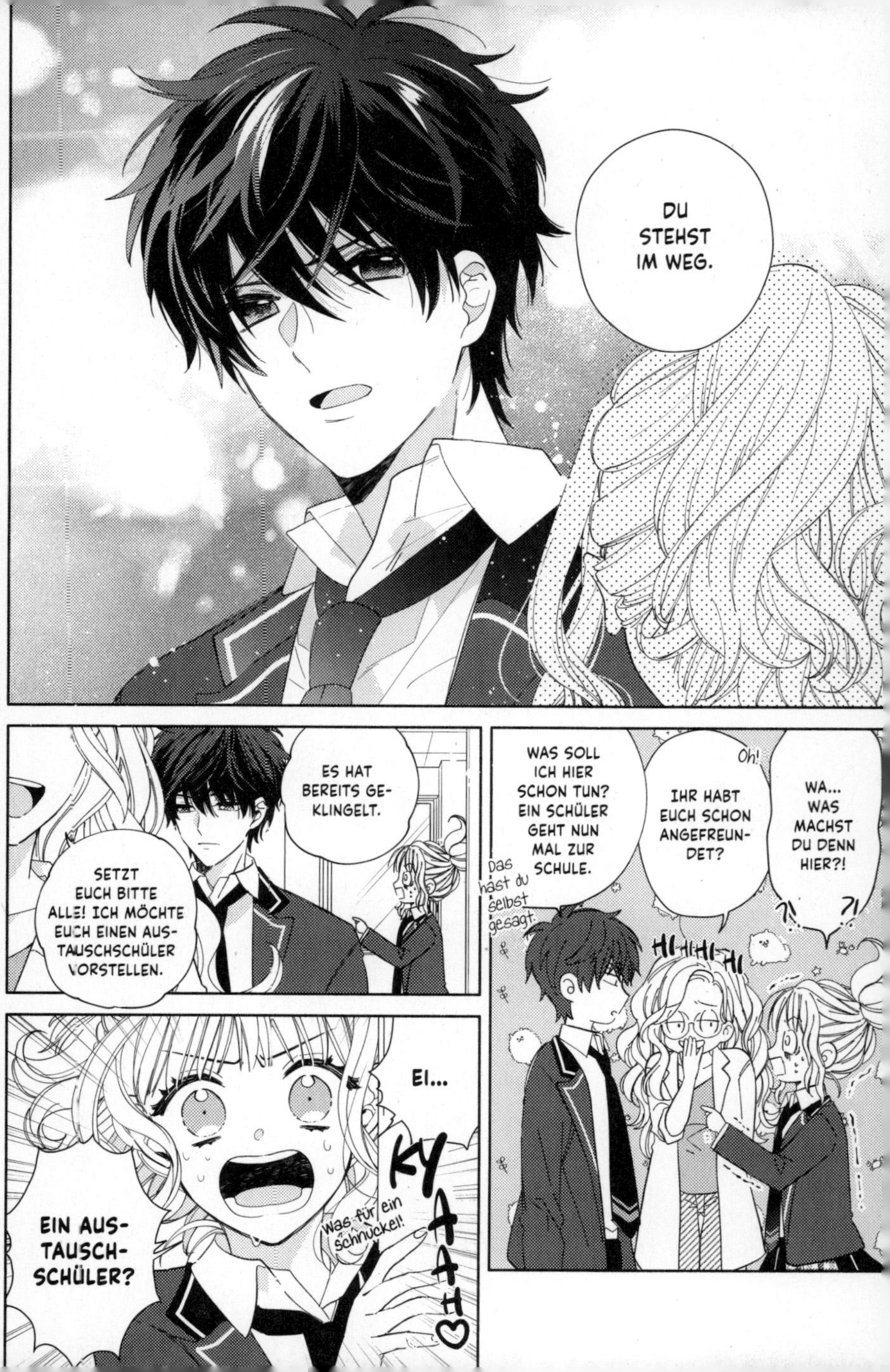
DU STEHST IM WEG.
WA... WAS MACHST DU DENN HIER?!
?! ?!
Oh!
IHR HABT EUCH SCHON ANGEFREUNDET?
WAS SOLL ICH HIER SCHON TUN? EIN SCHÜLER GEHT NUN MAL ZUR SCHULE.
Das hast du selbst gesagt.
HI HI HI HI
ES HAT BEREITS GEKLINGELT.
SETZT EUCH BITTE ALLE! ICH MÖCHTE EUCH EINEN AUSTAUSCHSCHÜLER VORSTELLEN.
EI...
KYAAAH♡
Was für ein Schnuckel!
EIN AUSTAUSCHSCHÜLER?

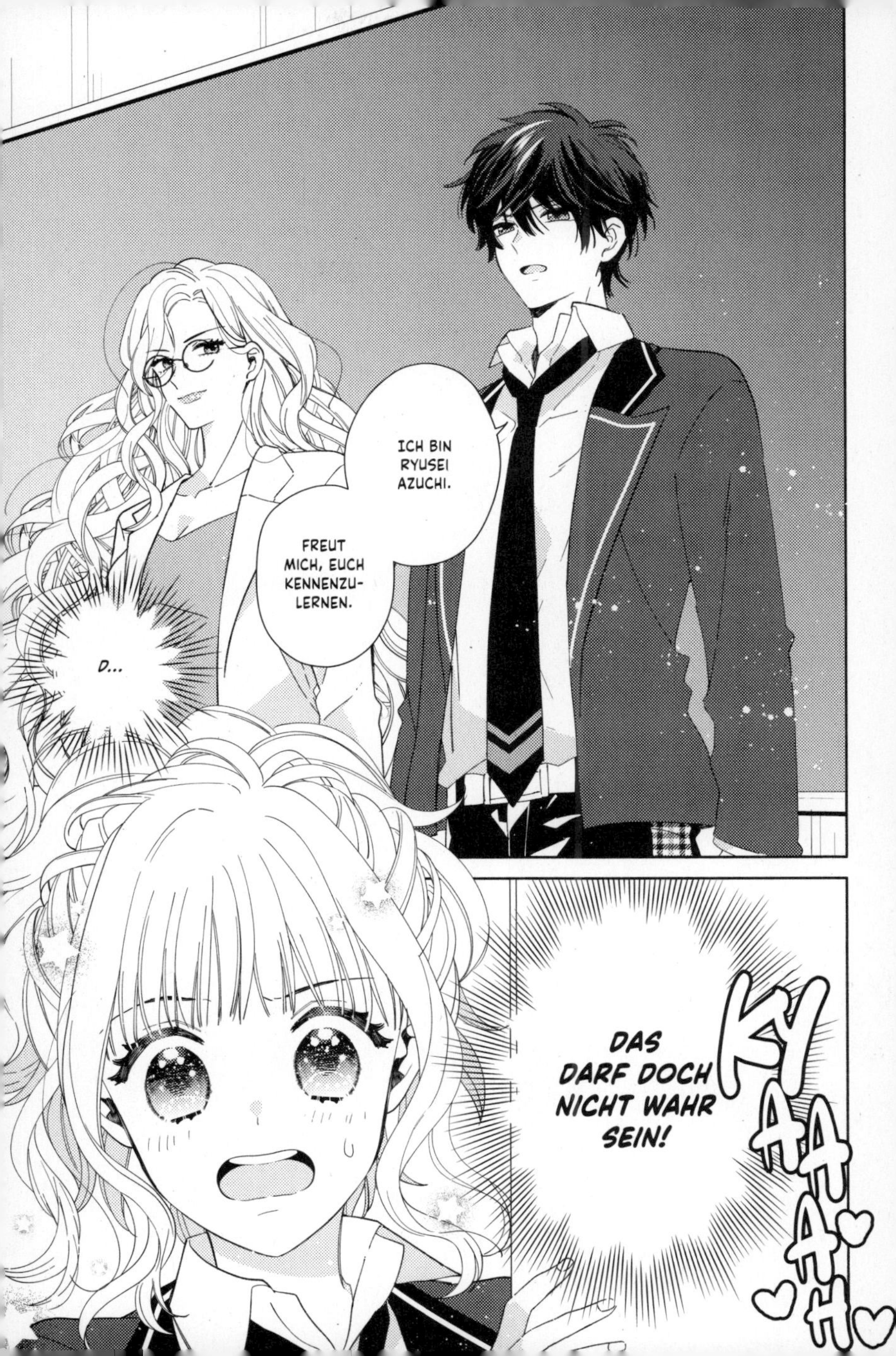

ICH BIN RYUSEI AZUCHI.
FREUT MICH, EUCH KENNENZU-LERNEN.
D...
KYAAAAH
DAS DARF DOCH NICHT WAHR SEIN!

Stellar Witch LIPS

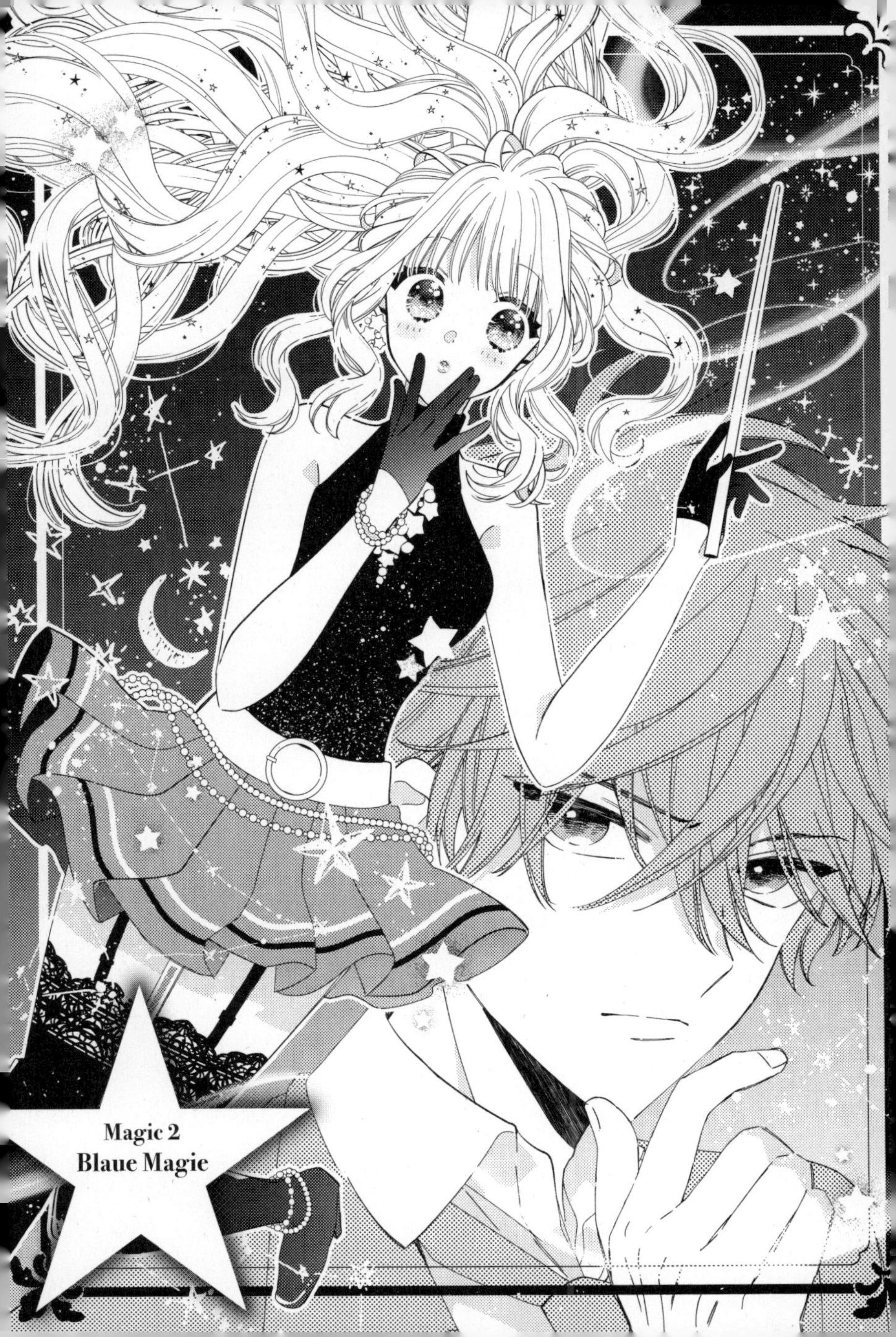
Magic 2
Blaue Magie

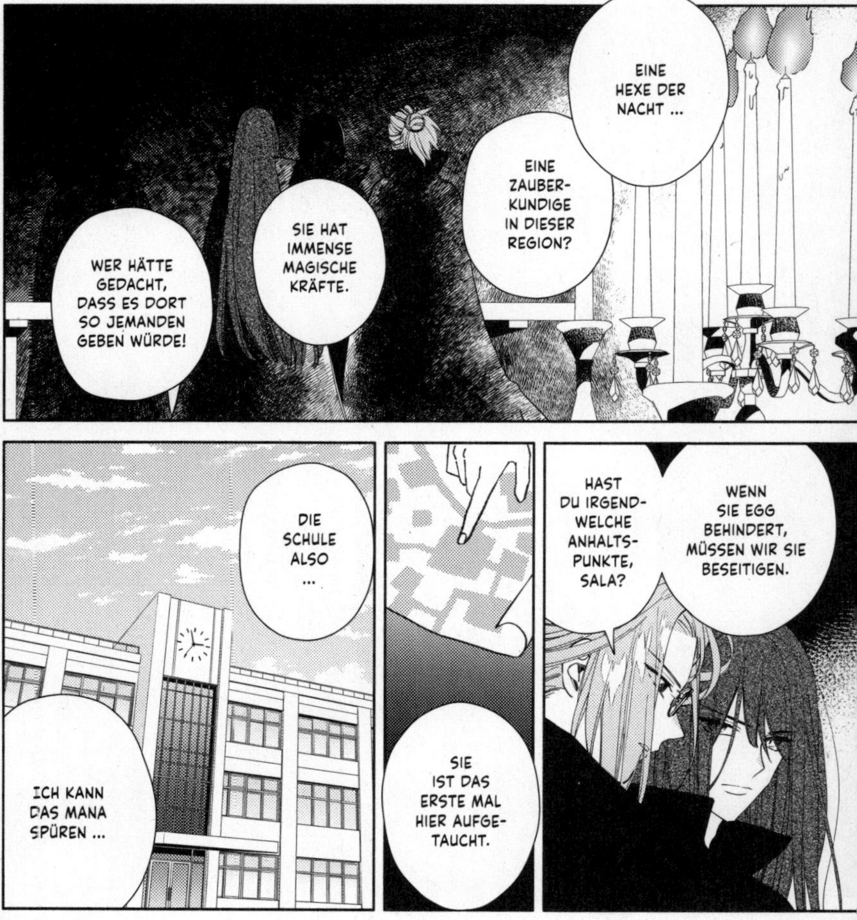

Stellar Witch LIPS

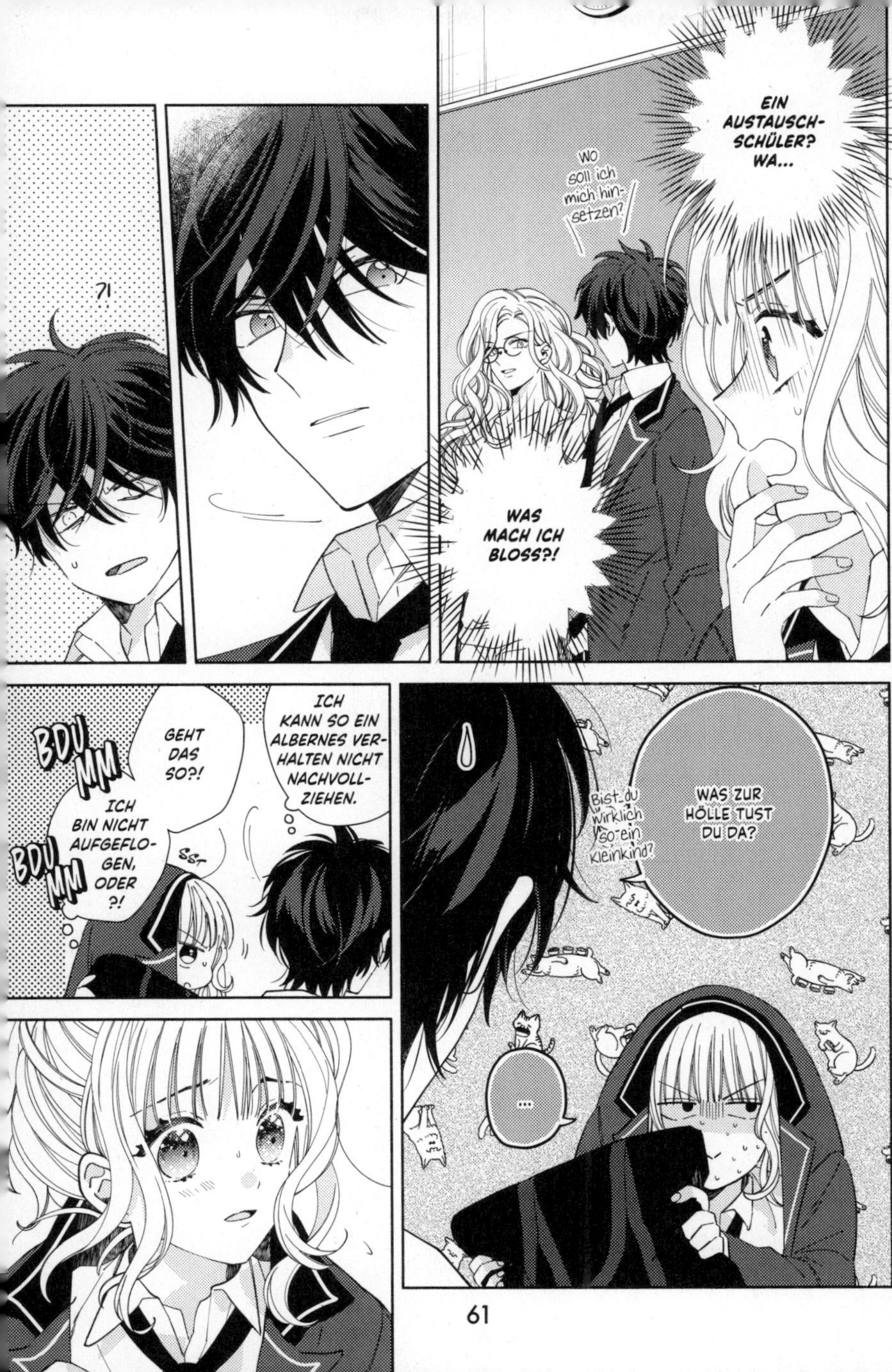
EIN AUSTAUSCH-SCHÜLER? WA...
Wo soll ich mich hin-setzen?
WAS MACH ICH BLOSS?!
?!
Was zur Hölle tust du da?
Bist du wirklich so ein Kleinkind?
...
ICH KANN SO EIN ALBERNES VER-HALTEN NICHT NACHVOLL-ZIEHEN.
GEHT DAS SO?!
SST
ICH BIN NICHT AUFGEFLO-GEN, ODER ?!
BDUMM
BDUMM

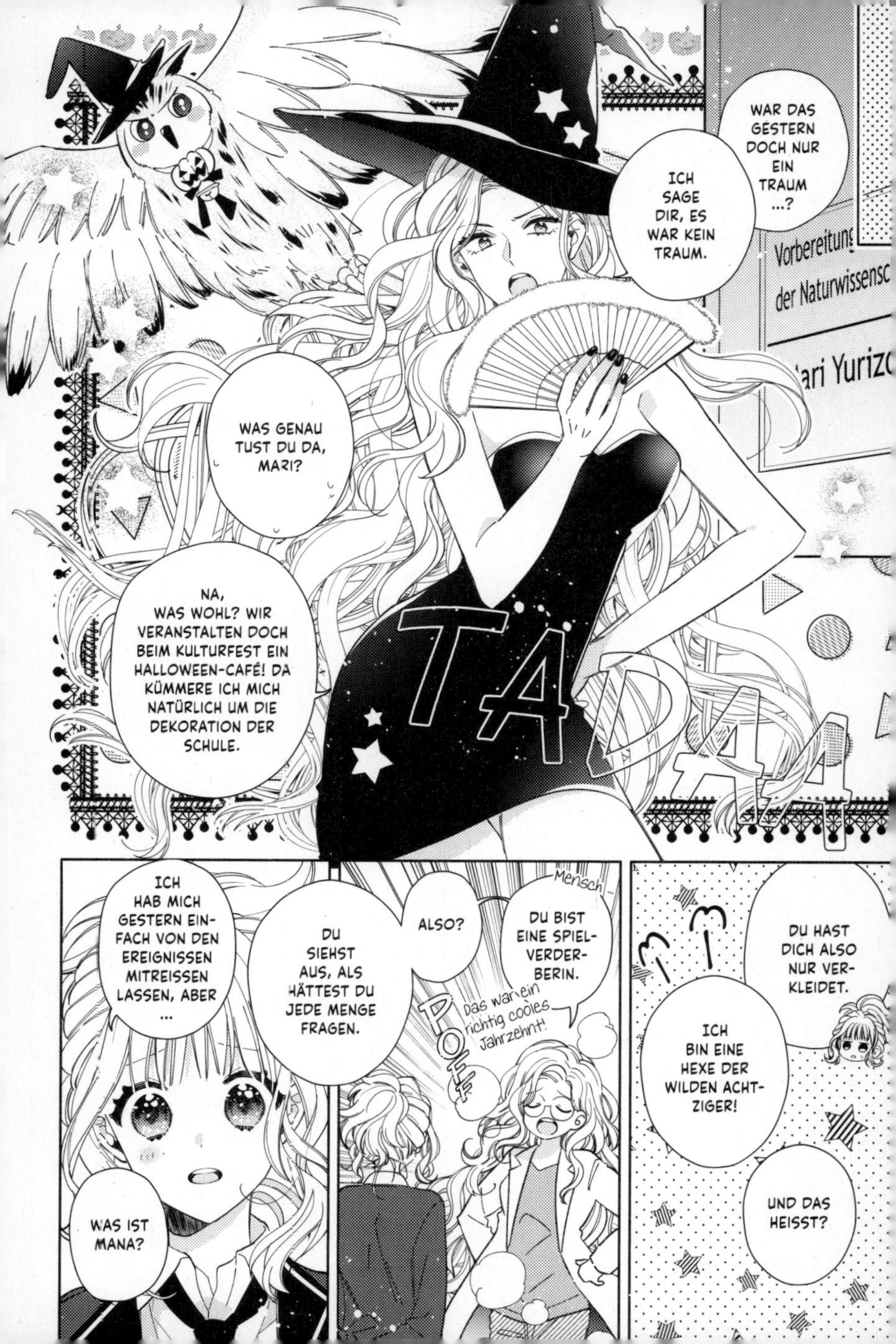
WAR DAS GESTERN DOCH NUR EIN TRAUM ...?
ICH SAGE DIR, ES WAR KEIN TRAUM.
WAS GENAU TUST DU DA, MARI?
NA, WAS WOHL? WIR VERANSTALTEN DOCH BEIM KULTURFEST EIN HALLOWEEN-CAFÉ! DA KÜMMERE ICH MICH NATÜRLICH UM DIE DEKORATION DER SCHULE.
TADAA
DU HAST DICH ALSO NUR VERKLEIDET.
ICH BIN EINE HEXE DER WILDEN ACHTZIGER!
UND DAS HEISST?
Mensch ...
DU BIST EINE SPIELVERDERBERIN.
Das war ein richtig cooles Jahrzehnt!
POFF
ALSO?
DU SIEHST AUS, ALS HÄTTEST DU JEDE MENGE FRAGEN.
ICH HAB MICH GESTERN EINFACH VON DEN EREIGNISSEN MITREISSEN LASSEN, ABER ...
WAS IST MANA?

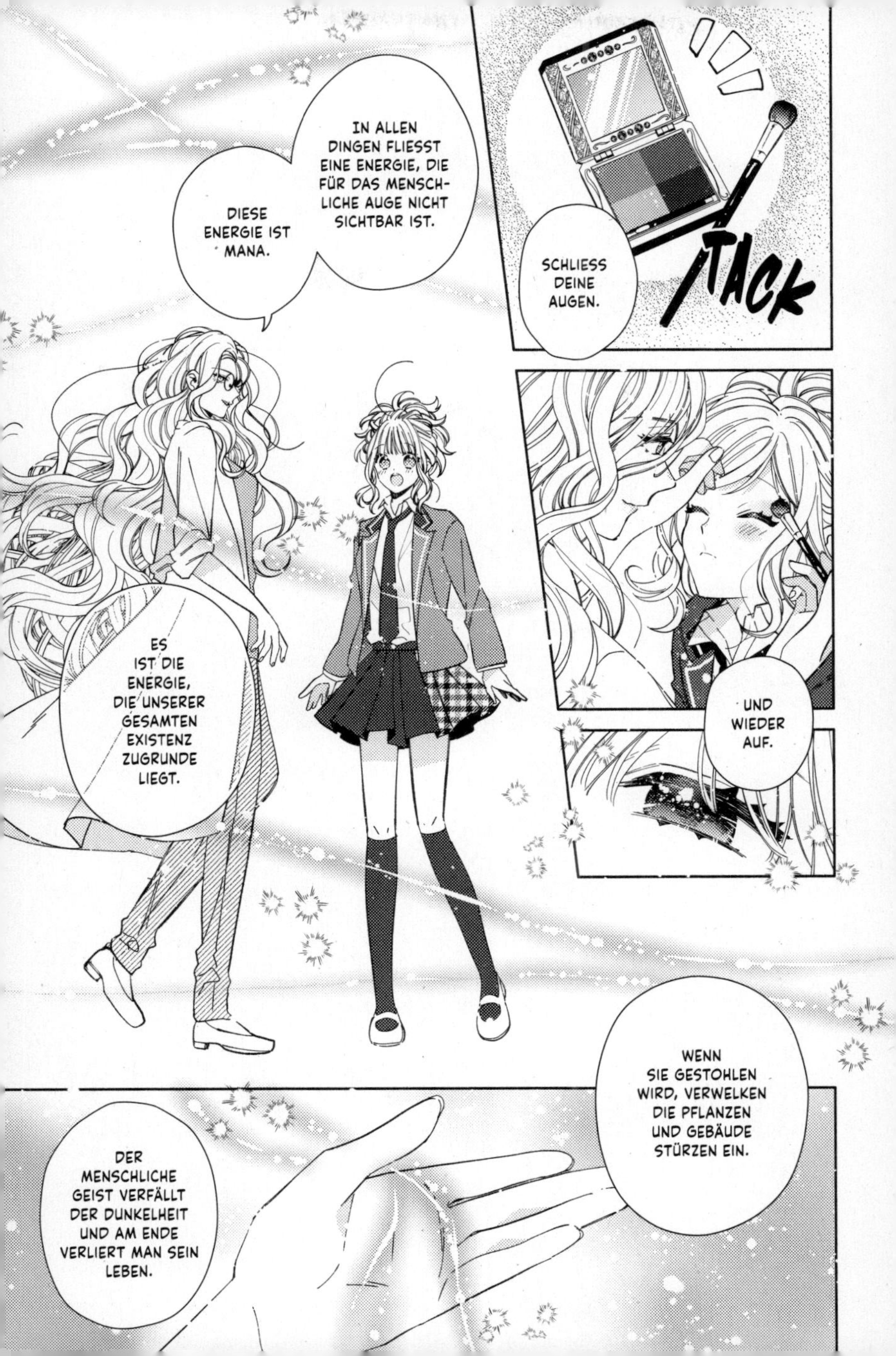
TACK
SCHLIESS DEINE AUGEN.
UND WIEDER AUF.
IN ALLEN DINGEN FLIESST EINE ENERGIE, DIE FÜR DAS MENSCH-LICHE AUGE NICHT SICHTBAR IST.
DIESE ENERGIE IST MANA.
ES IST DIE ENERGIE, DIE UNSERER GESAMTEN EXISTENZ ZUGRUNDE LIEGT.
WENN SIE GESTOHLEN WIRD, VERWELKEN DIE PFLANZEN UND GEBÄUDE STÜRZEN EIN.
DER MENSCHLICHE GEIST VERFÄLLT DER DUNKELHEIT UND AM ENDE VERLIERT MAN SEIN LEBEN.

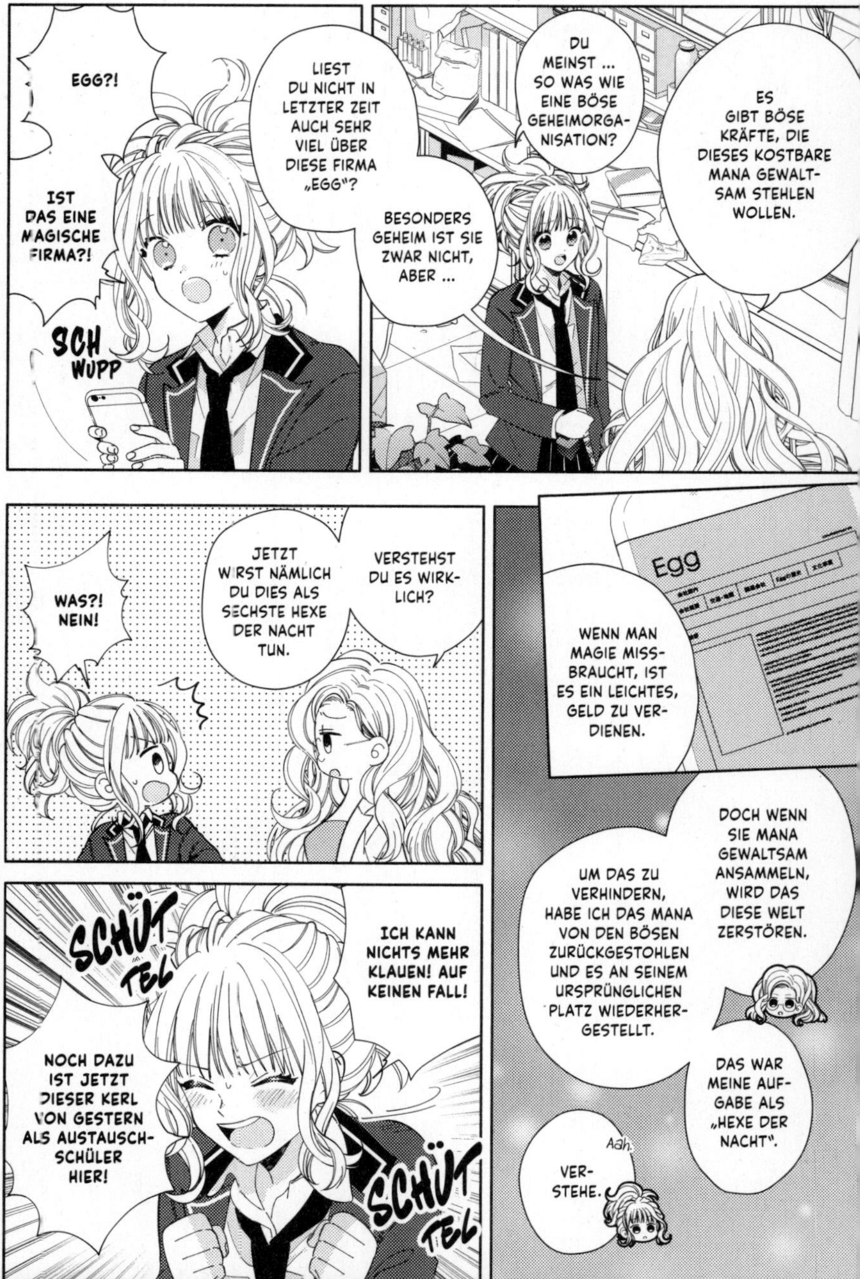
ES GIBT BÖSE KRÄFTE, DIE DIESES KOSTBARE MANA GEWALTSAM STEHLEN WOLLEN.
DU MEINST ... SO WAS WIE EINE BÖSE GEHEIMORGANISATION?
BESONDERS GEHEIM IST SIE ZWAR NICHT, ABER ...
LIEST DU NICHT IN LETZTER ZEIT AUCH SEHR VIEL ÜBER DIESE FIRMA „EGG“?
EGG?!
IST DAS EINE MAGISCHE FIRMA?!
SCH WUPP
Egg
WENN MAN MAGIE MISSBRAUCHT, IST ES EIN LEICHTES, GELD ZU VERDIENEN.
DOCH WENN SIE MANA GEWALTSAM ANSAMMELN, WIRD DAS DIESE WELT ZERSTÖREN.
UM DAS ZU VERHINDERN, HABE ICH DAS MANA VON DEN BÖSEN ZURÜCKGESTOHLEN UND ES AN SEINEM URSPRÜNGLICHEN PLATZ WIEDERHERGESTELLT.
DAS WAR MEINE AUFGABE ALS „HEXE DER NACHT“.
Aah.
VERSTEHE.
VERSTEHST DU ES WIRKLICH?
JETZT WIRST NÄMLICH DU DIES ALS SECHSTE HEXE DER NACHT TUN.
WAS?! NEIN!
ICH KANN NICHTS MEHR KLAUEN! AUF KEINEN FALL!
SCHÜTTEL
NOCH DAZU IST JETZT DIESER KERL VON GESTERN ALS AUSTAUSCHSCHÜLER HIER!
SCHÜTTEL

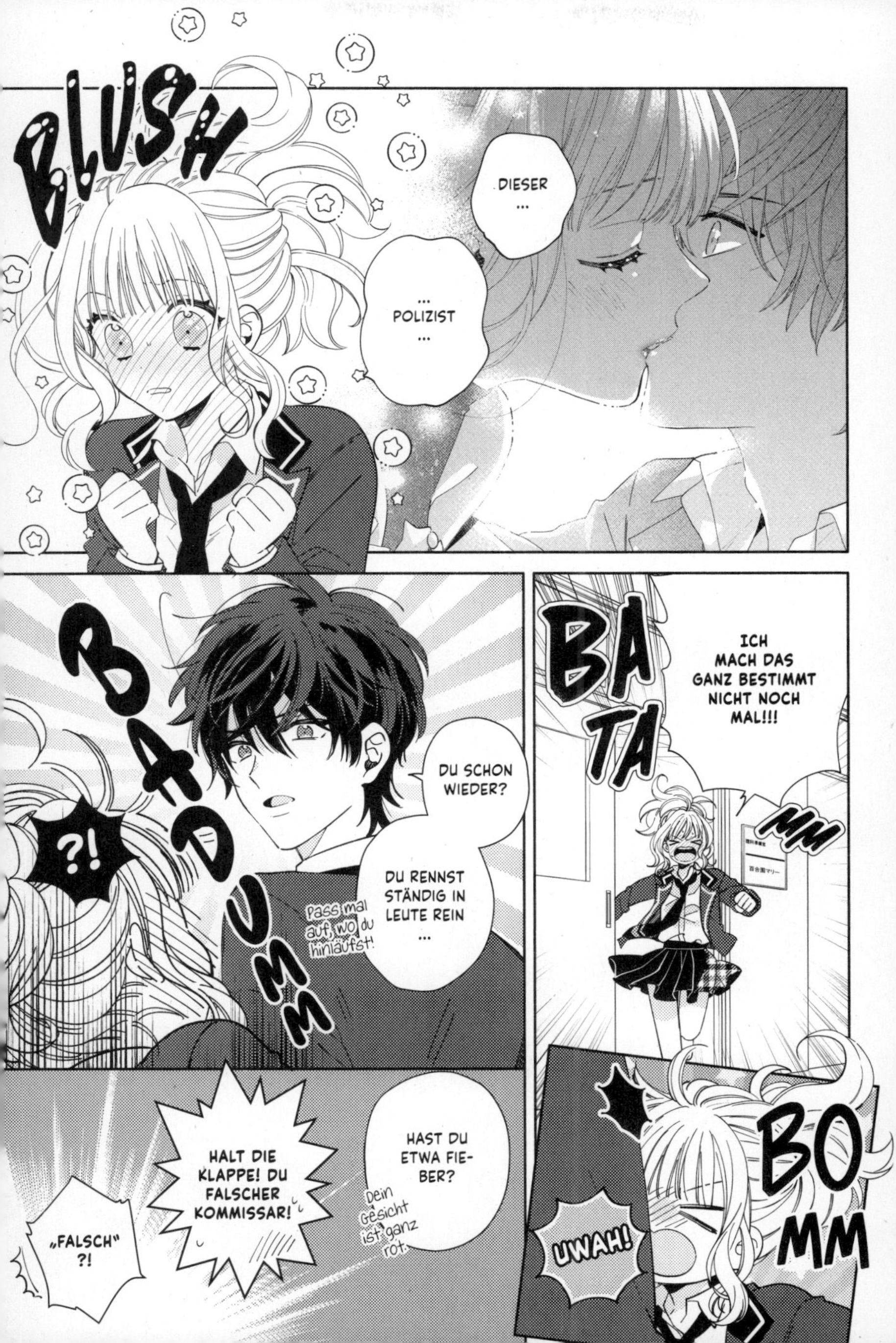
BLUSH
DIESER ...
... POLIZIST ...
BATA
ICH MACH DAS GANZ BESTIMMT NICHT NOCH MAL!!!
MM
BOMM
UWAH!
BADUMMM
?!
DU SCHON WIEDER?
DU RENNST STÄNDIG IN LEUTE REIN ...
Pass mal auf, wo du hinläufst!
HAST DU ETWA FIEBER?
Dein Gesicht ist ganz rot.
HALT DIE KLAPPE! DU FALSCHER KOMMISSAR!
„FALSCH“ ?!

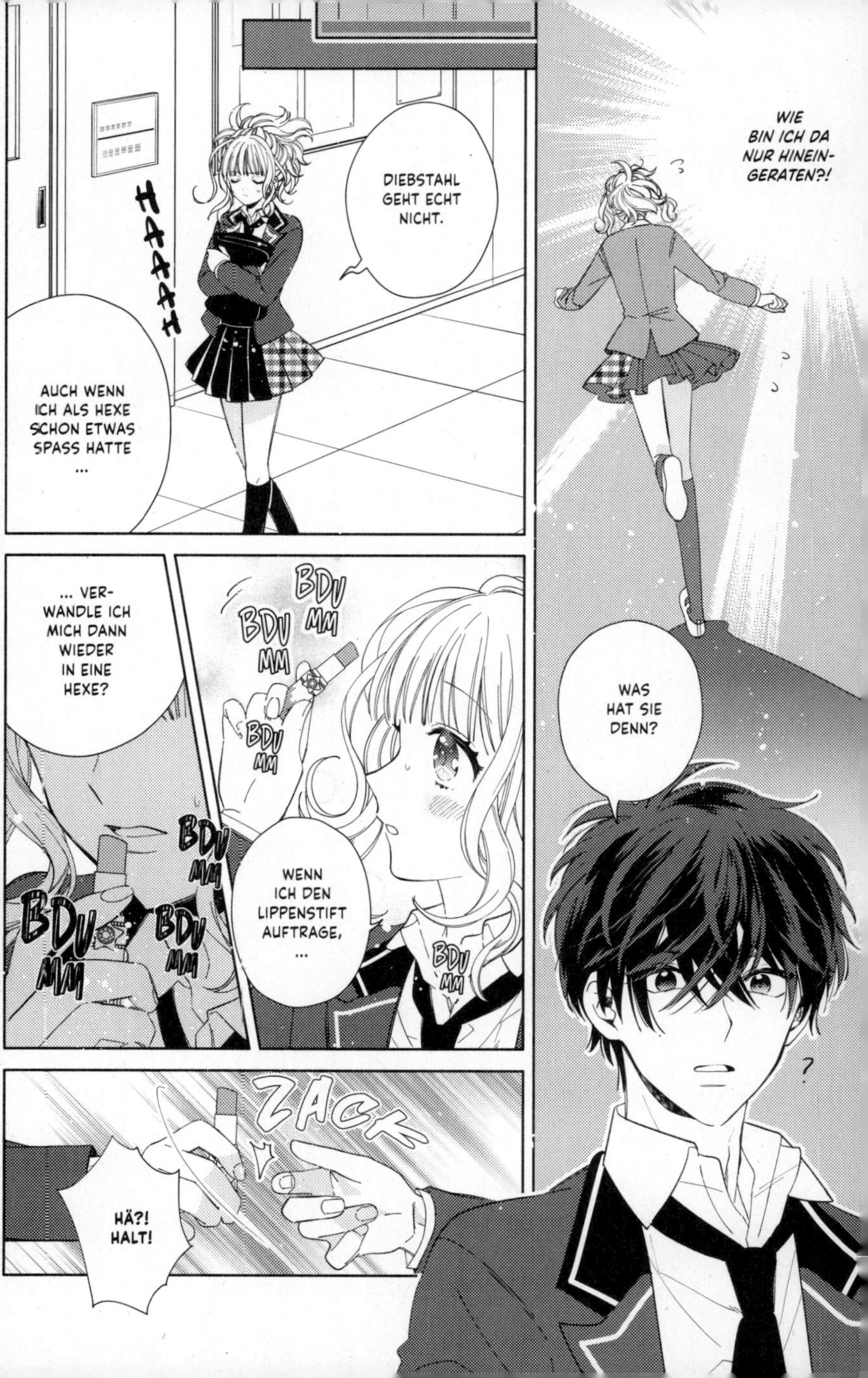
HAAAAH
DIEBSTAHL GEHT ECHT NICHT.
AUCH WENN ICH ALS HEXE SCHON ETWAS SPASS HATTE ...
... VER-WANDLE ICH MICH DANN WIEDER IN EINE HEXE?
BDUMM BDUMM
BDUMM
BDUMM
WENN ICH DEN LIPPENSTIFT AUFTRAGE, ...
BDUMM BDUMM BDUMM
BDUMM
ZACK
HÄ?! HALT!
WIE BIN ICH DA NUR HINEIN-GERATEN?!
WAS HAT SIE DENN?

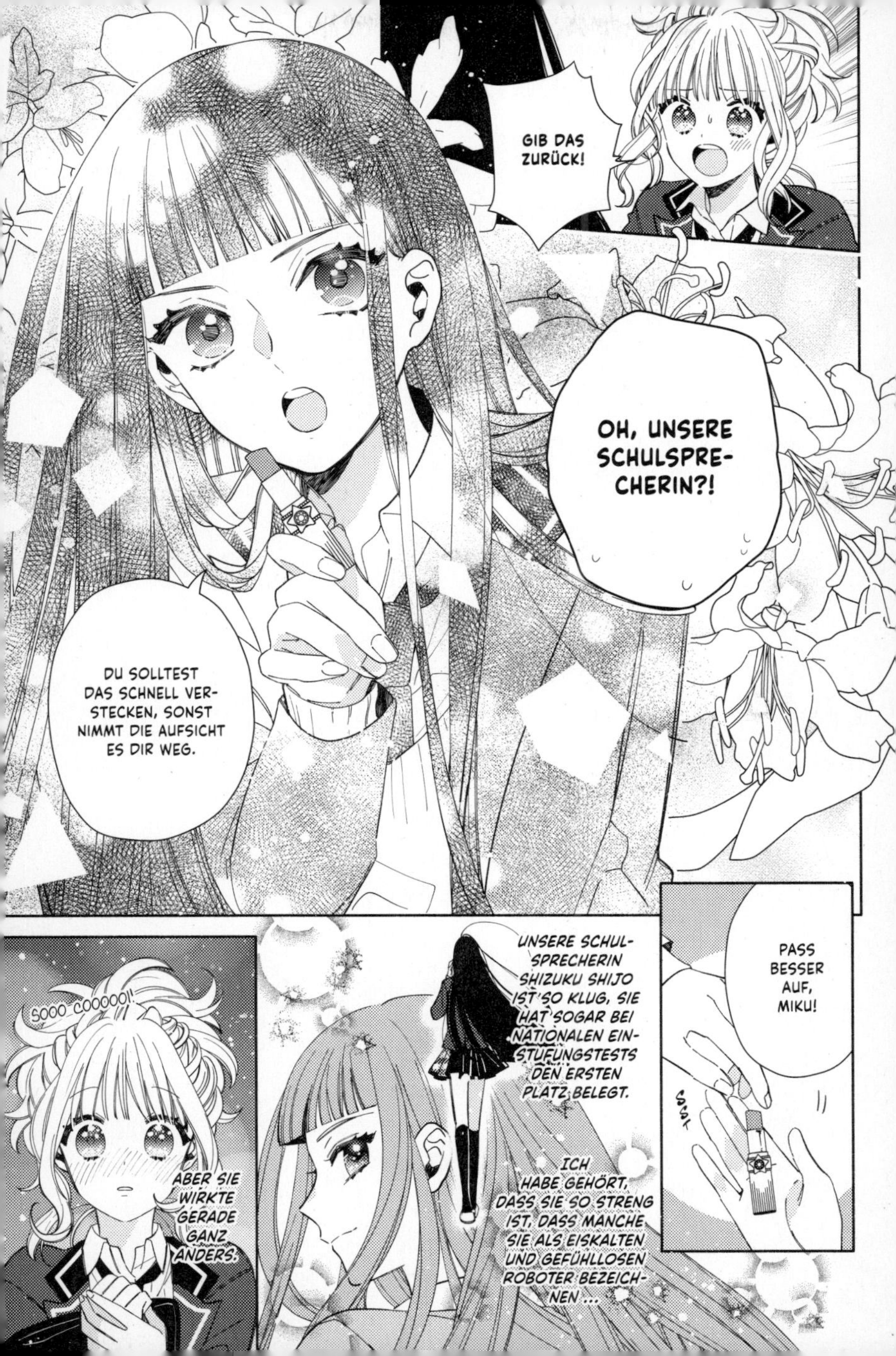
GIB DAS ZURÜCK!
OH, UNSERE SCHULSPRECHERIN?!
DU SOLLTEST DAS SCHNELL VERSTECKEN, SONST NIMMT DIE AUFSICHT ES DIR WEG.
PASS BESSER AUF, MIKU!
UNSERE SCHULSPRECHERIN SHIZUKU SHIJO IST SO KLUG, SIE HAT SOGAR BEI NATIONALEN EINSTUFUNGSTESTS DEN ERSTEN PLATZ BELEGT.
ICH HABE GEHÖRT, DASS SIE SO STRENG IST, DASS MANCHE SIE ALS EISKALTEN UND GEFÜHLLOSEN ROBOTER BEZEICHNEN …
SOOO COOOOOL!
ABER SIE WIRKTE GERADE GANZ ANDERS.

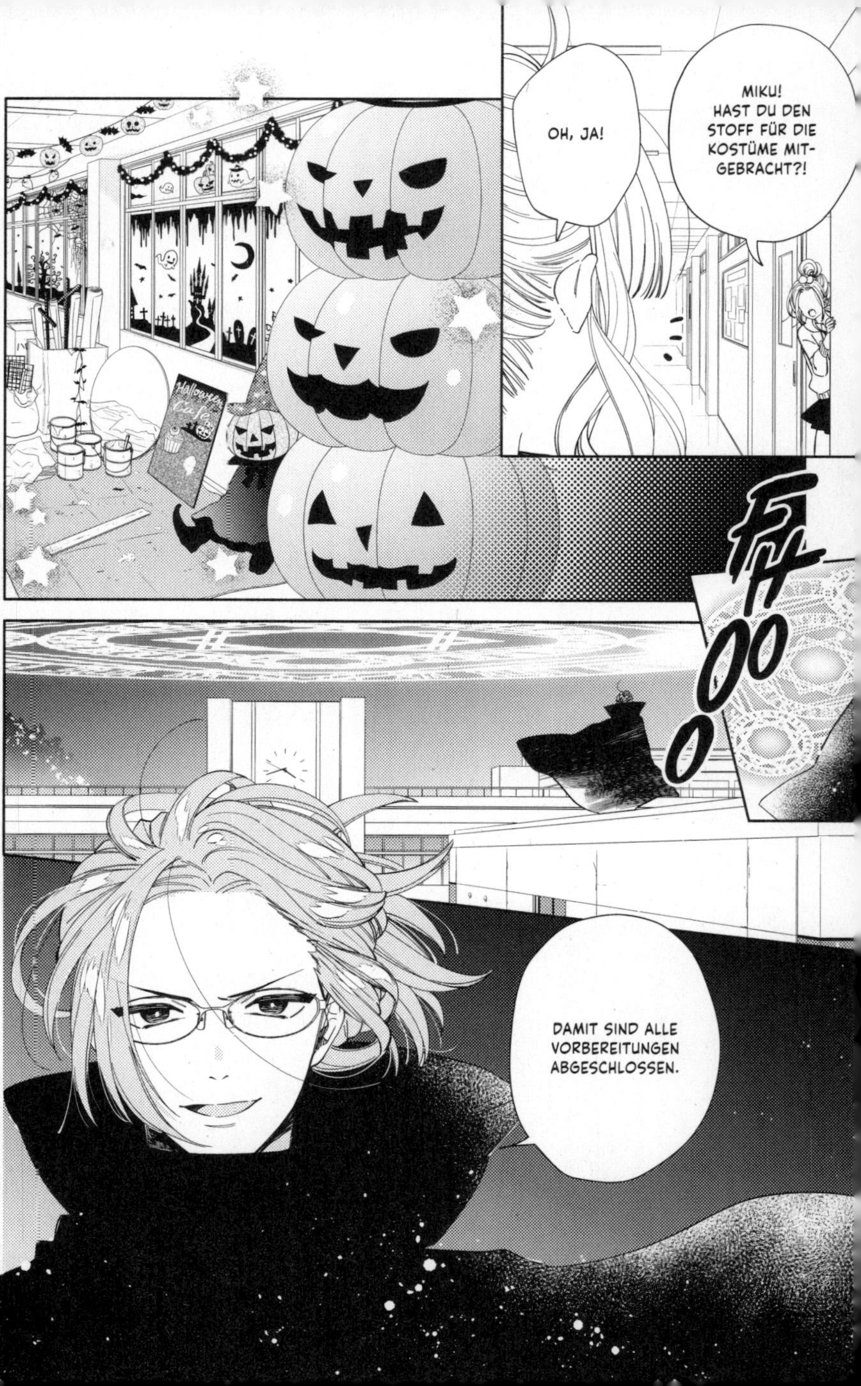
MIKU!
HAST DU DEN STOFF FÜR DIE KOSTÜME MIT-GEBRACHT?!
OH, JA!
FH
OOO
DAMIT SIND ALLE VORBEREITUNGEN ABGESCHLOSSEN.

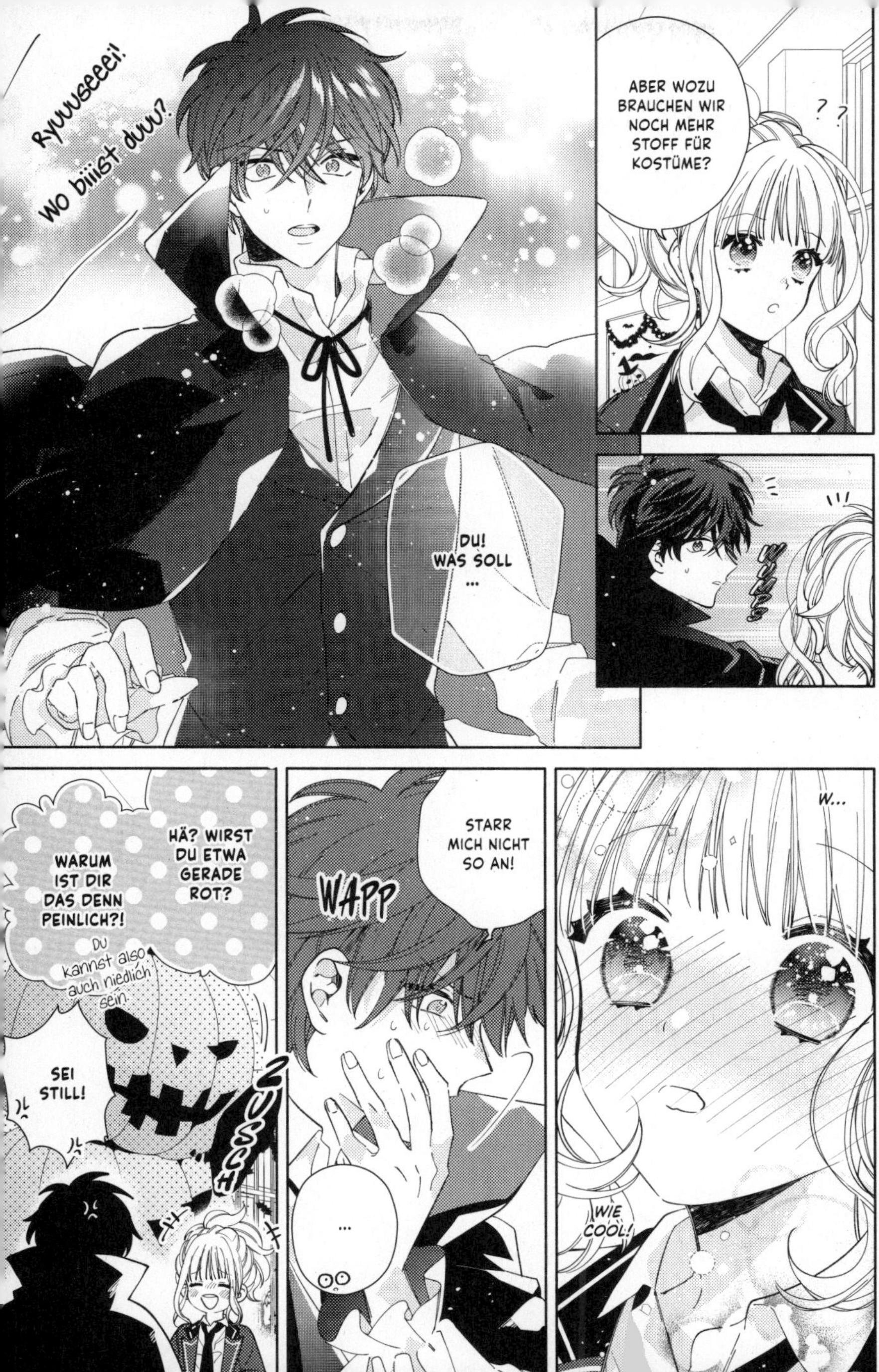
ABER WOZU BRAUCHEN WIR NOCH MEHR STOFF FÜR KOSTÜME?
? ?
Ryuuuseeei!
Wo biiist duuu?
DU! WAS SOLL ...
W...
WIE COOL!
STARR MICH NICHT SO AN!
WAPP
...
HÄ? WIRST DU ETWA GERADE ROT?
WARUM IST DIR DAS DENN PEINLICH?!
Du kannst also auch niedlich sein.
SEI STILL!
ZUSCH

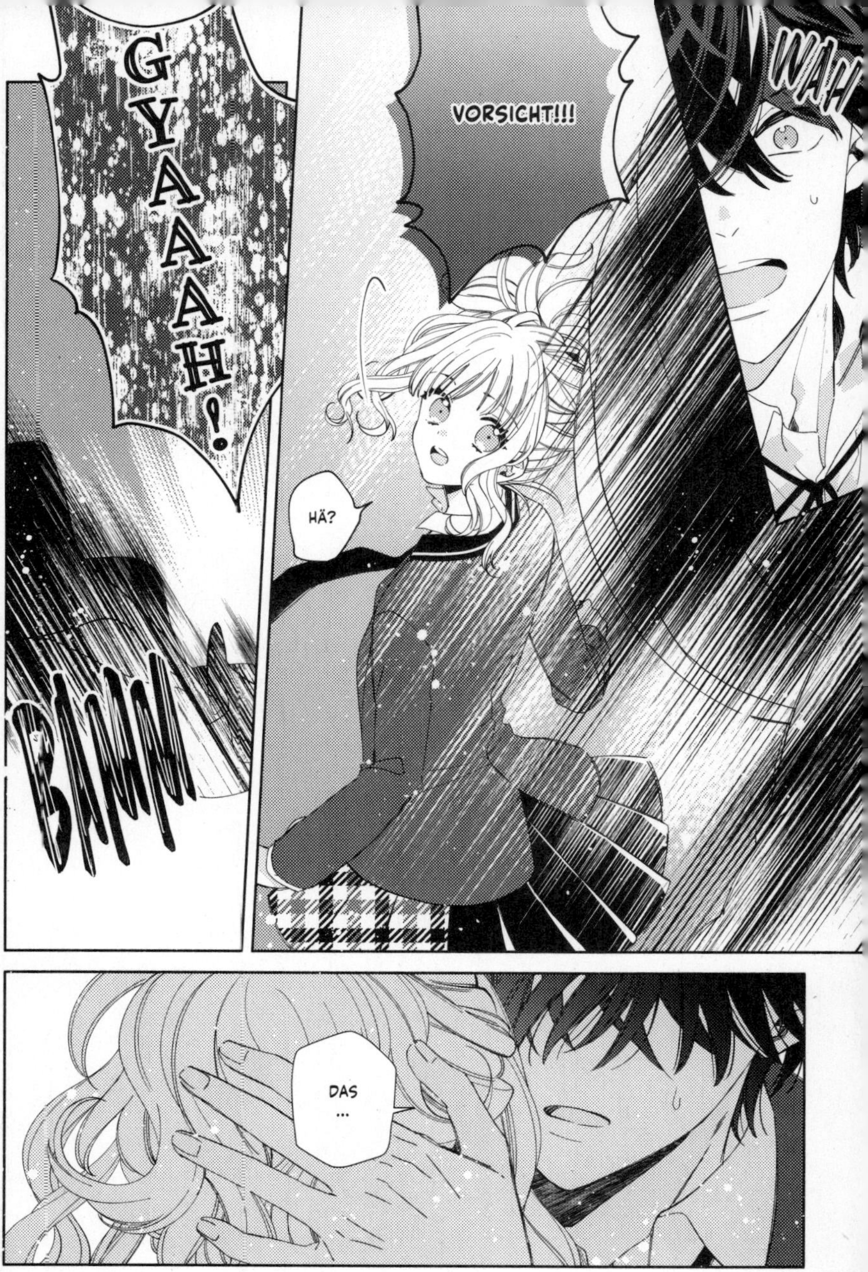
WAH
VORSICHT!!!
HÄ?
GYAAAH!
DAS ...

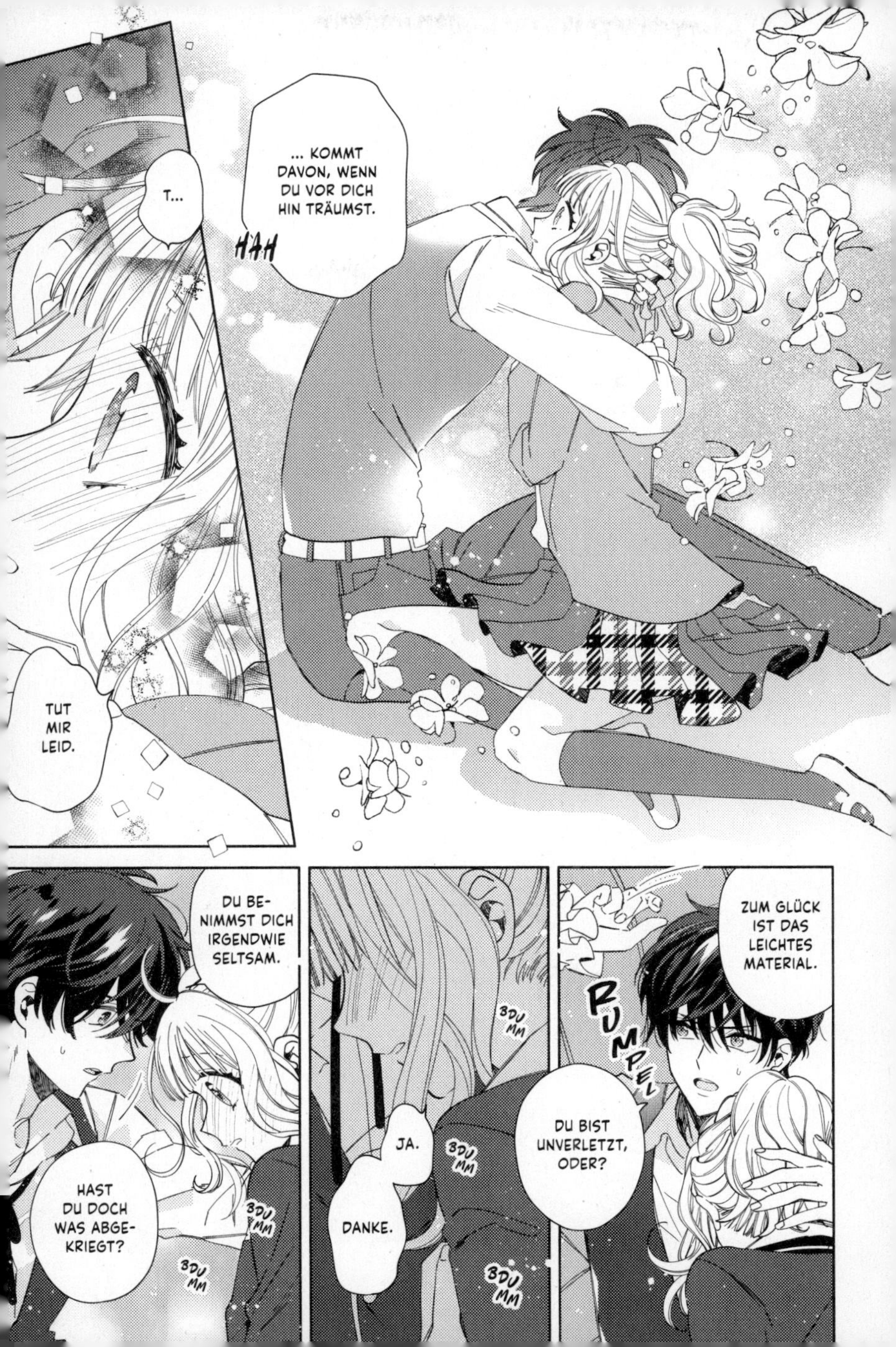
... KOMMT DAVON, WENN DU VOR DICH HIN TRÄUMST.
HAH
T...
TUT MIR LEID.
DU BE-NIMMST DICH IRGENDWIE SELTSAM.
ZUM GLÜCK IST DAS LEICHTES MATERIAL.
RUMPEL
DU BIST UNVERLETZT, ODER?
JA.
DANKE.
BDUMM
BDUMM
BDUMM
HAST DU DOCH WAS ABGE-KRIEGT?
BDUMM
BDUMM

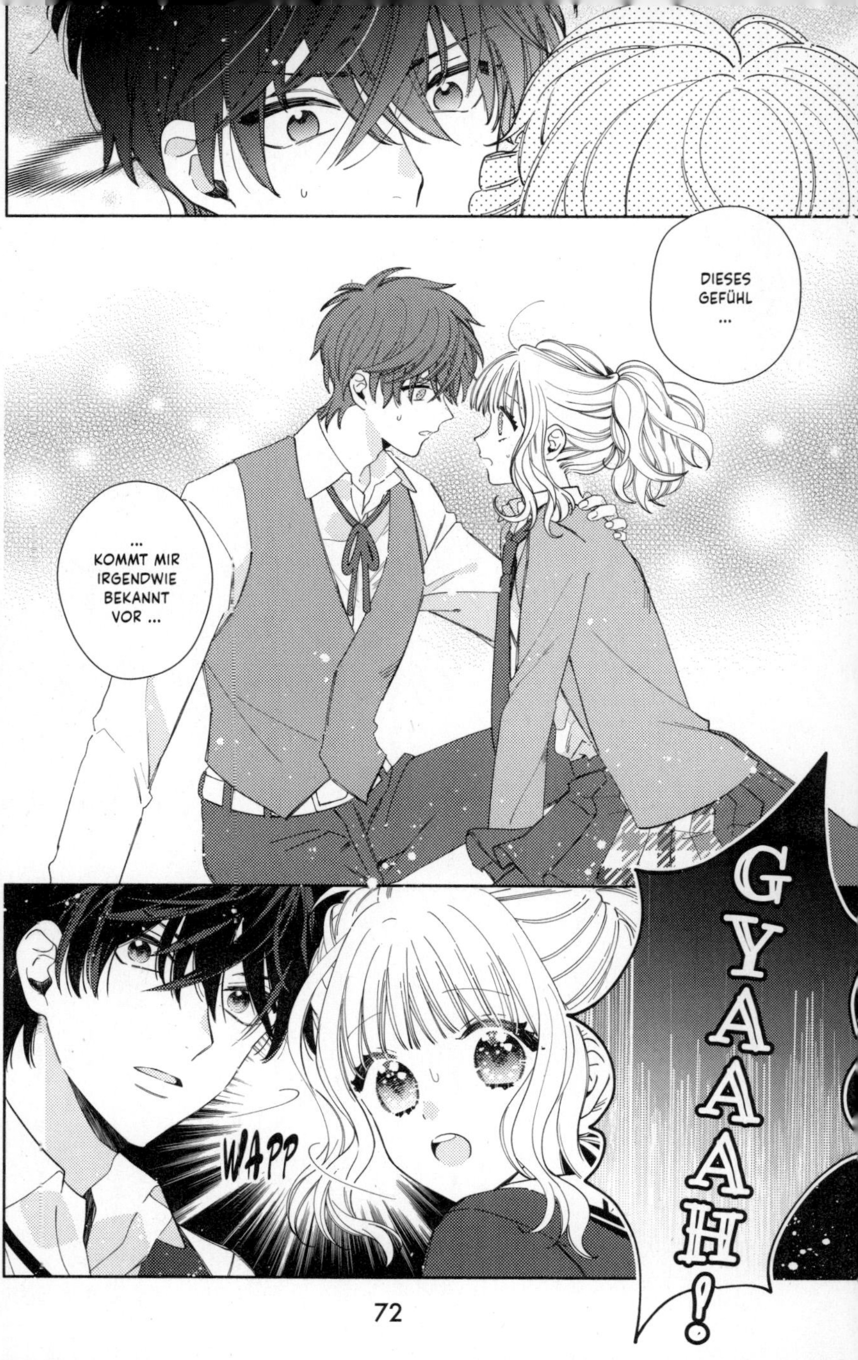
DIESES GEFÜHL ...
... KOMMT MIR IRGENDWIE BEKANNT VOR ...
GYAAAH!
WAPP

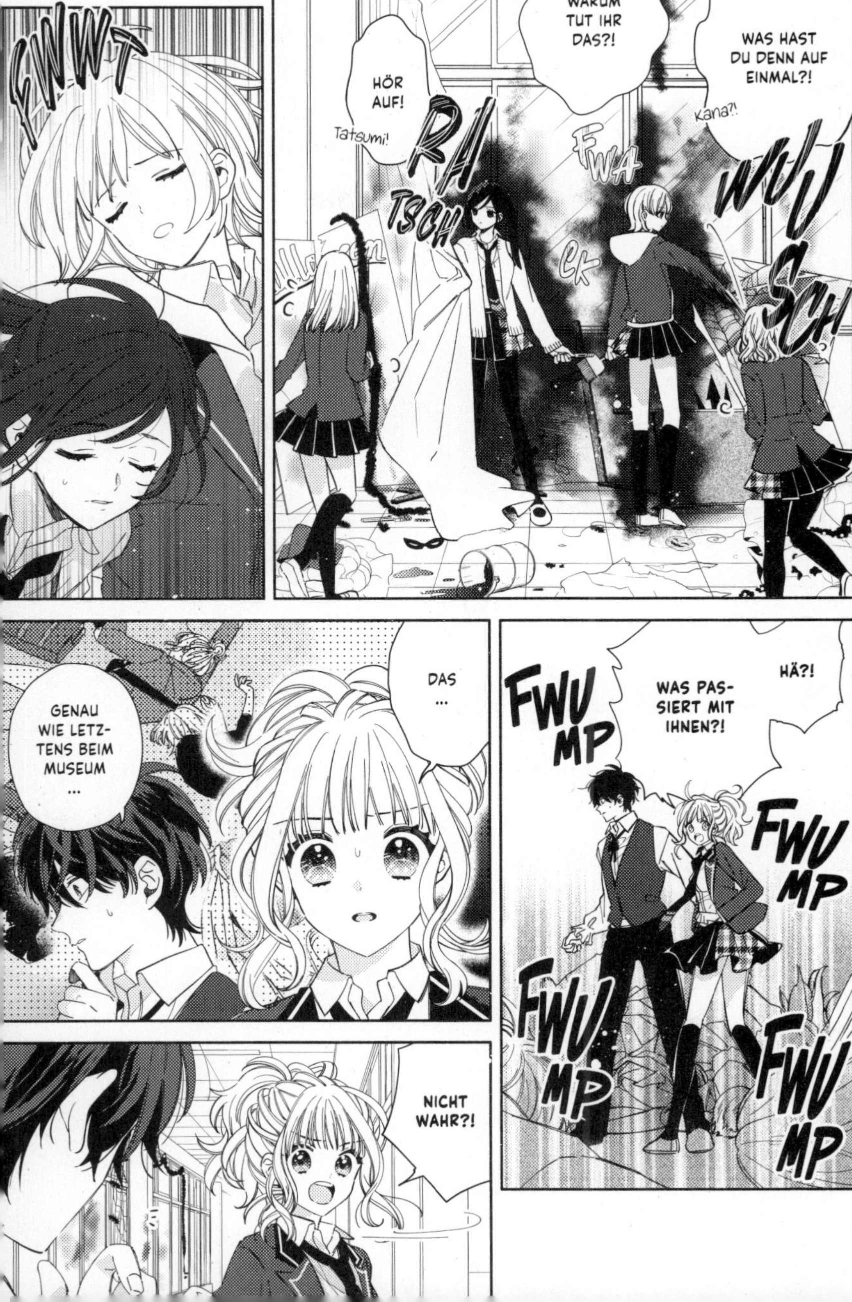
FWWT
WAS HAST DU DENN AUF EINMAL?!
Kana?!
WARUM TUT IHR DAS?!
HÖR AUF!
Tatsumi!
RATSCH
FWA
WUUSCH
HÄ?!
WAS PAS-SIERT MIT IHNEN?!
FWUMP
FWUMP
FWUMP
FWUMP
DAS ...
GENAU WIE LETZ-TENS BEIM MUSEUM ...
NICHT WAHR?!

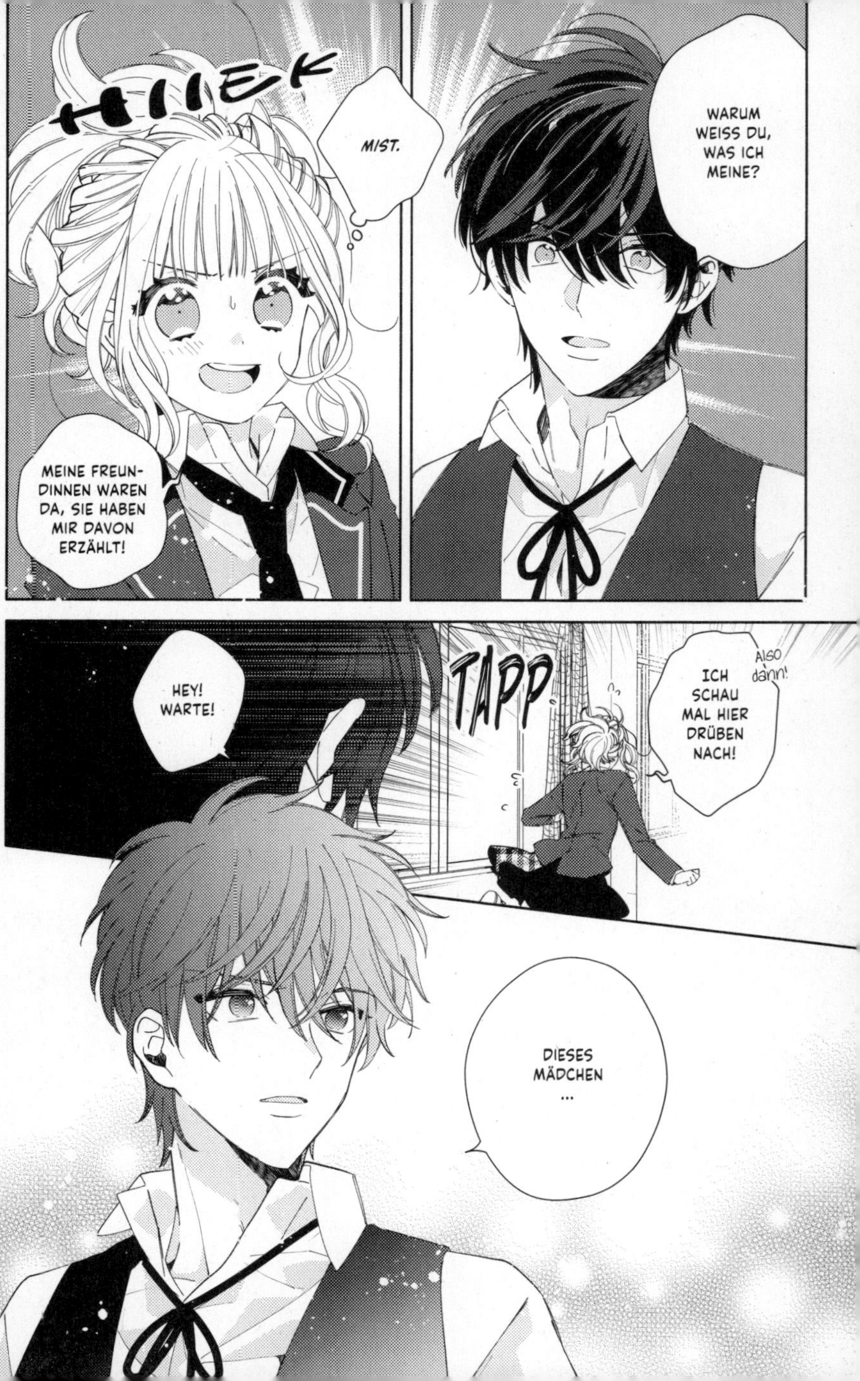
WARUM WEISS DU, WAS ICH MEINE?
HIIEK
MIST.
MEINE FREUN-DINNEN WAREN DA, SIE HABEN MIR DAVON ERZÄHLT!
Also dann!
ICH SCHAU MAL HIER DRÜBEN NACH!
TAPP
HEY! WARTE!
DIESES MÄDCHEN ...

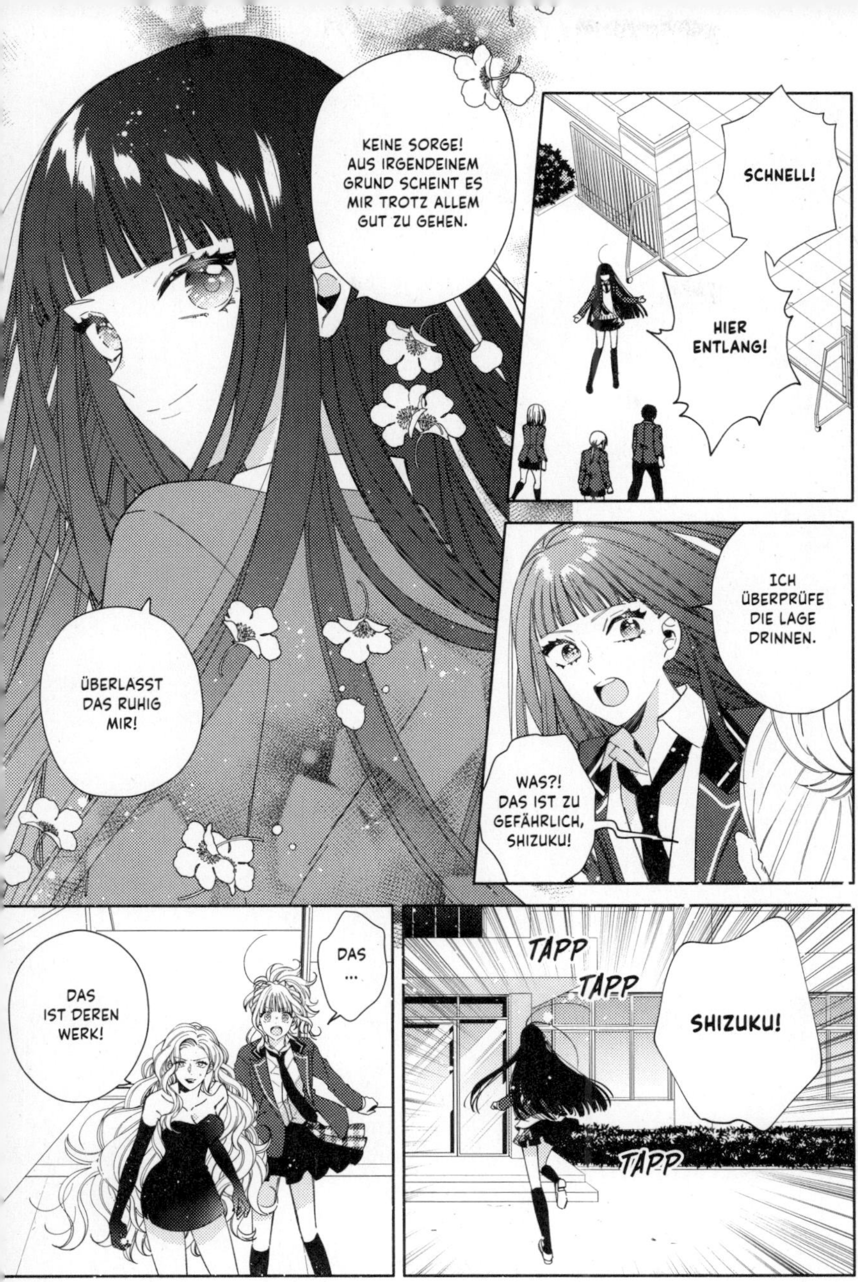
SCHNELL!
HIER ENTLANG!
ICH ÜBERPRÜFE DIE LAGE DRINNEN.
WAS?! DAS IST ZU GEFÄHRLICH, SHIZUKU!
KEINE SORGE! AUS IRGENDEINEM GRUND SCHEINT ES MIR TROTZ ALLEM GUT ZU GEHEN.
ÜBERLASST DAS RUHIG MIR!
TAPP
TAPP
SHIZUKU!
TAPP
DAS ...
DAS IST DEREN WERK!

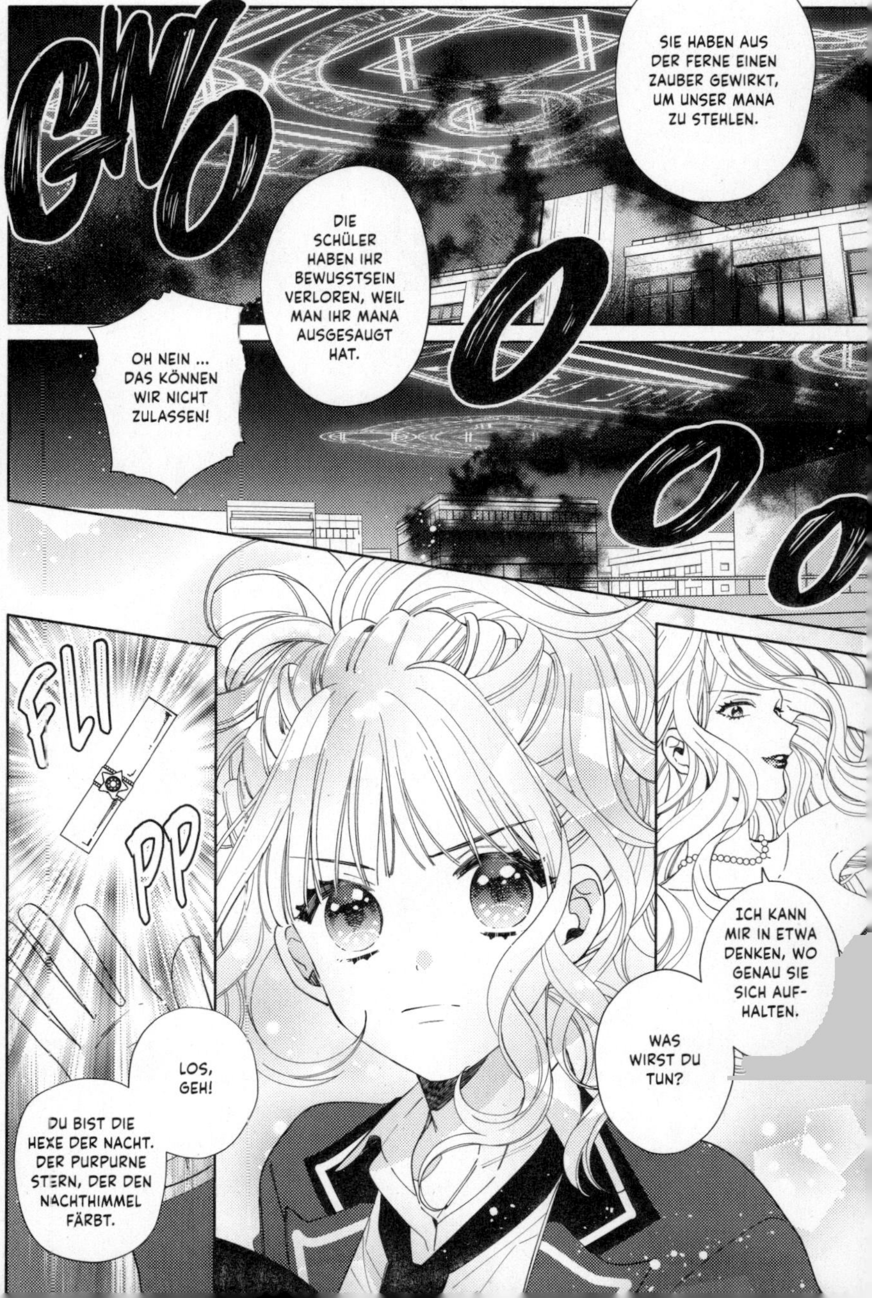
GWO
SIE HABEN AUS DER FERNE EINEN ZAUBER GEWIRKT, UM UNSER MANA ZU STEHLEN.
DIE SCHÜLER HABEN IHR BEWUSSTSEIN VERLOREN, WEIL MAN IHR MANA AUSGESAUGT HAT.
OH NEIN ... DAS KÖNNEN WIR NICHT ZULASSEN!
ICH KANN MIR IN ETWA DENKEN, WO GENAU SIE SICH AUF-HALTEN.
WAS WIRST DU TUN?
FLIPP
LOS, GEH!
DU BIST DIE HEXE DER NACHT. DER PURPURNE STERN, DER DEN NACHTHIMMEL FÄRBT.

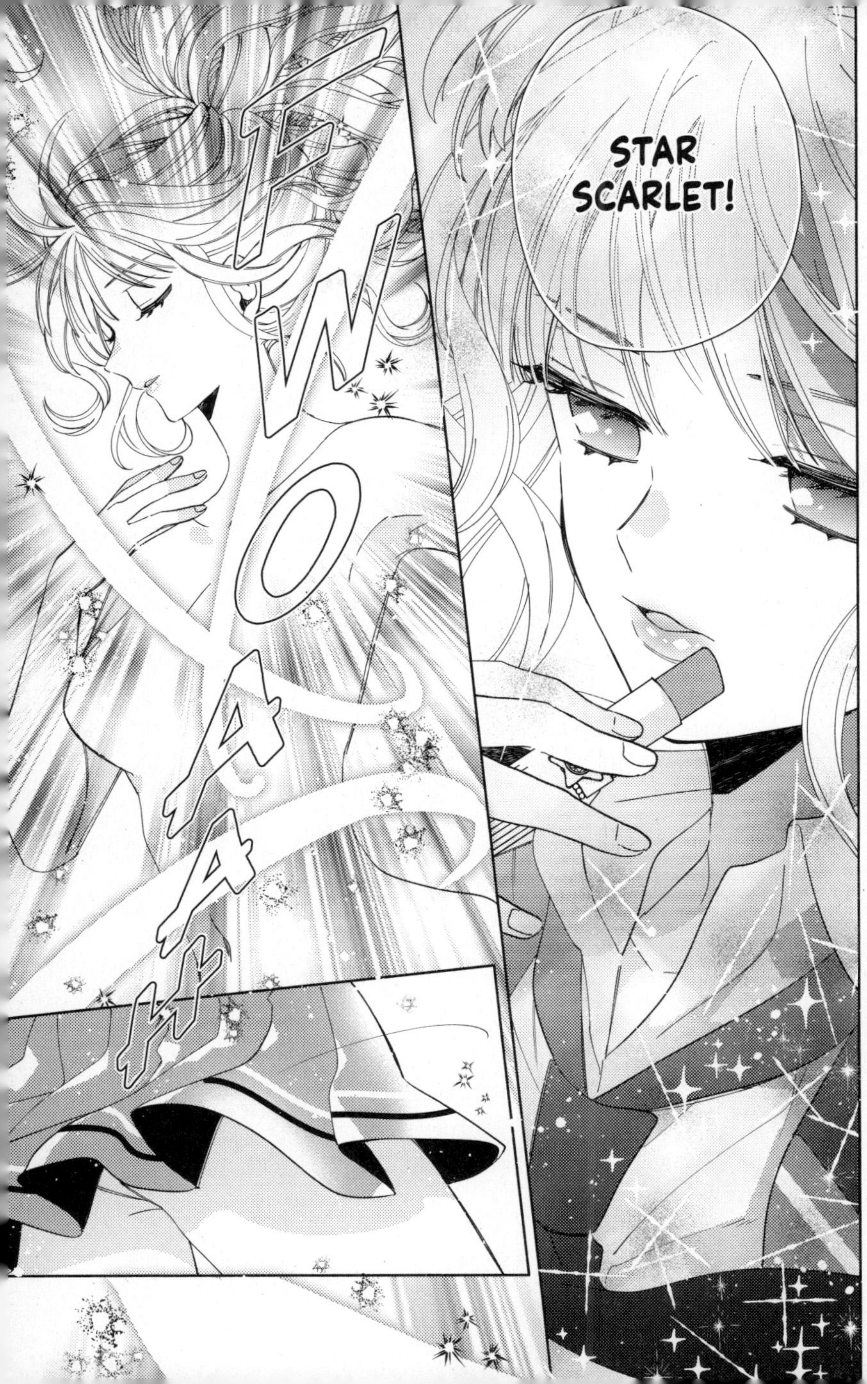
STAR SCARLET!
FWOAAH

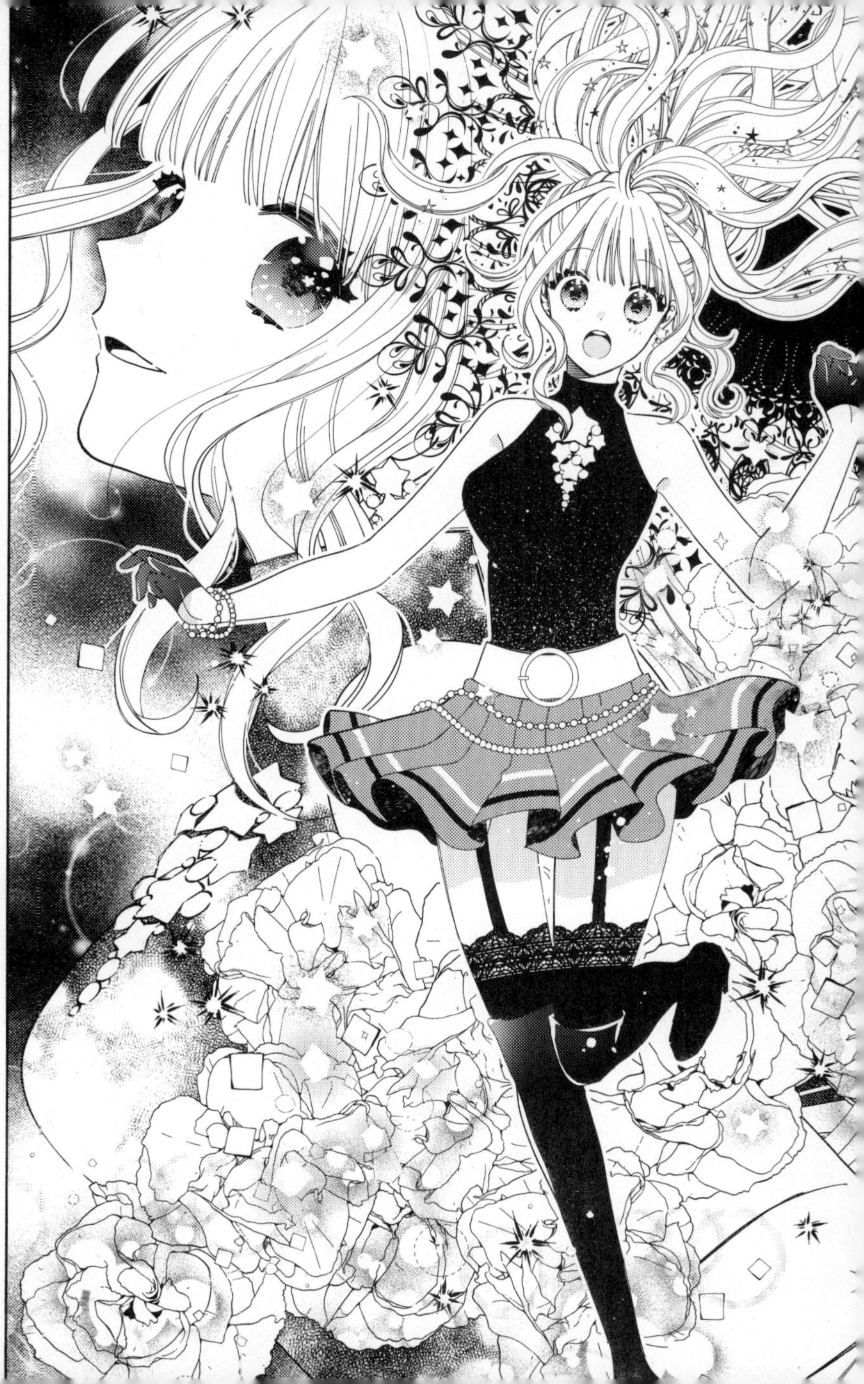

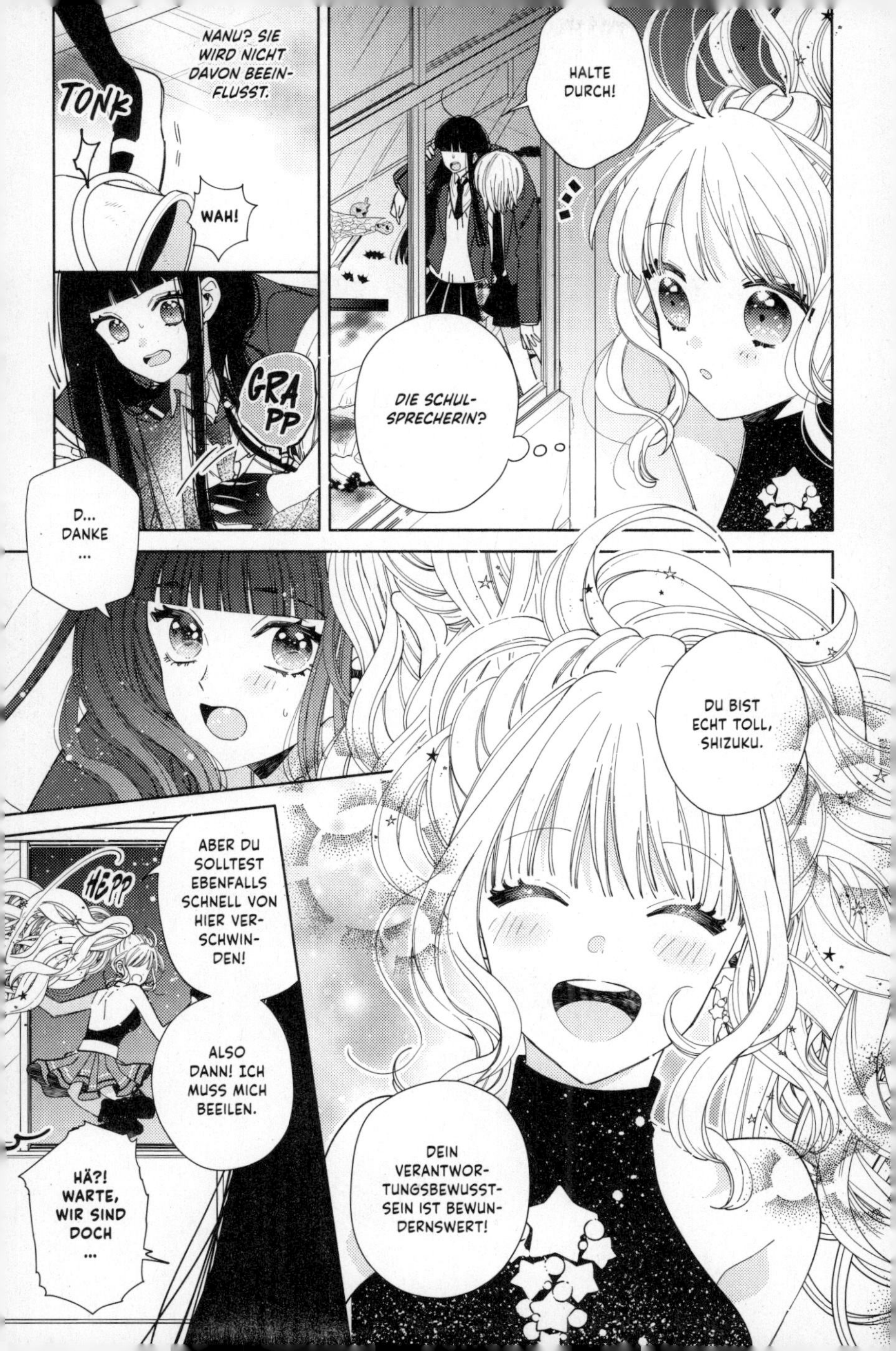
HALTE DURCH!
NANU? SIE WIRD NICHT DAVON BEEIN-FLUSST.
TONK
WAH!
DIE SCHUL-SPRECHERIN?
GRAPP
D... DANKE ...
DU BIST ECHT TOLL, SHIZUKU.
DEIN VERANTWOR-TUNGSBEWUSST-SEIN IST BEWUN-DERNSWERT!
ABER DU SOLLTEST EBENFALLS SCHNELL VON HIER VER-SCHWIN-DEN!
ALSO DANN! ICH MUSS MICH BEEILEN.
HEPP
HÄ?! WARTE, WIR SIND DOCH ...

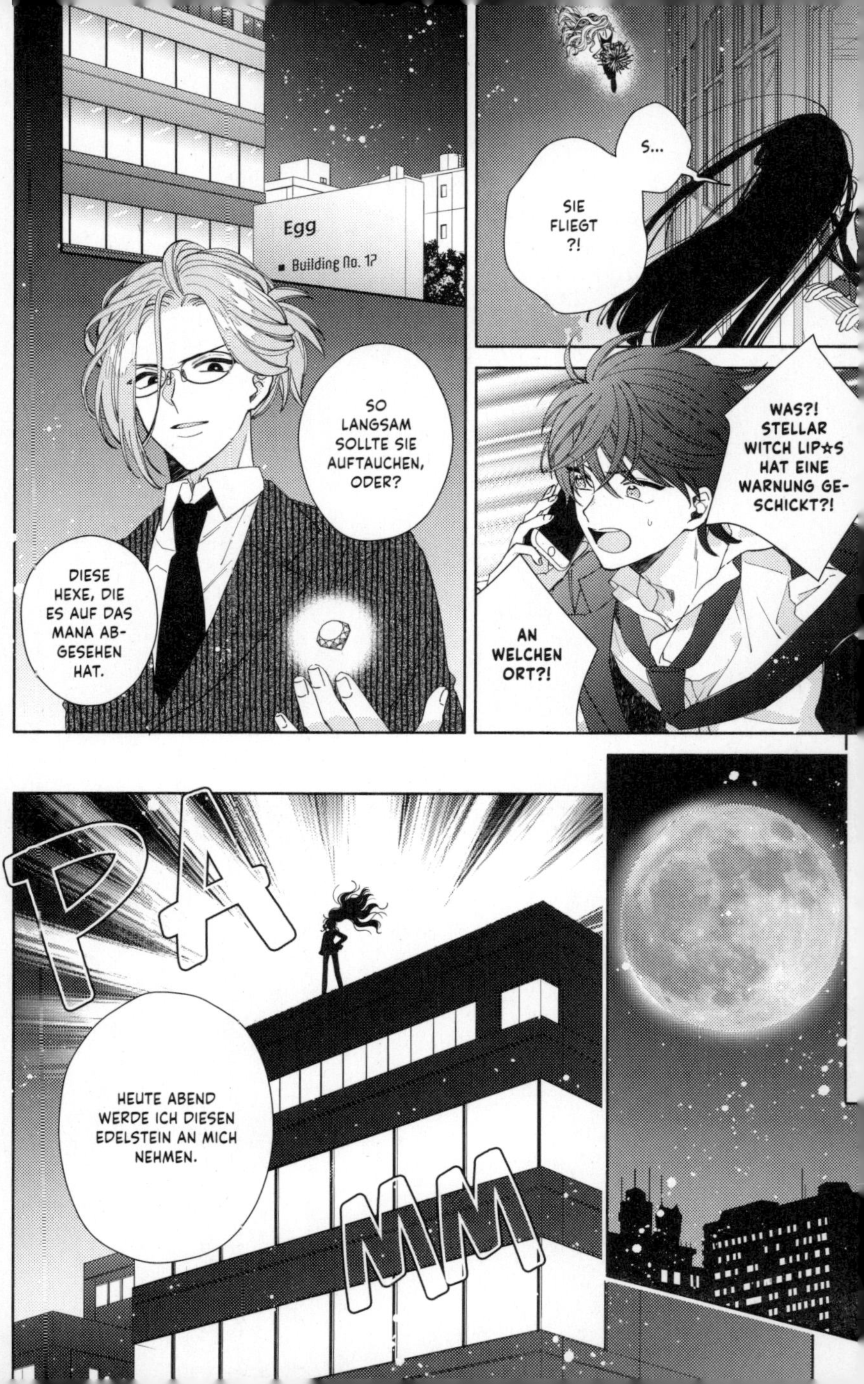
S...
SIE FLIEGT?!
WAS?! STELLAR WITCH LIP☆S HAT EINE WARNUNG GESCHICKT?!
AN WELCHEN ORT?!
Egg
Building No. 17
SO LANGSAM SOLLTE SIE AUFTAUCHEN, ODER?
DIESE HEXE, DIE ES AUF DAS MANA ABGESEHEN HAT.
PAMM
HEUTE ABEND WERDE ICH DIESEN EDELSTEIN AN MICH NEHMEN.

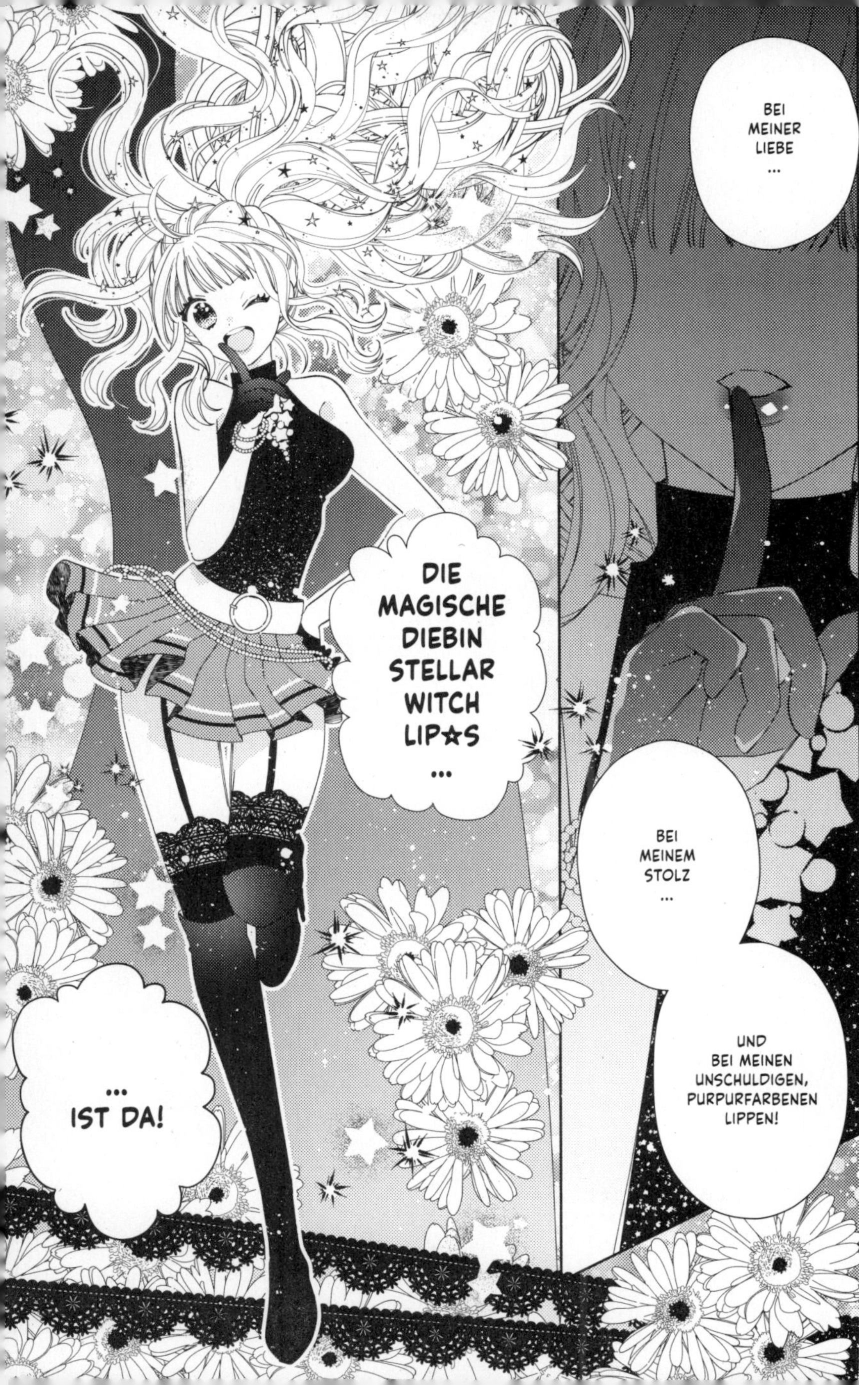
BEI MEINER LIEBE ...
BEI MEINEM STOLZ ...
UND BEI MEINEN UNSCHULDIGEN, PURPURFARBENEN LIPPEN!
DIE MAGISCHE DIEBIN STELLAR WITCH LIP☆S ...
... IST DA!

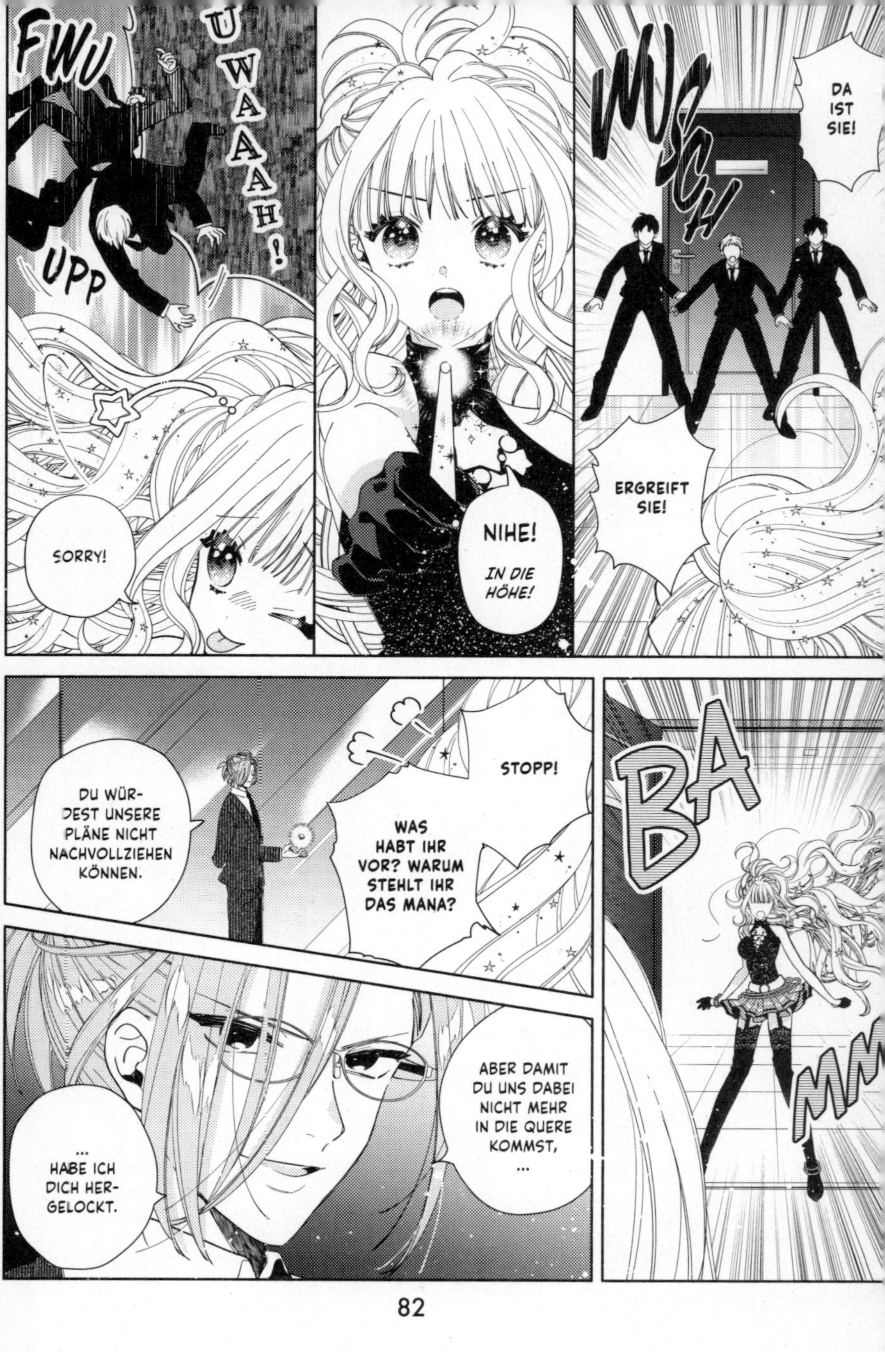
DA IST SIE!
WUSCH
ERGREIFT SIE!
NIHE!
IN DIE HÖHE!
FWU
UWAAAH!
UPP
SORRY!
BA
MM
STOPP!
WAS HABT IHR VOR? WARUM STEHLT IHR DAS MANA?
DU WÜRDEST UNSERE PLÄNE NICHT NACHVOLLZIEHEN KÖNNEN.
ABER DAMIT DU UNS DABEI NICHT MEHR IN DIE QUERE KOMMST, ...
... HABE ICH DICH HERGELOCKT.

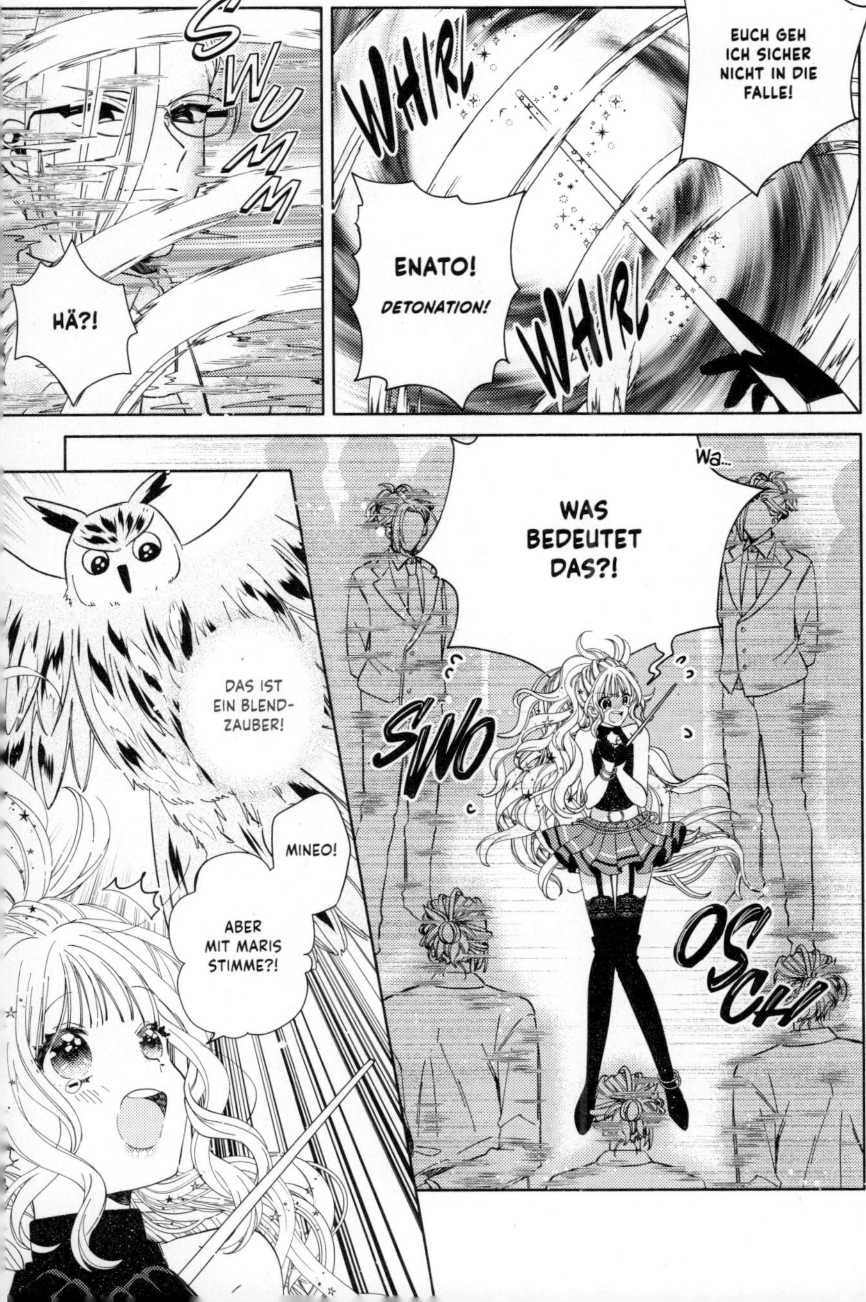
EUCH GEH ICH SICHER NICHT IN DIE FALLE!
WHIRL
WHIRL
ENATO!
DETONATION!
SWUMM
HÄ?!
Wa...
WAS BEDEUTET DAS?!
OSCH
SWO
DAS IST EIN BLEND-ZAUBER!
MINEO!
ABER MIT MARIS STIMME?!

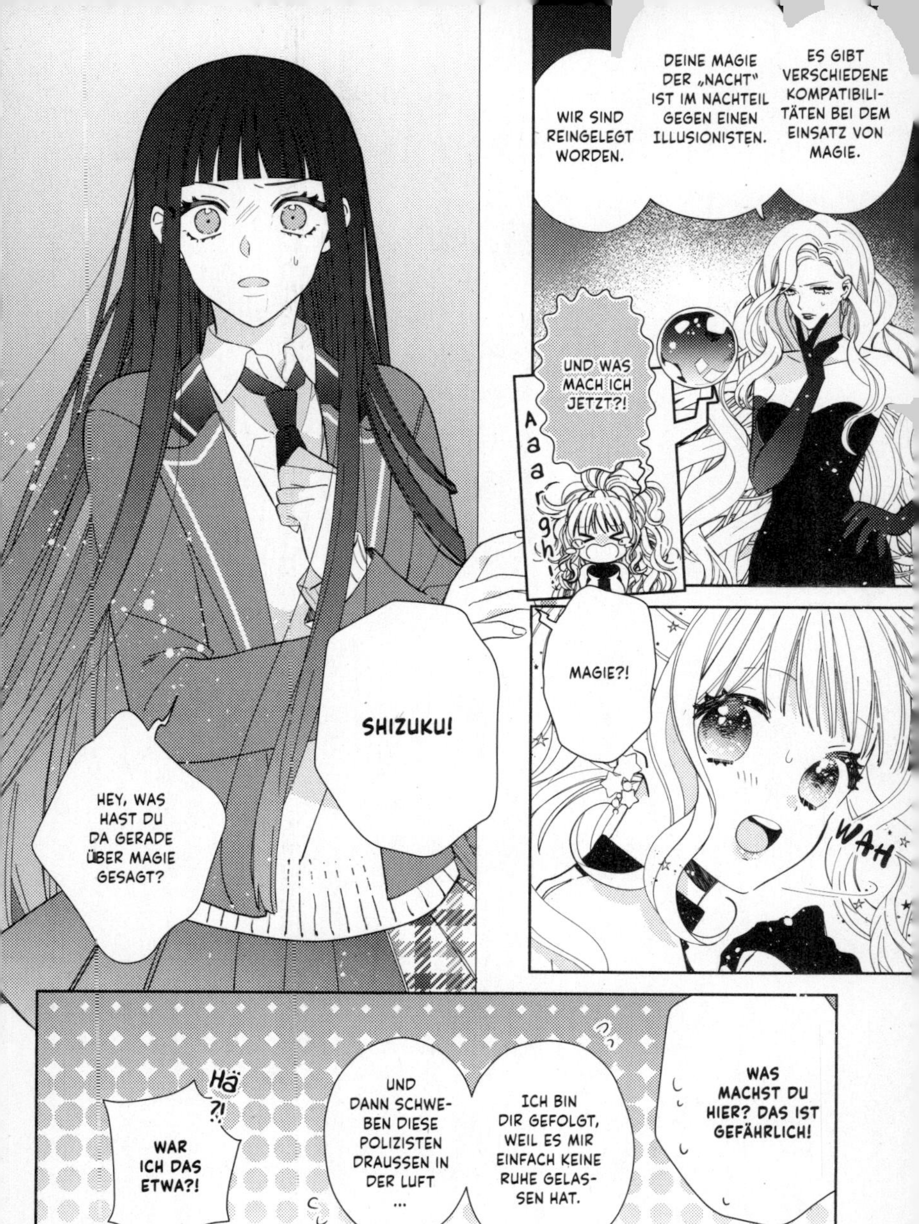
ES GIBT VERSCHIEDENE KOMPATIBILITÄTEN BEI DEM EINSATZ VON MAGIE.
DEINE MAGIE DER „NACHT“ IST IM NACHTEIL GEGEN EINEN ILLUSIONISTEN.
WIR SIND REINGELEGT WORDEN.
UND WAS MACH ICH JETZT?!
Aaargh!
MAGIE?!
WAH
SHIZUKU!
HEY, WAS HAST DU DA GERADE ÜBER MAGIE GESAGT?
WAS MACHST DU HIER? DAS IST GEFÄHRLICH!
ICH BIN DIR GEFOLGT, WEIL ES MIR EINFACH KEINE RUHE GELASSEN HAT.
UND DANN SCHWEBEN DIESE POLIZISTEN DRAUSSEN IN DER LUFT ...
Hä?!
WAR ICH DAS ETWA?!

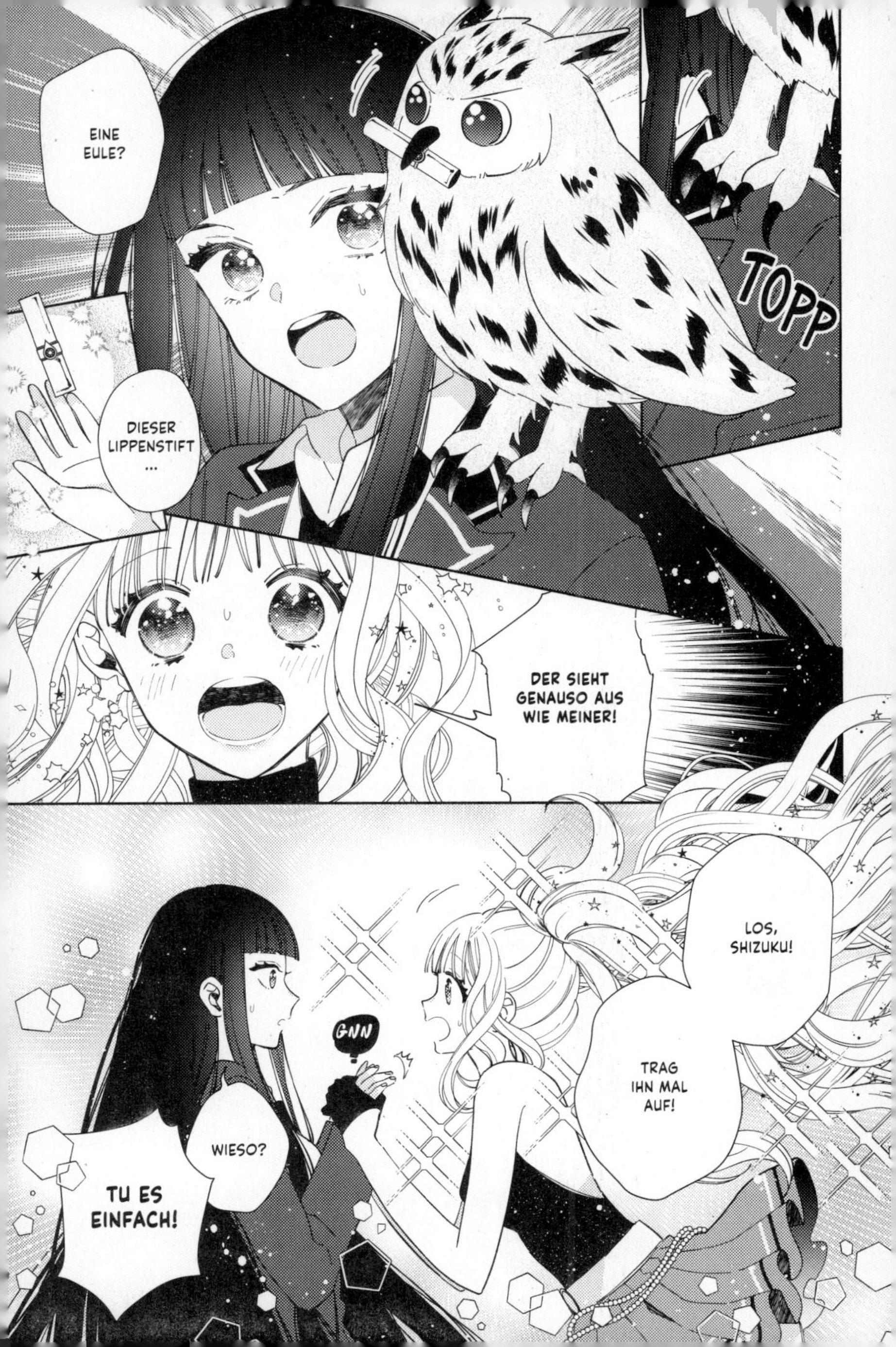
TOPP
EINE EULE?
DIESER LIPPENSTIFT ...
DER SIEHT GENAUSO AUS WIE MEINER!
LOS, SHIZUKU!
TRAG IHN MAL AUF!
GNN
WIESO?
TU ES EINFACH!

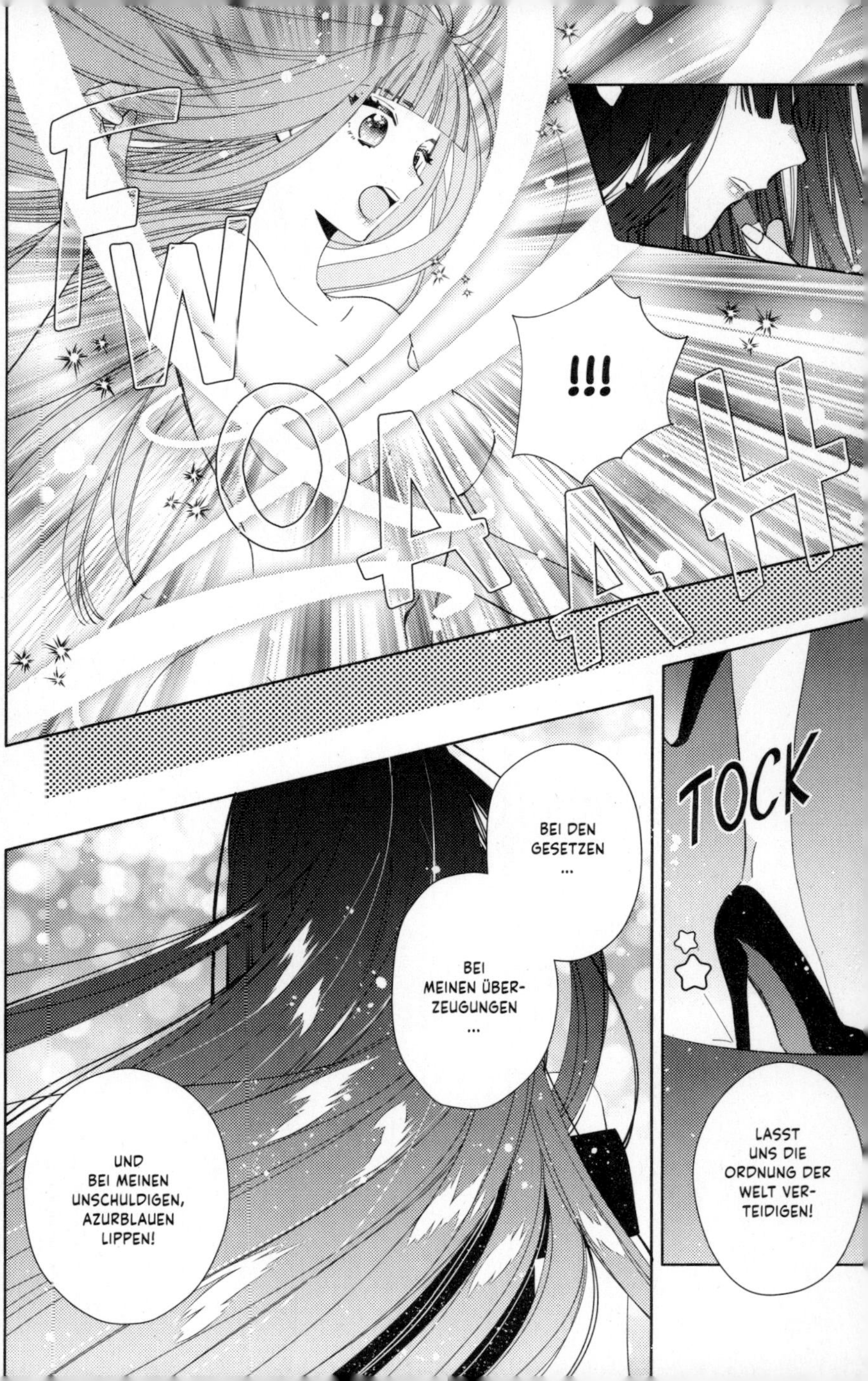
FWOAAH
!!!
TOCK
BEI DEN GESETZEN …
BEI MEINEN ÜBER-ZEUGUNGEN …
UND BEI MEINEN UNSCHULDIGEN, AZURBLAUEN LIPPEN!
LASST UNS DIE ORDNUNG DER WELT VER-TEIDIGEN!

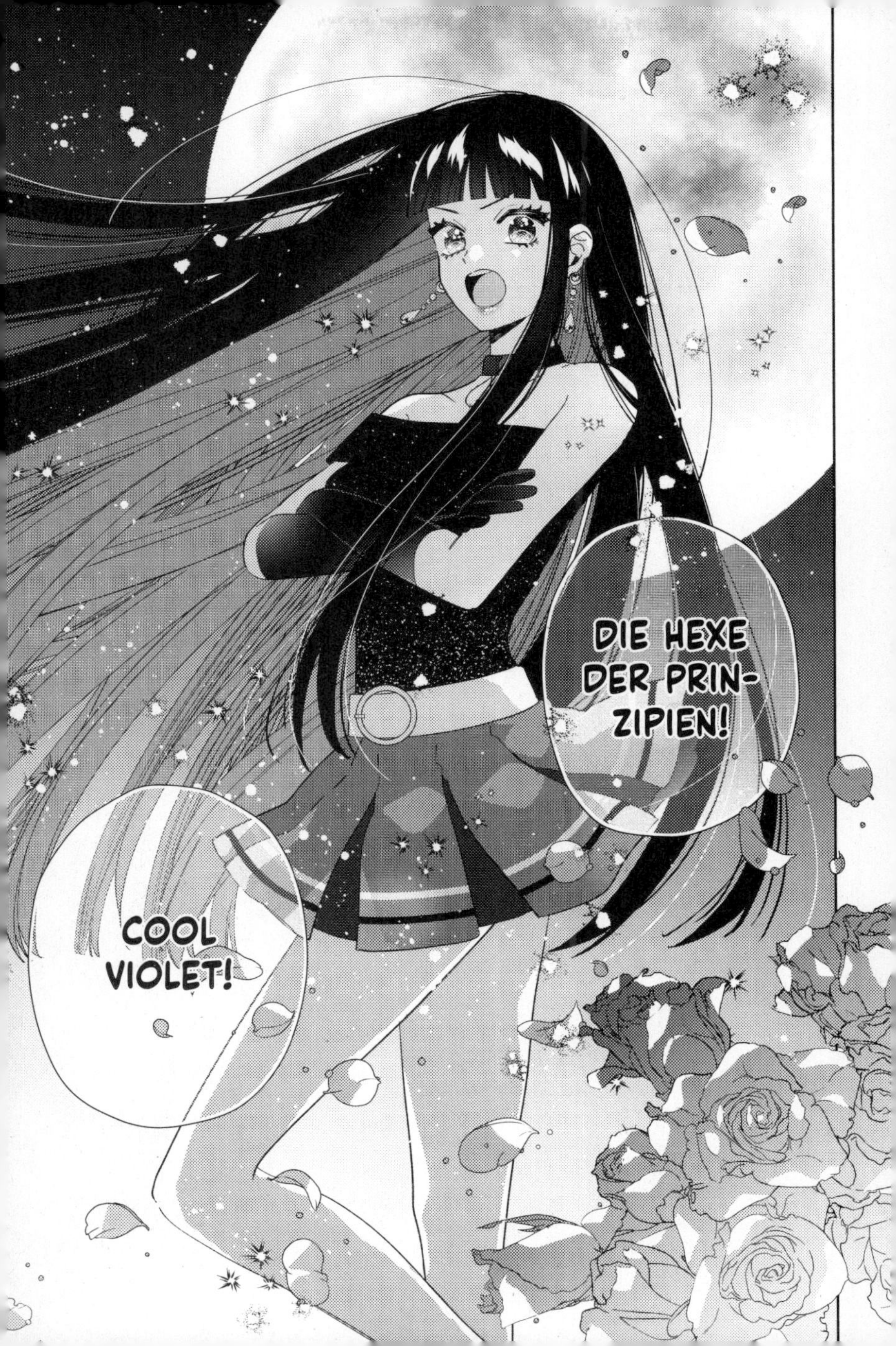
DIE HEXE DER PRIN-ZIPIEN!
COOL VIOLET!

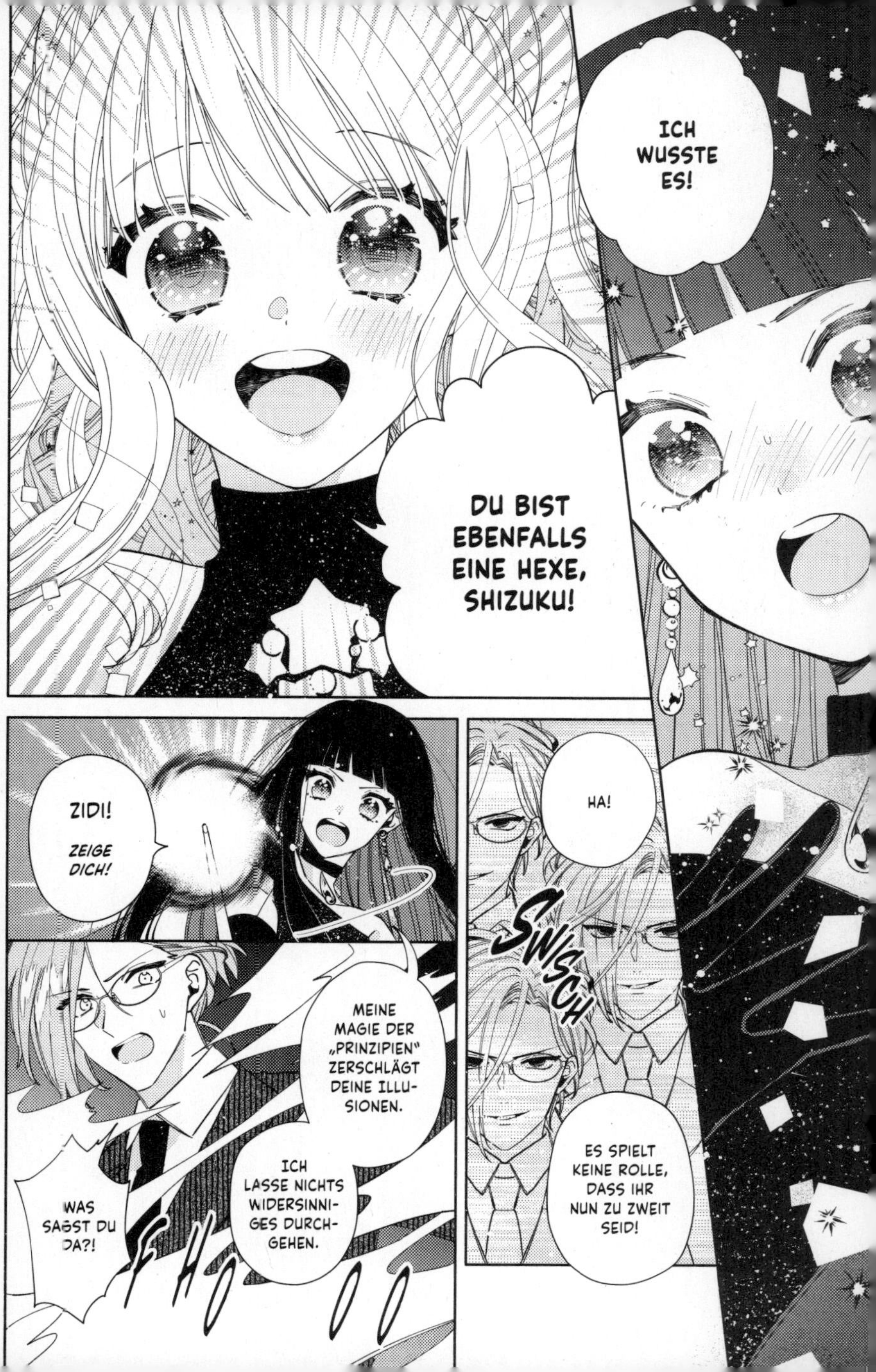
ICH WUSSTE ES!
DU BIST EBENFALLS EINE HEXE, SHIZUKU!
HA!
SWISCH
ES SPIELT KEINE ROLLE, DASS IHR NUN ZU ZWEIT SEID!
ZIDI!
ZEIGE DICH!
MEINE MAGIE DER „PRINZIPIEN" ZERSCHLÄGT DEINE ILLUSIONEN.
ICH LASSE NICHTS WIDERSINNIGES DURCHGEHEN.
WAS SAGST DU DA?!
FHOOO

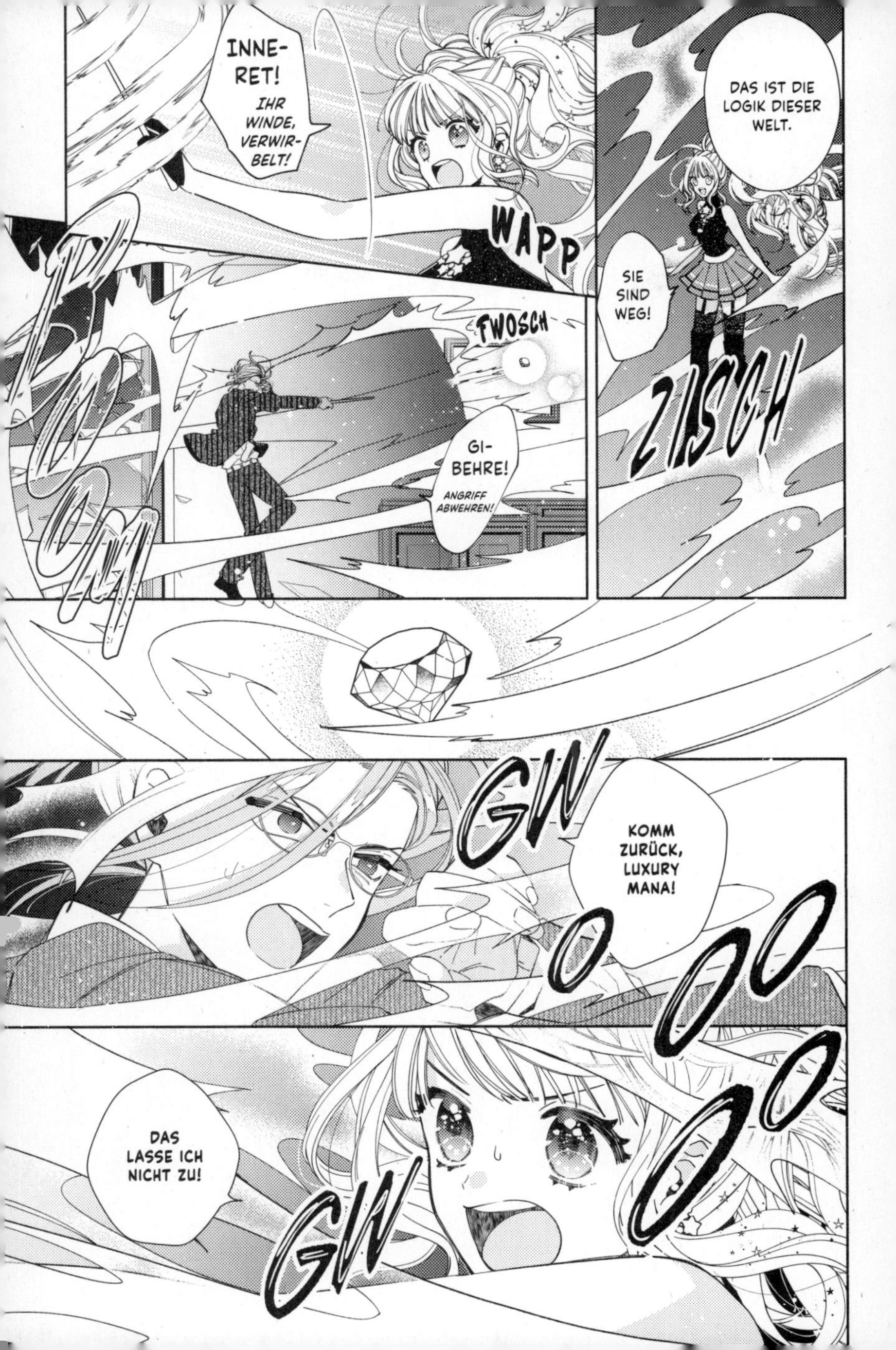
DAS IST DIE LOGIK DIESER WELT.
SIE SIND WEG!
ZISCH
INNE-RET!
IHR WINDE, VERWIR-BELT!
WAPP
FWOSCH
GI-BEHRE!
ANGRIFF ABWEHREN!
GW
KOMM ZURÜCK, LUXURY MANA!
DAS LASSE ICH NICHT ZU!
GW

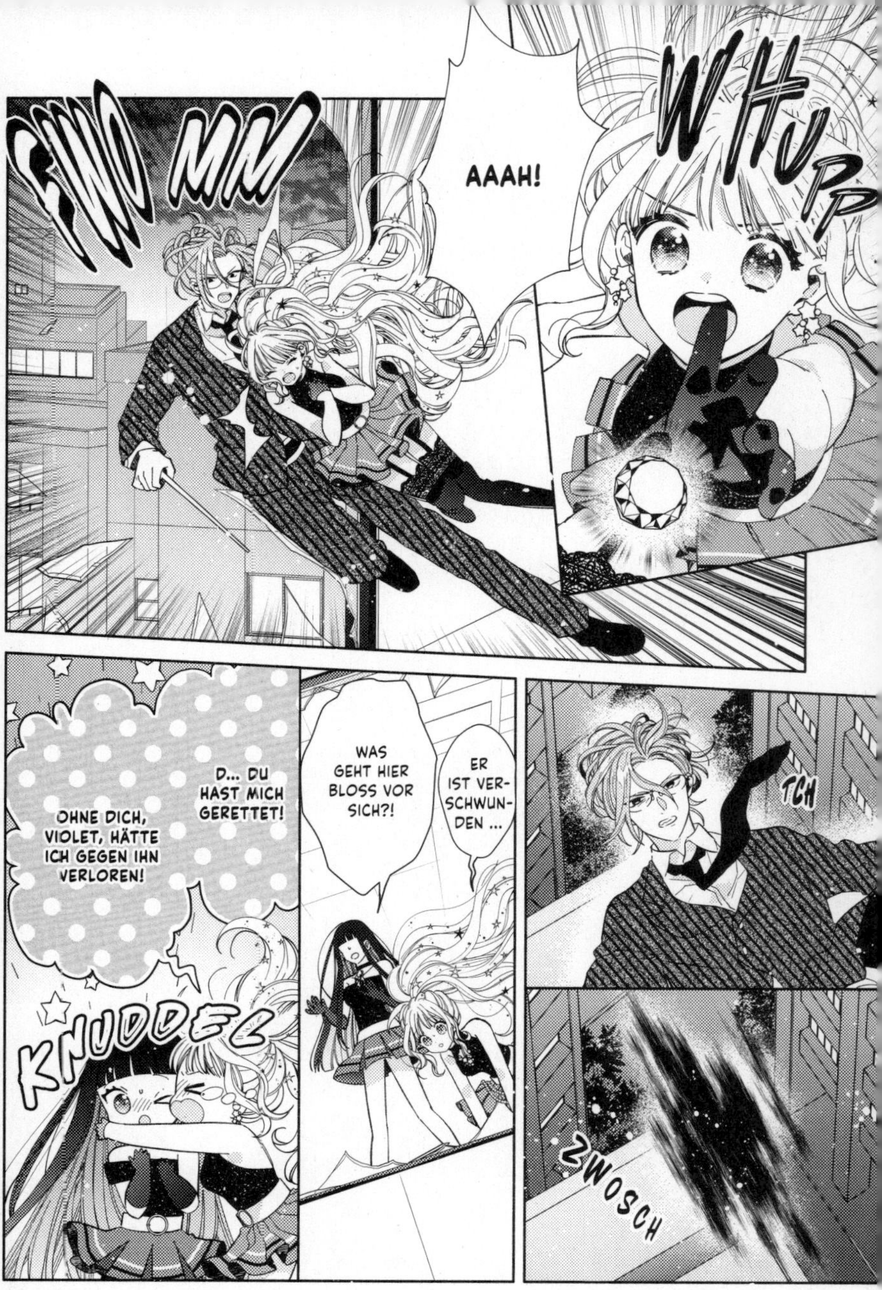
WHUPP
AAAH!
SWOOMM
TCH
ZWOSCH
ER IST VERSCHWUNDEN ...
WAS GEHT HIER BLOSS VOR SICH?!
D... DU HAST MICH GERETTET!
OHNE DICH, VIOLET, HÄTTE ICH GEGEN IHN VERLOREN!
KNUDDEL

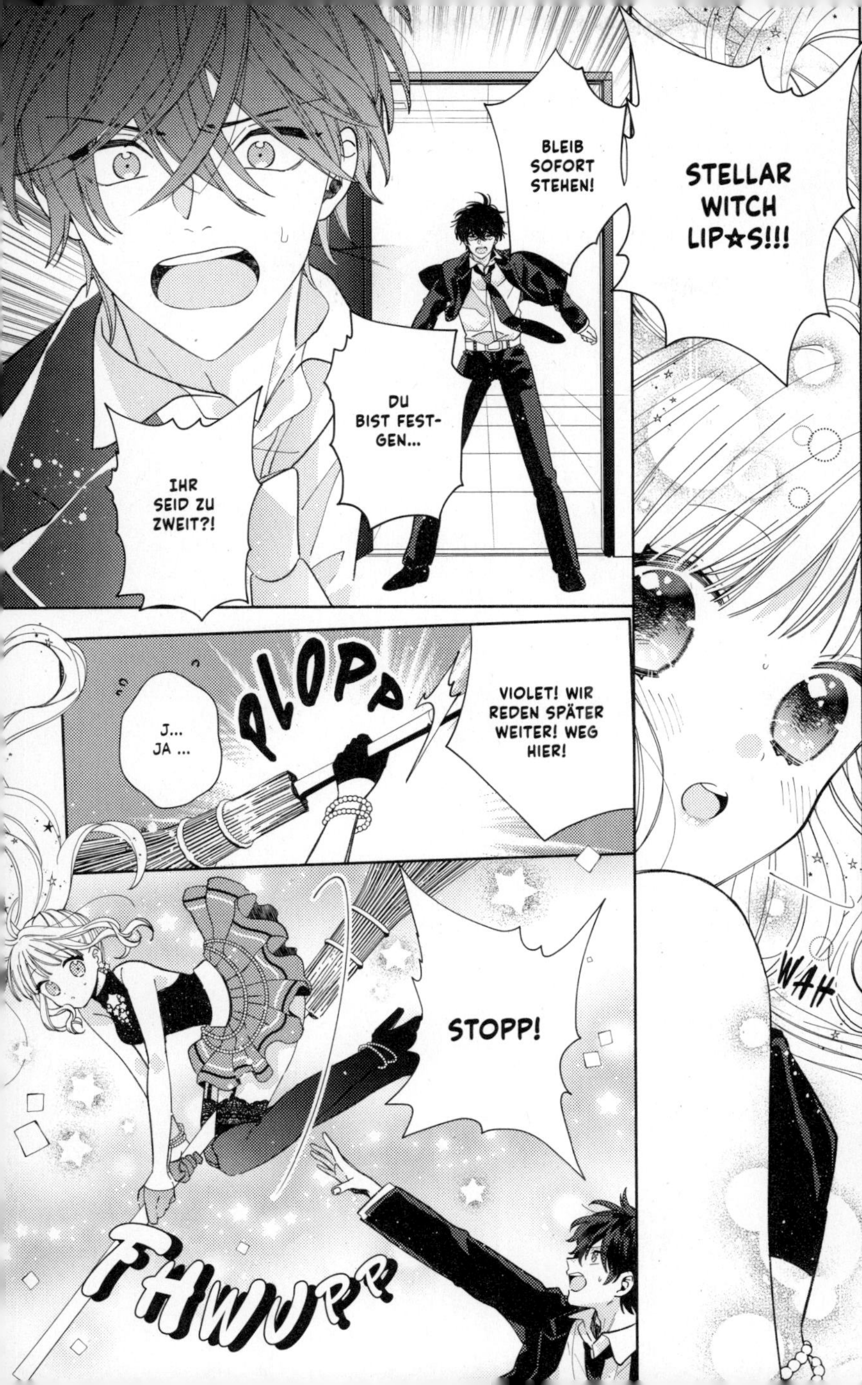
STELLAR WITCH LIP☆S!!!
BLEIB SOFORT STEHEN!
DU BIST FEST-GEN...
IHR SEID ZU ZWEIT?!
VIOLET! WIR REDEN SPÄTER WEITER! WEG HIER!
PLOPP
J... JA ...
WAH
STOPP!
FHWUPP

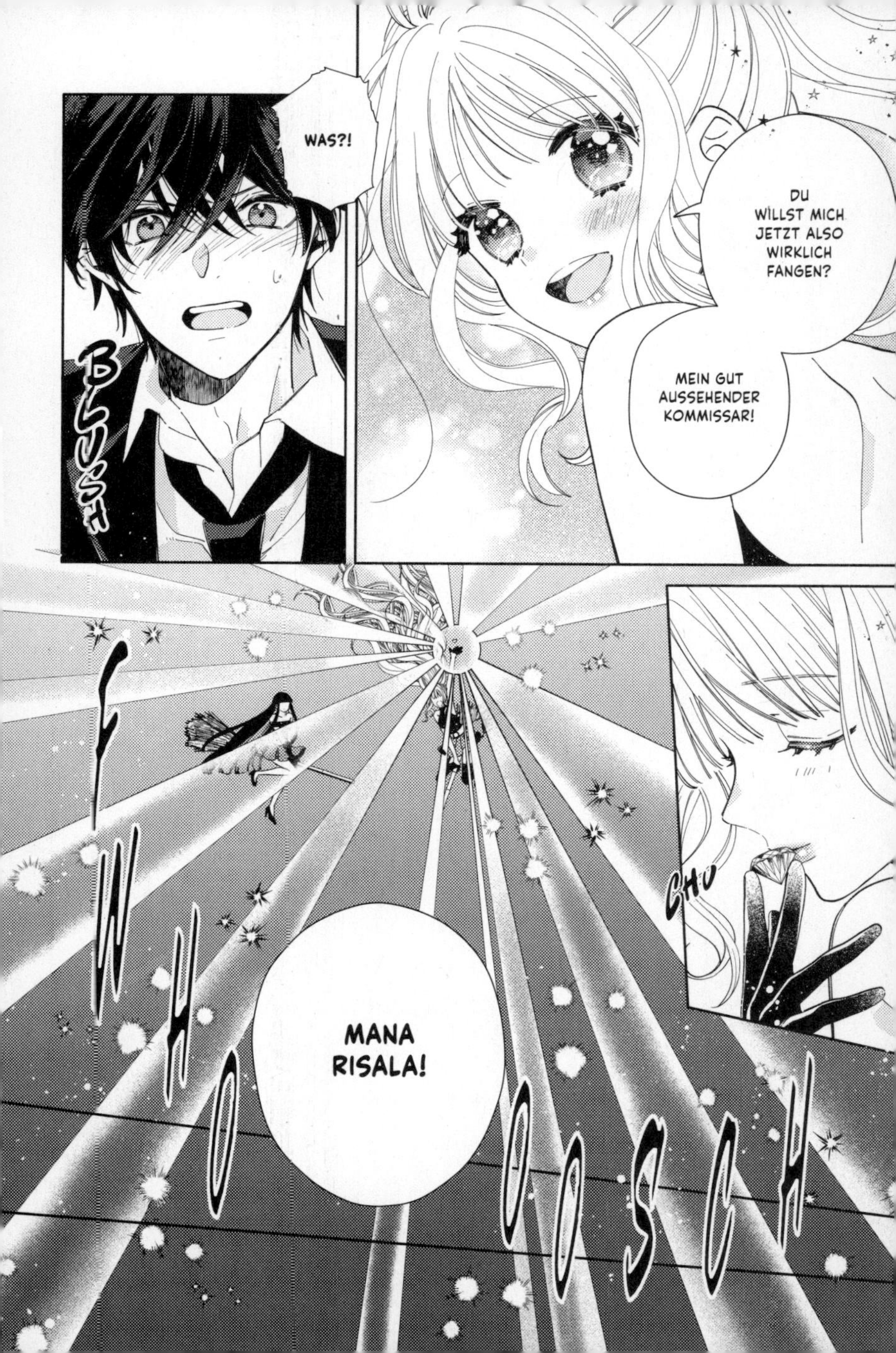
DU WILLST MICH JETZT ALSO WIRKLICH FANGEN?
MEIN GUT AUSSEHENDER KOMMISSAR!
WAS?!
BLUSH
CHU
MANA RISALA!
FWHOOOSCH

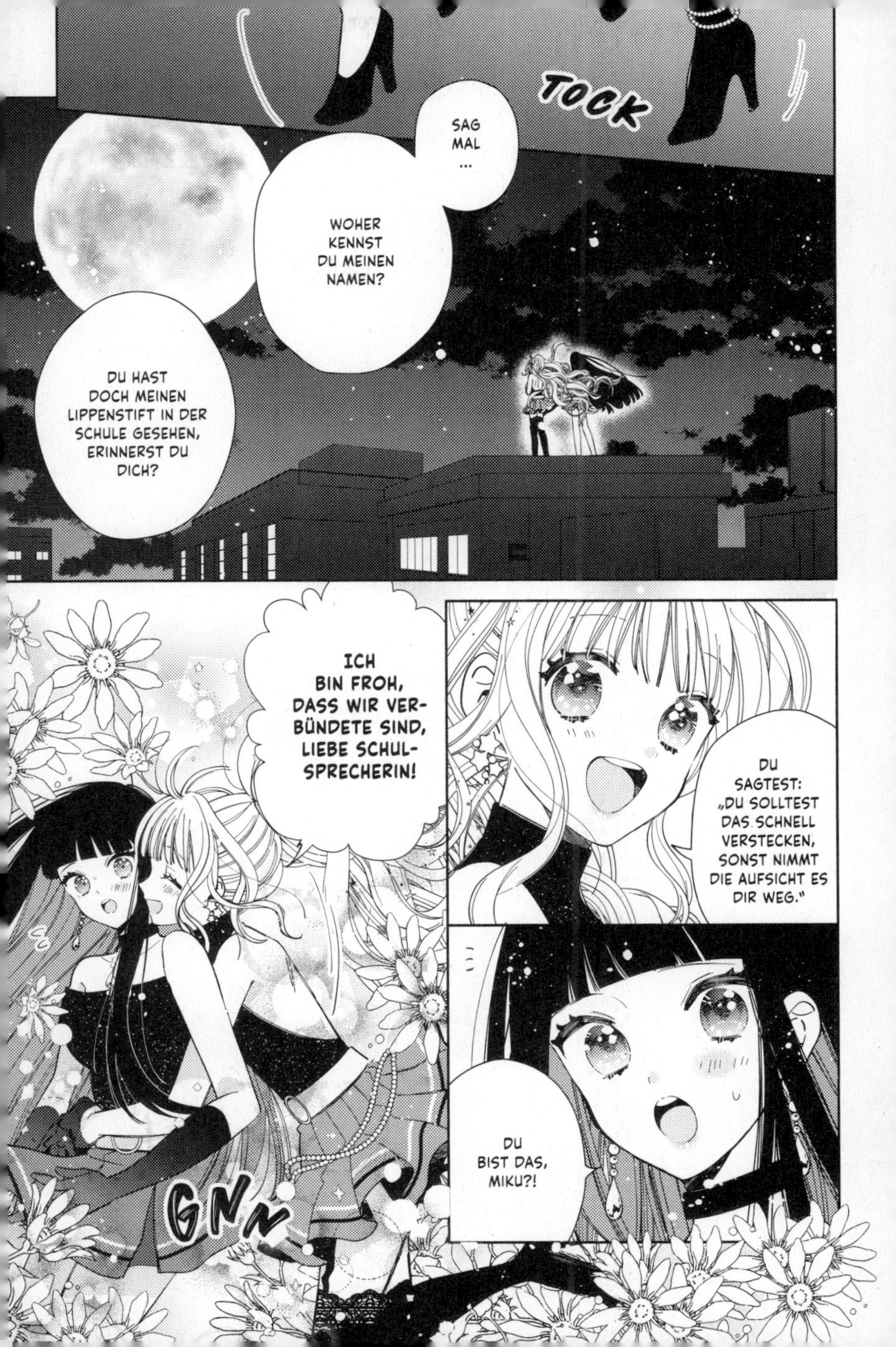
TOCK
SAG MAL ...
WOHER KENNST DU MEINEN NAMEN?
DU HAST DOCH MEINEN LIPPENSTIFT IN DER SCHULE GESEHEN, ERINNERST DU DICH?
DU SAGTEST: „DU SOLLTEST DAS SCHNELL VERSTECKEN, SONST NIMMT DIE AUFSICHT ES DIR WEG."
DU BIST DAS, MIKU?!
ICH BIN FROH, DASS WIR VERBÜNDETE SIND, LIEBE SCHULSPRECHERIN!
GNN

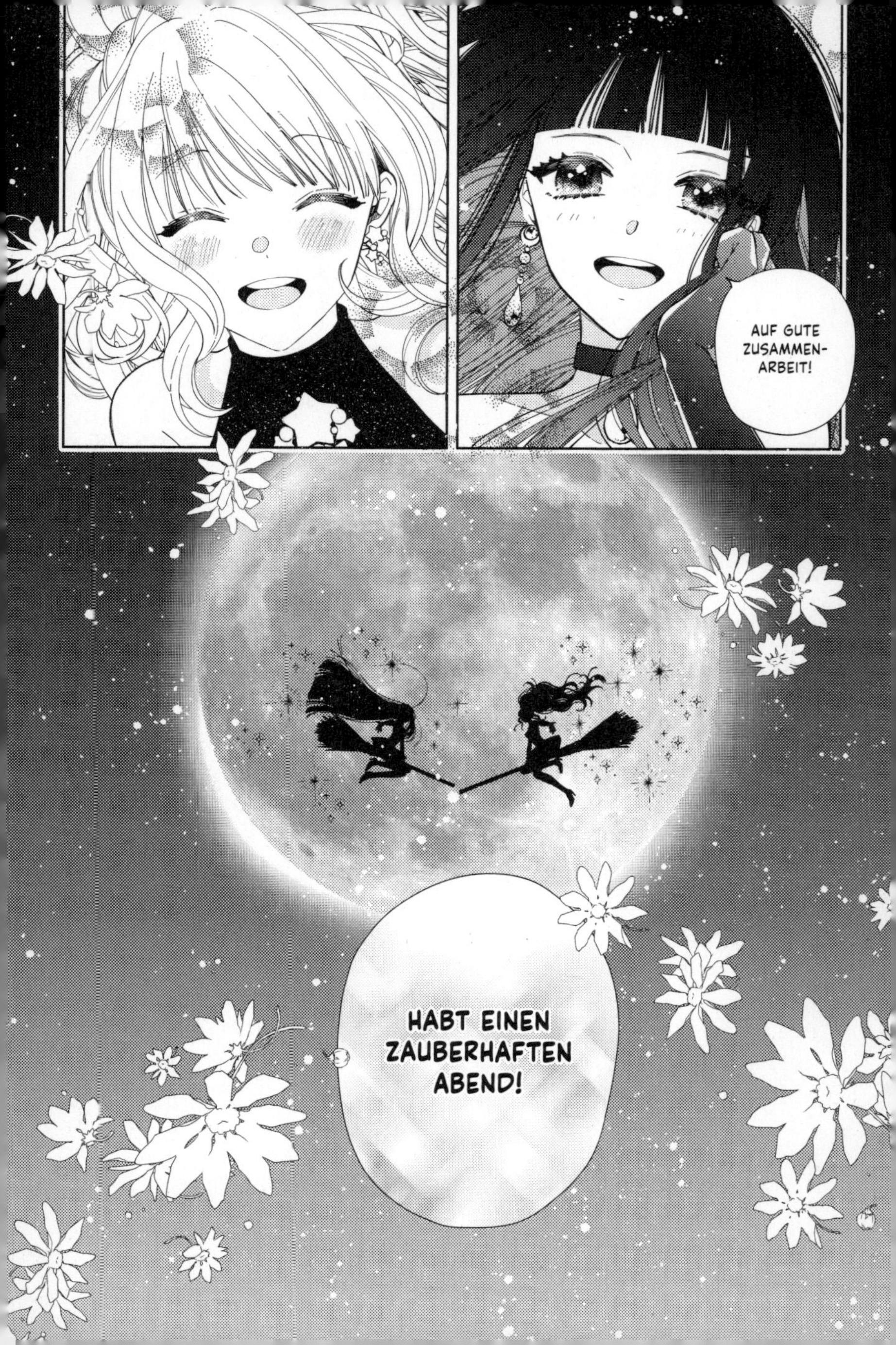
AUF GUTE ZUSAMMEN-ARBEIT!
HABT EINEN ZAUBERHAFTEN ABEND!

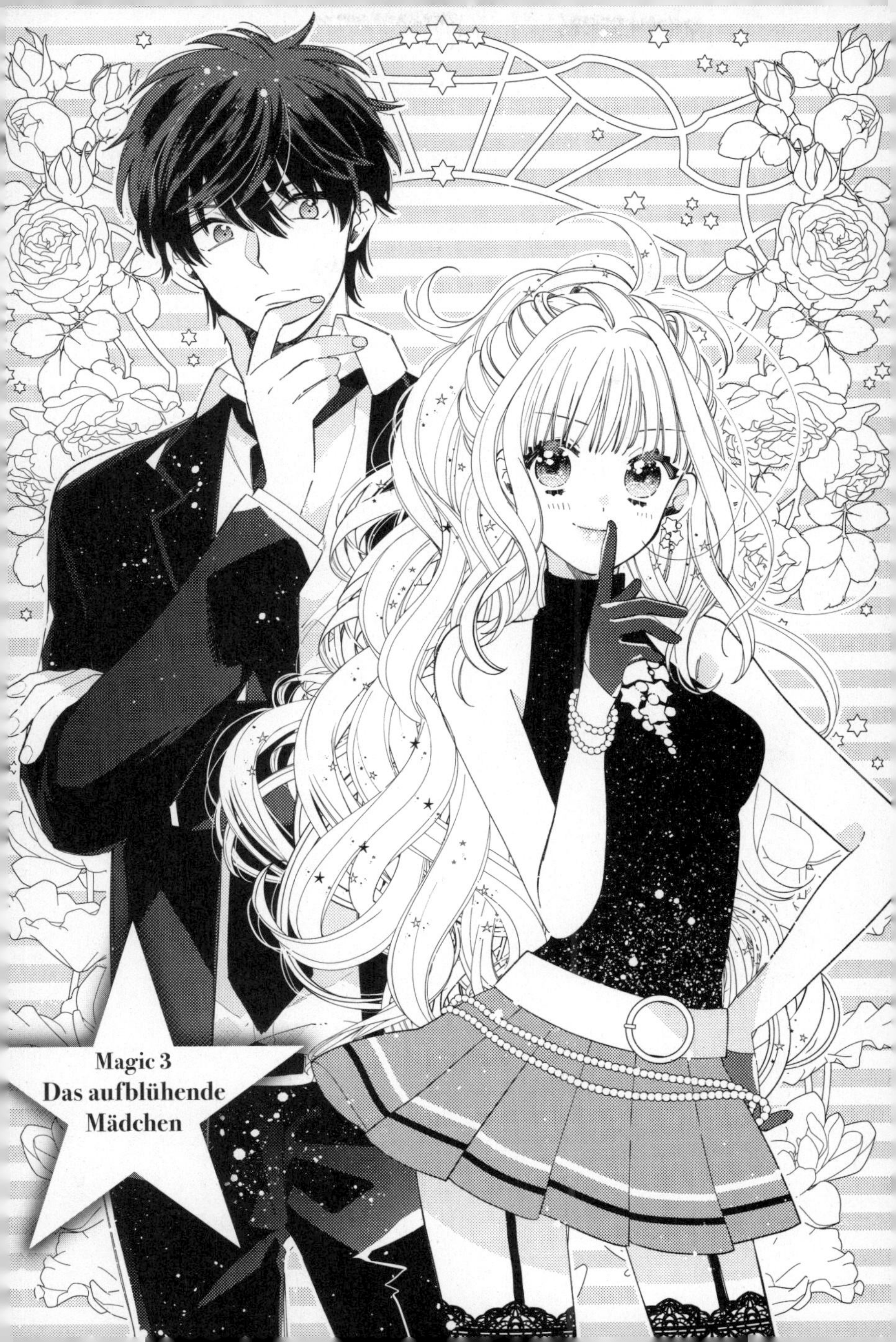
Magic 3
Das aufblühende Mädchen

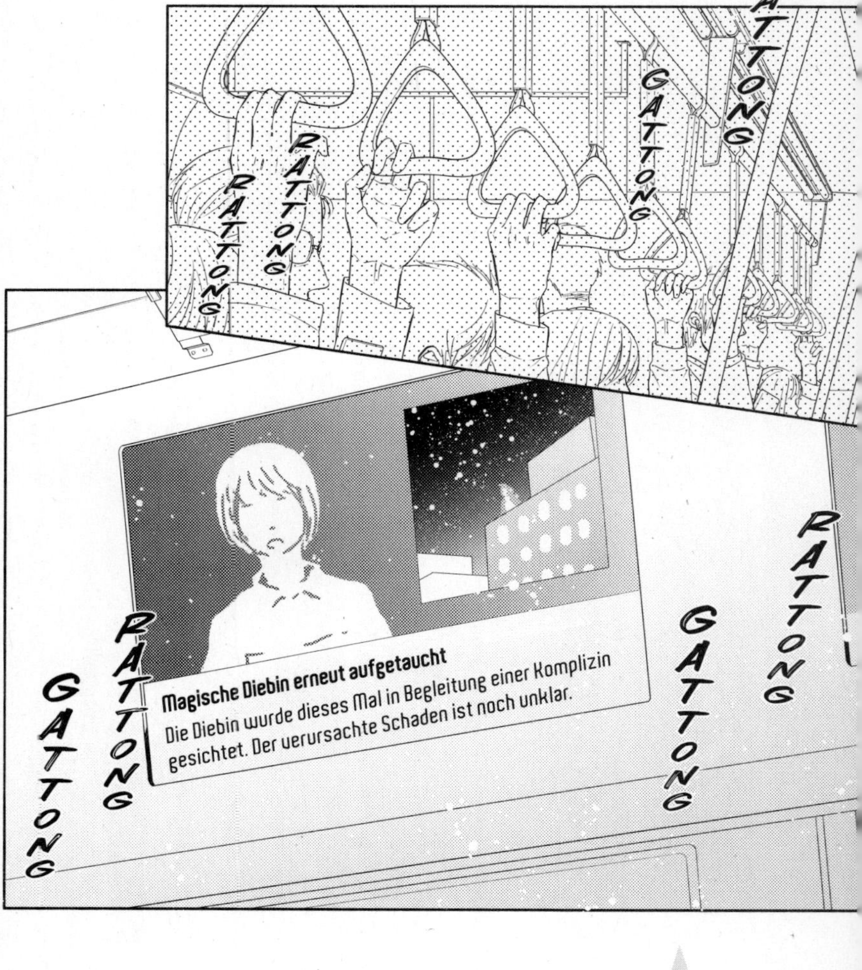

Stellar Witch LIPS

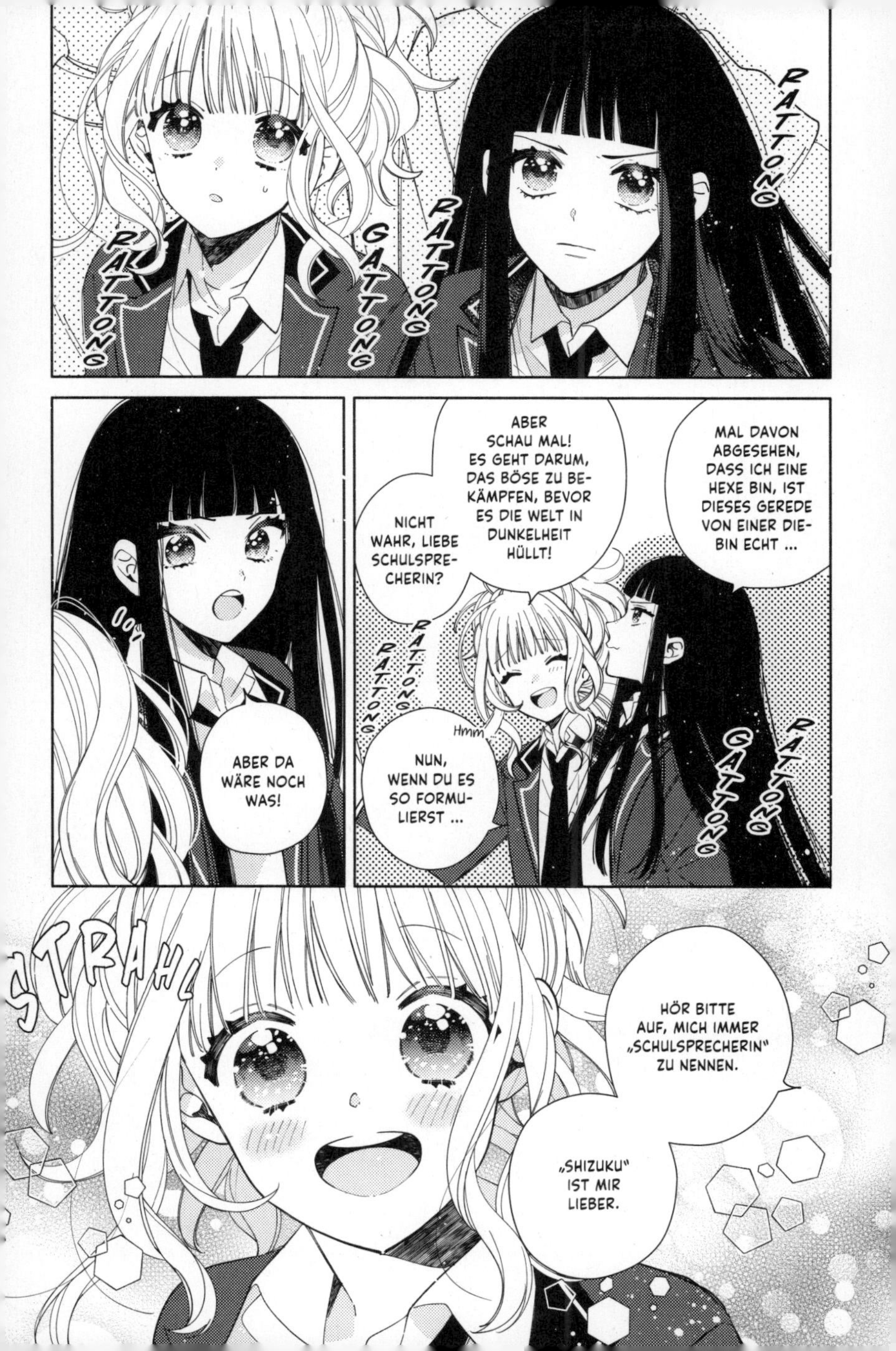
RATTONG
RATTONG
GATTONG
RATTONG
MAL DAVON ABGESEHEN, DASS ICH EINE HEXE BIN, IST DIESES GEREDE VON EINER DIEBIN ECHT ...
ABER SCHAU MAL! ES GEHT DARUM, DAS BÖSE ZU BEKÄMPFEN, BEVOR ES DIE WELT IN DUNKELHEIT HÜLLT!
NICHT WAHR, LIEBE SCHULSPRECHERIN?
RATTONG
GATTONG
RATTONG
RATTONG
Hmm
NUN, WENN DU ES SO FORMULIERST ...
ABER DA WÄRE NOCH WAS!
STRAHL
HÖR BITTE AUF, MICH IMMER „SCHULSPRECHERIN“ ZU NENNEN.
„SHIZUKU“ IST MIR LIEBER.

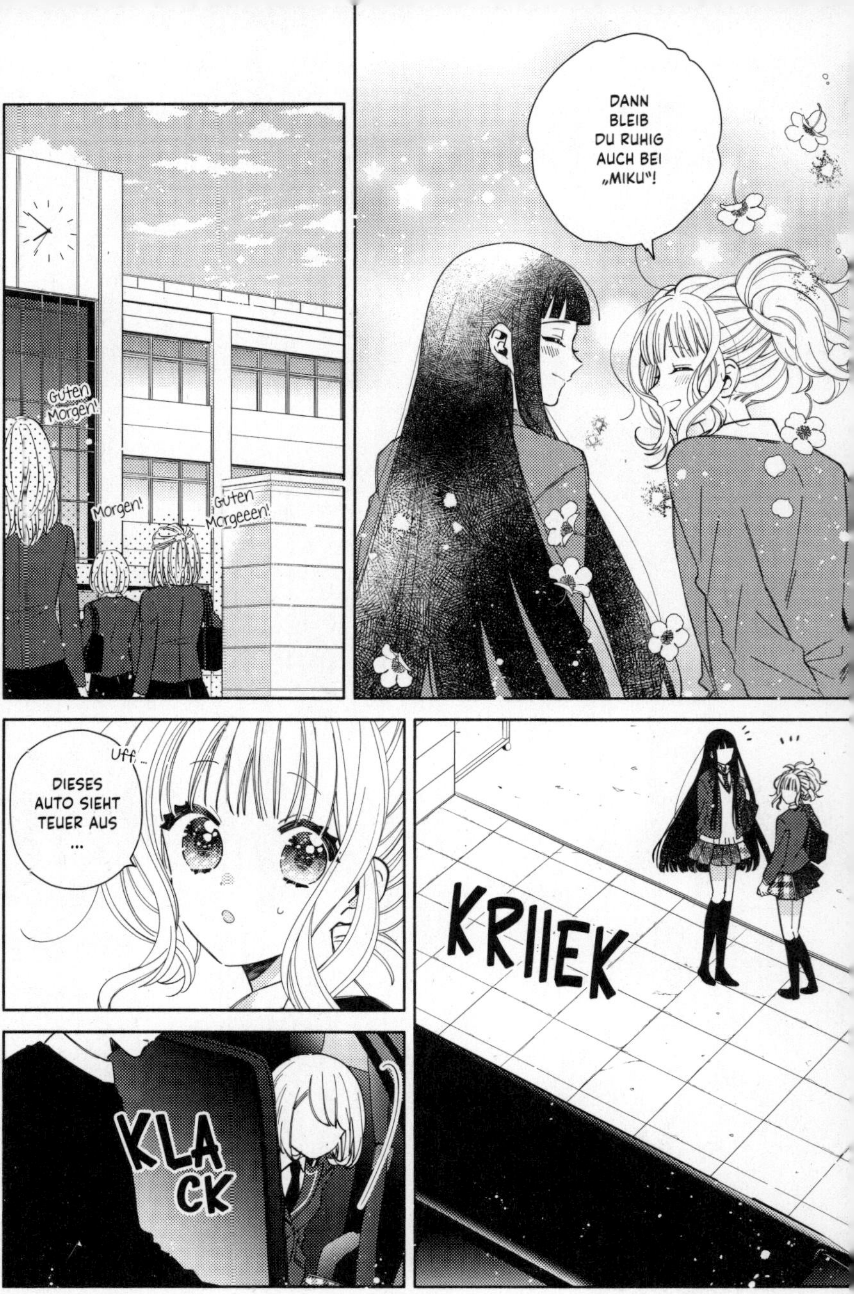
DANN BLEIB DU RUHIG AUCH BEI „MIKU“!
Guten Morgen!
Morgen!
Guten Morgeeen!
KRIIEK
Uff, ...
DIESES AUTO SIEHT TEUER AUS ...
KLACK

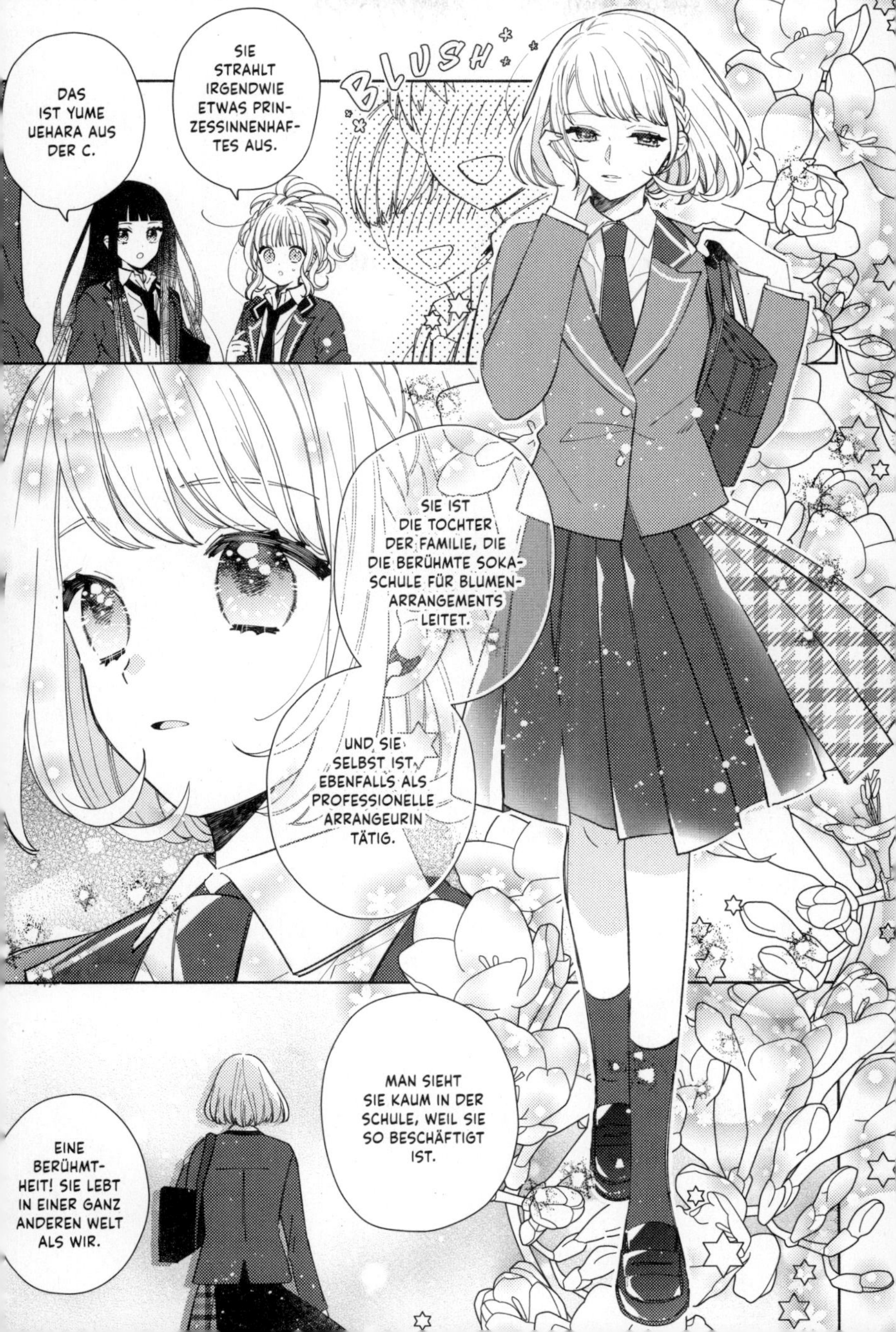
DAS IST YUME UEHARA AUS DER C.
SIE STRAHLT IRGENDWIE ETWAS PRINZESSINNENHAFTES AUS.
BLUSH
SIE IST DIE TOCHTER DER FAMILIE, DIE DIE BERÜHMTE SOKA-SCHULE FÜR BLUMENARRANGEMENTS LEITET.
UND SIE SELBST IST EBENFALLS ALS PROFESSIONELLE ARRANGEURIN TÄTIG.
EINE BERÜHMTHEIT! SIE LEBT IN EINER GANZ ANDEREN WELT ALS WIR.
MAN SIEHT SIE KAUM IN DER SCHULE, WEIL SIE SO BESCHÄFTIGT IST.

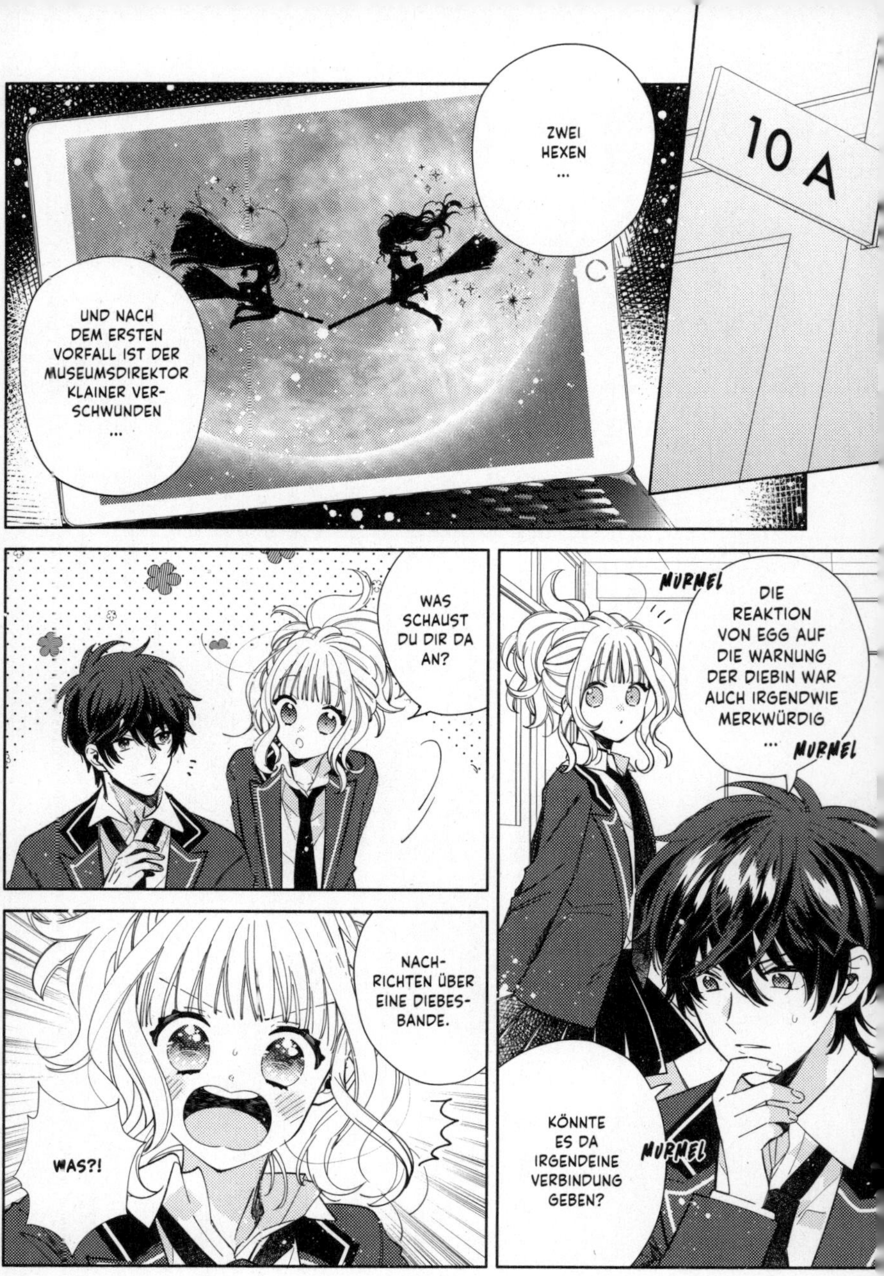
10 A
ZWEI HEXEN ...
UND NACH DEM ERSTEN VORFALL IST DER MUSEUMSDIREKTOR KLAINER VER-SCHWUNDEN ...
MURMEL
DIE REAKTION VON EGG AUF DIE WARNUNG DER DIEBIN WAR AUCH IRGENDWIE MERKWÜRDIG ...
MURMEL
KÖNNTE ES DA IRGENDEINE VERBINDUNG GEBEN?
MURMEL
WAS SCHAUST DU DIR DA AN?
NACH-RICHTEN ÜBER EINE DIEBES-BANDE.
WAS?!

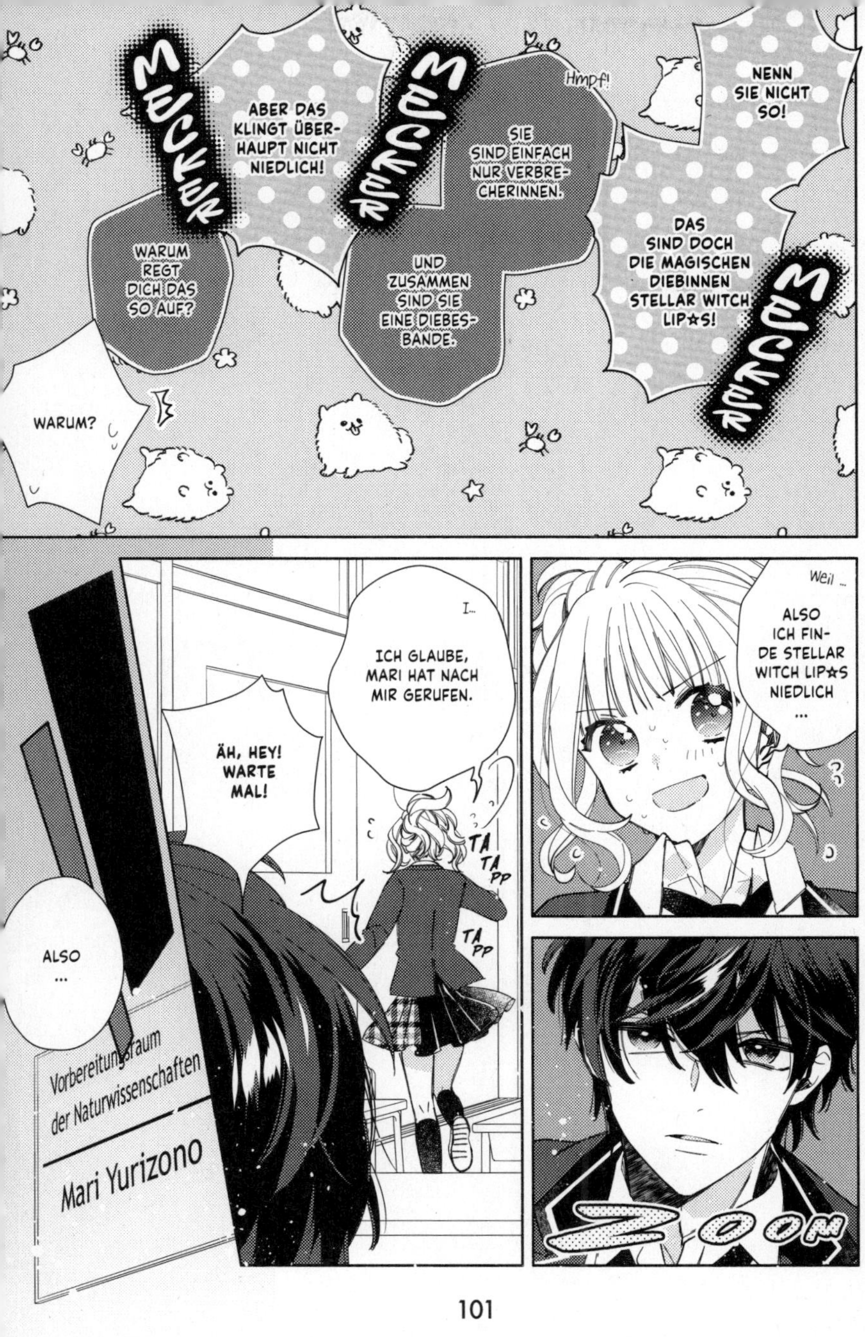
NENN SIE NICHT SO!
DAS SIND DOCH DIE MAGISCHEN DIEBINNEN STELLAR WITCH LIP☆S!
MECKER
Hmpf!
SIE SIND EINFACH NUR VERBRECHERINNEN.
UND ZUSAMMEN SIND SIE EINE DIEBESBANDE.
MECKER
ABER DAS KLINGT ÜBERHAUPT NICHT NIEDLICH!
MECKER
WARUM REGT DICH DAS SO AUF?
WARUM?
Weil …
ALSO ICH FINDE STELLAR WITCH LIP☆S NIEDLICH …
I…
ICH GLAUBE, MARI HAT NACH MIR GERUFEN.
ÄH, HEY! WARTE MAL!
TA TA PP
TA PP
ALSO …
Vorbereitungsraum der Naturwissenschaften
Mari Yurizono
ZOOM

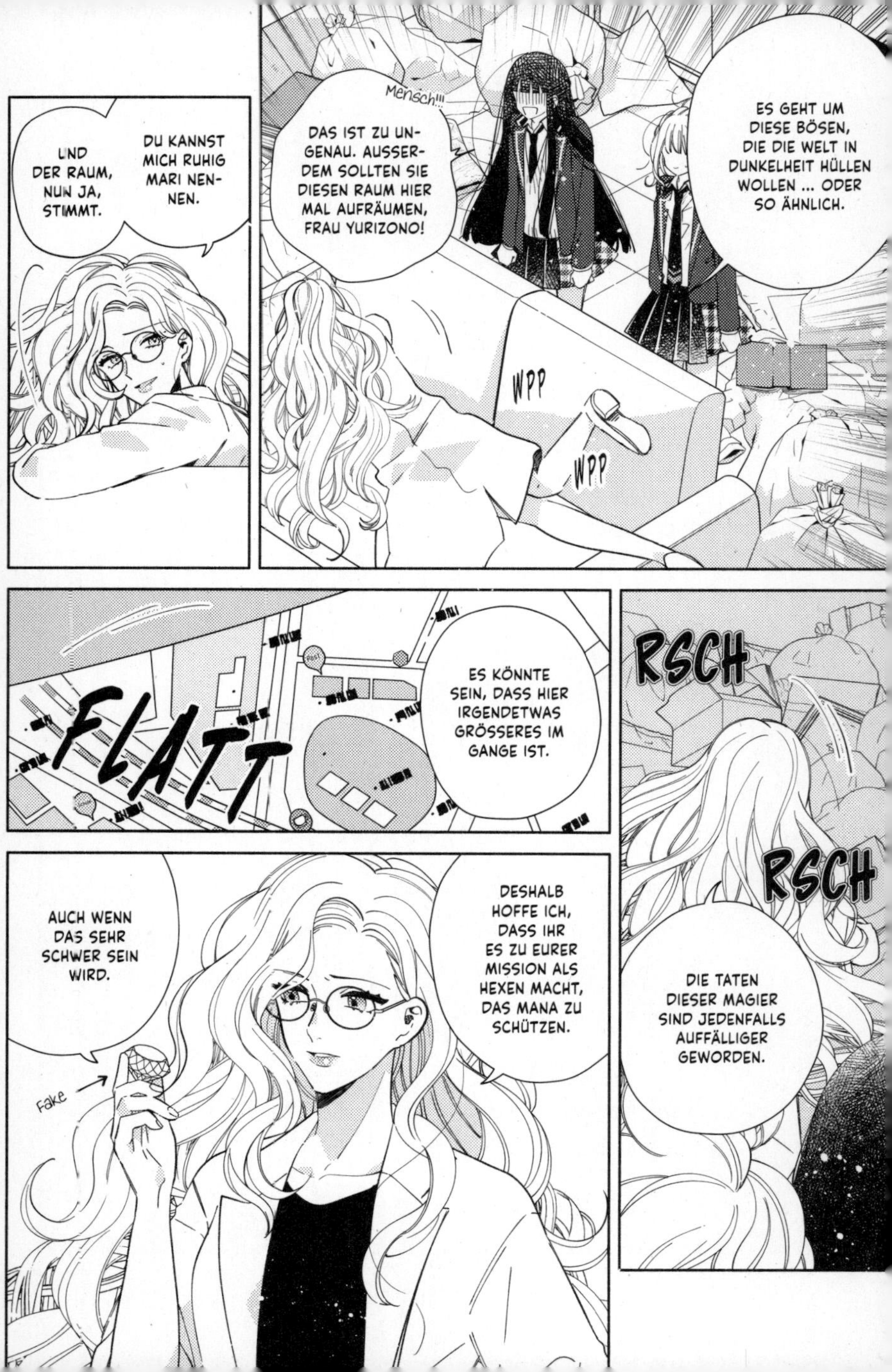
ES GEHT UM DIESE BÖSEN, DIE DIE WELT IN DUNKELHEIT HÜLLEN WOLLEN ... ODER SO ÄHNLICH.
Mensch!!!
DAS IST ZU UNGENAU. AUSSERDEM SOLLTEN SIE DIESEN RAUM HIER MAL AUFRÄUMEN, FRAU YURIZONO!
WPP
WPP
DU KANNST MICH RUHIG MARI NENNEN.
UND DER RAUM, NUN JA, STIMMT.
RSCH
RSCH
DIE TATEN DIESER MAGIER SIND JEDENFALLS AUFFÄLLIGER GEWORDEN.
ES KÖNNTE SEIN, DASS HIER IRGENDETWAS GRÖSSERES IM GANGE IST.
FLATT
DESHALB HOFFE ICH, DASS IHR ES ZU EURER MISSION ALS HEXEN MACHT, DAS MANA ZU SCHÜTZEN.
AUCH WENN DAS SEHR SCHWER SEIN WIRD.
Fake

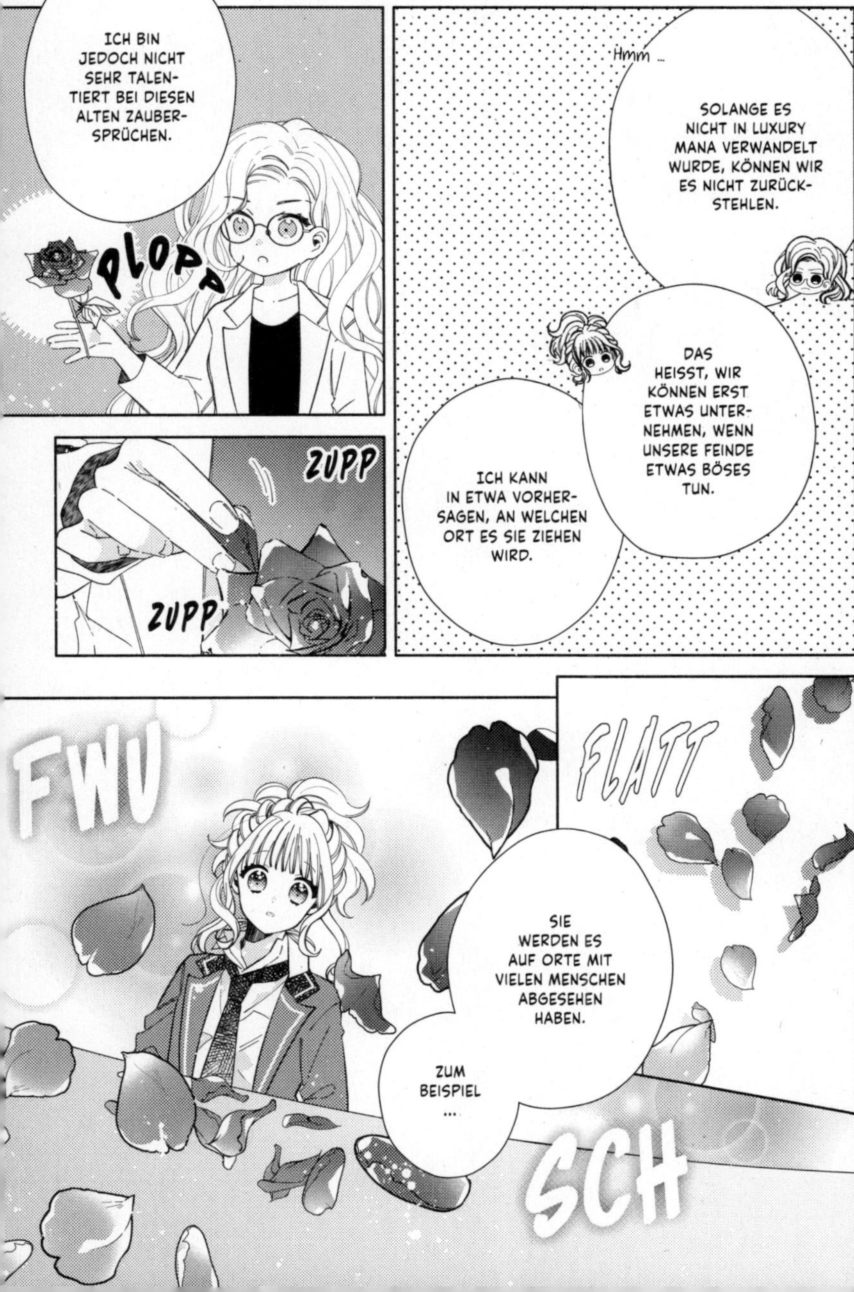
Hmm ...
SOLANGE ES NICHT IN LUXURY MANA VERWANDELT WURDE, KÖNNEN WIR ES NICHT ZURÜCK-STEHLEN.
DAS HEISST, WIR KÖNNEN ERST ETWAS UNTER-NEHMEN, WENN UNSERE FEINDE ETWAS BÖSES TUN.
ICH KANN IN ETWA VORHER-SAGEN, AN WELCHEN ORT ES SIE ZIEHEN WIRD.
ICH BIN JEDOCH NICHT SEHR TALEN-TIERT BEI DIESEN ALTEN ZAUBER-SPRÜCHEN.
PLOPP
ZUPP
ZUPP
FLATT
SIE WERDEN ES AUF ORTE MIT VIELEN MENSCHEN ABGESEHEN HABEN.
ZUM BEISPIEL ...
FWU
SCH

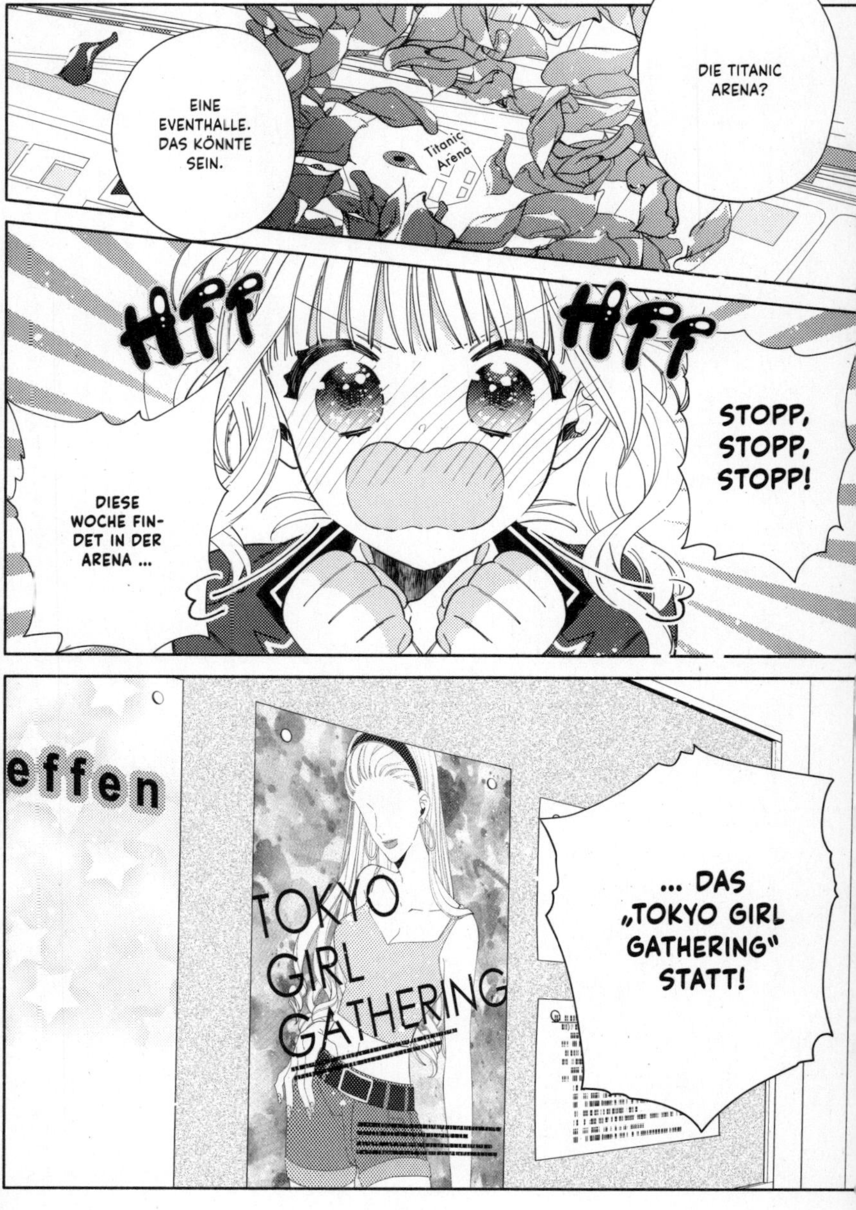
DIE TITANIC ARENA?
EINE EVENTHALLE. DAS KÖNNTE SEIN.
Titanic Arena
HFF HFF
STOPP, STOPP, STOPP!
DIESE WOCHE FIN-DET IN DER ARENA ...
... DAS „TOKYO GIRL GATHERING“ STATT!
effen
TOKYO GIRL GATHERING

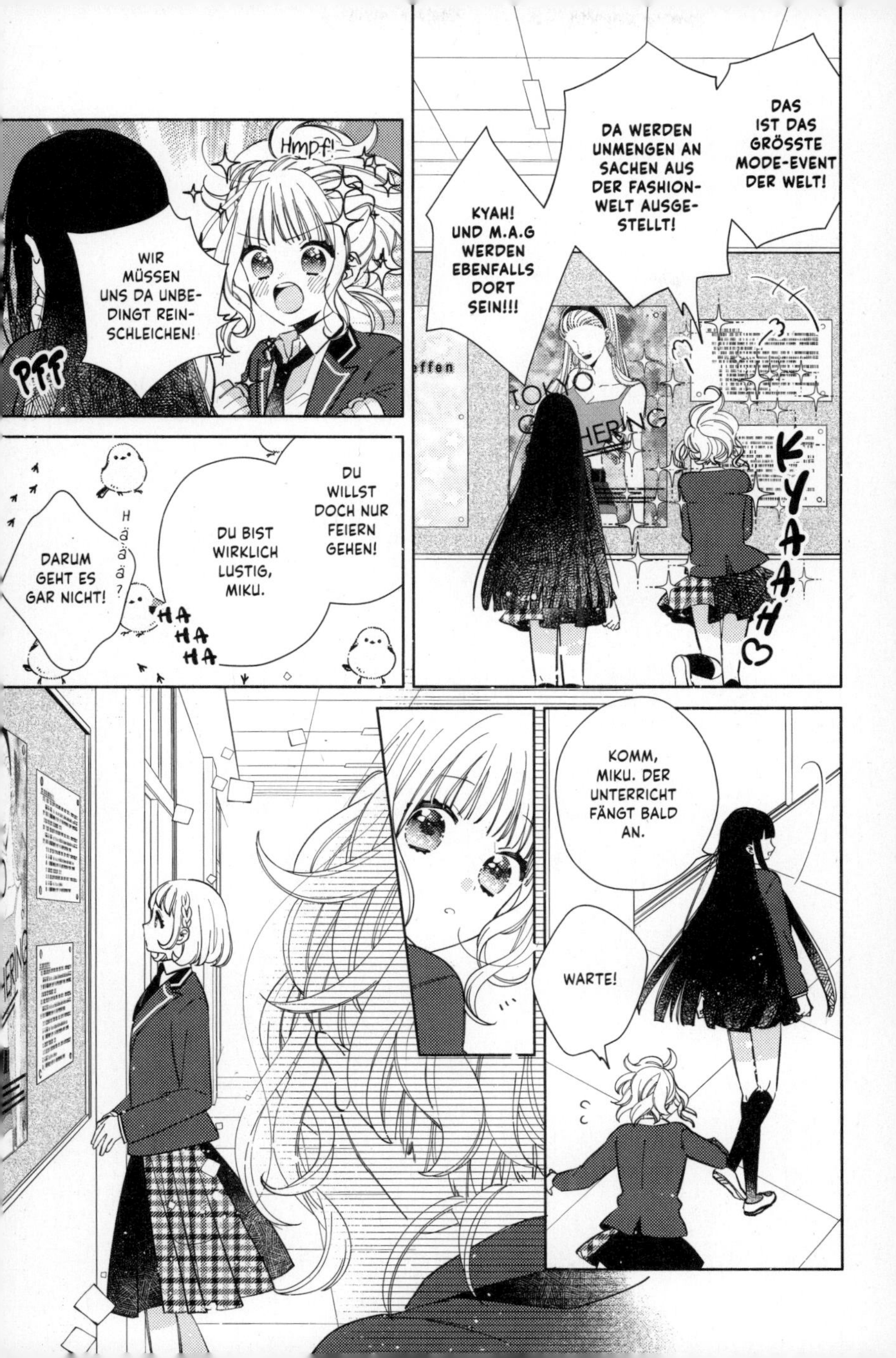
DAS IST DAS GRÖSSTE MODE-EVENT DER WELT!
DA WERDEN UNMENGEN AN SACHEN AUS DER FASHION-WELT AUSGE-STELLT!
KYAH! UND M.A.G WERDEN EBENFALLS DORT SEIN!!!
KYAAAH♡
Hmpf!
WIR MÜSSEN UNS DA UNBE-DINGT REIN-SCHLEICHEN!
PFF
DU WILLST DOCH NUR FEIERN GEHEN!
DU BIST WIRKLICH LUSTIG, MIKU.
HA HA HA
Hääää?
DARUM GEHT ES GAR NICHT!
KOMM, MIKU. DER UNTERRICHT FÄNGT BALD AN.
WARTE!
...

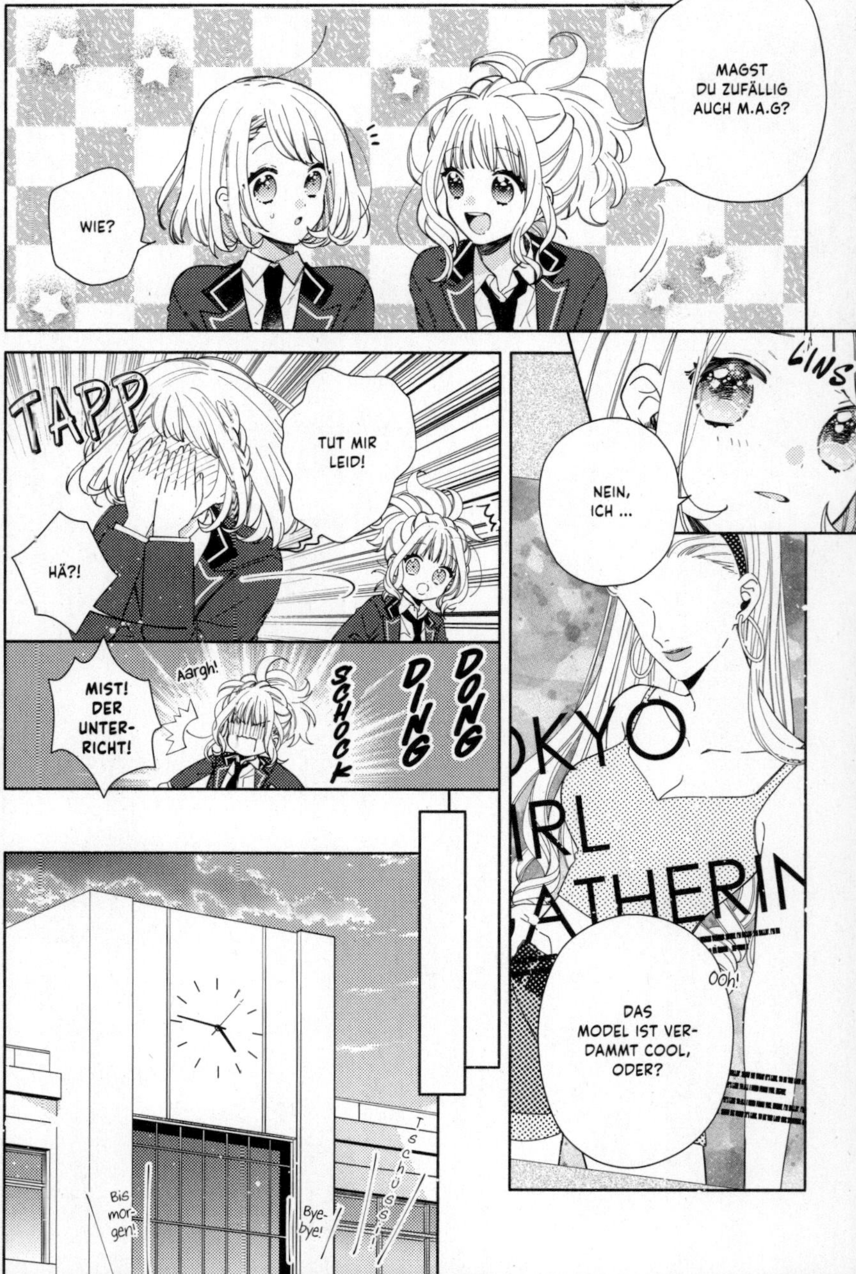
MAGST DU ZUFÄLLIG AUCH M.A.G?
WIE?
LINS
NEIN, ICH ...
TUT MIR LEID!
TAPP
HÄ?!
DONG
DING
SCHOCK
Aargh!
MIST! DER UNTERRICHT!
OKYO
IRL
ATHERIN
Ooh!
DAS MODEL IST VERDAMMT COOL, ODER?
Tschüssi!
Bye-bye!
Bis morgen!

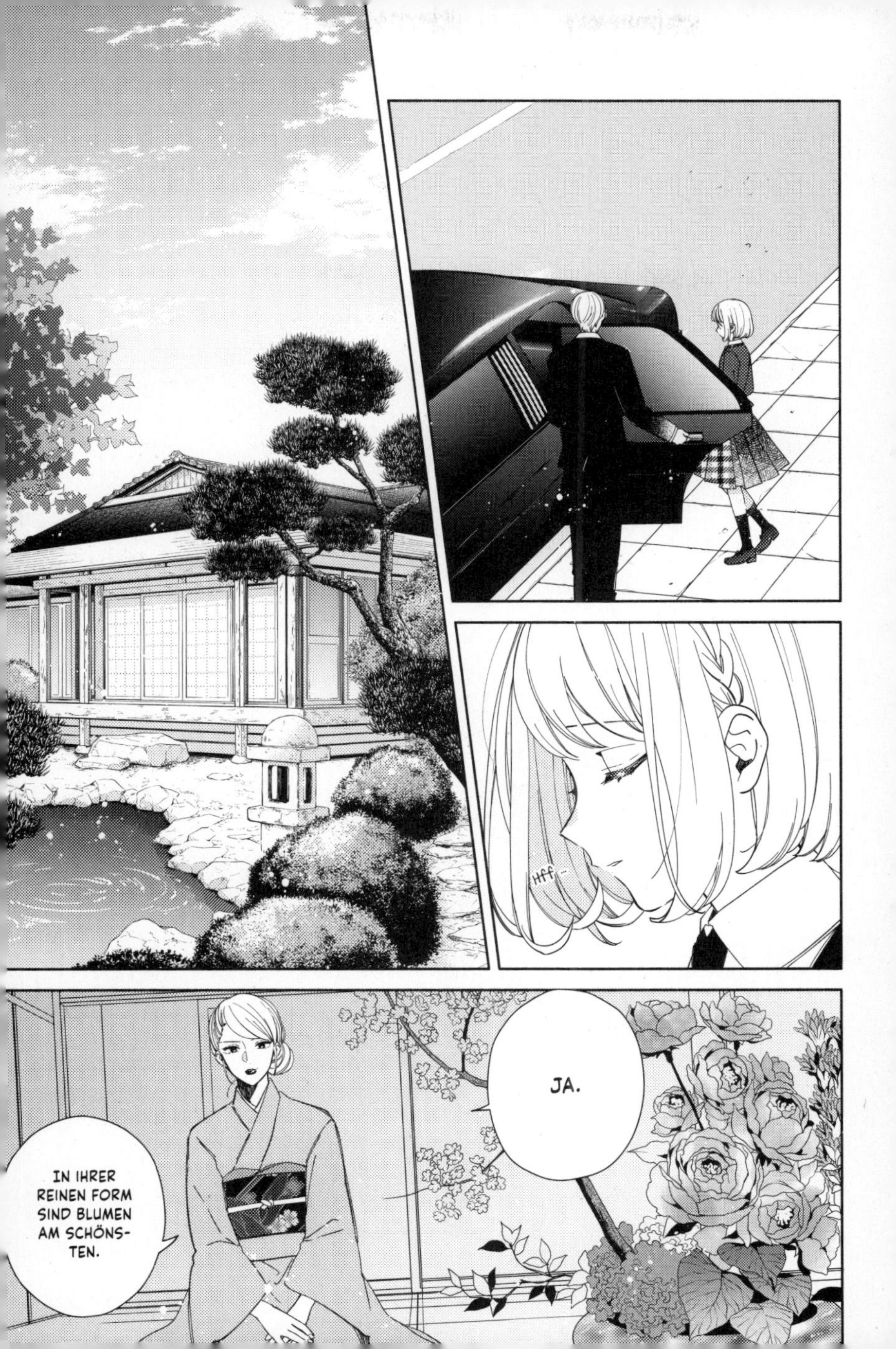
Hff...
JA.
IN IHRER REINEN FORM SIND BLUMEN AM SCHÖNS-TEN.

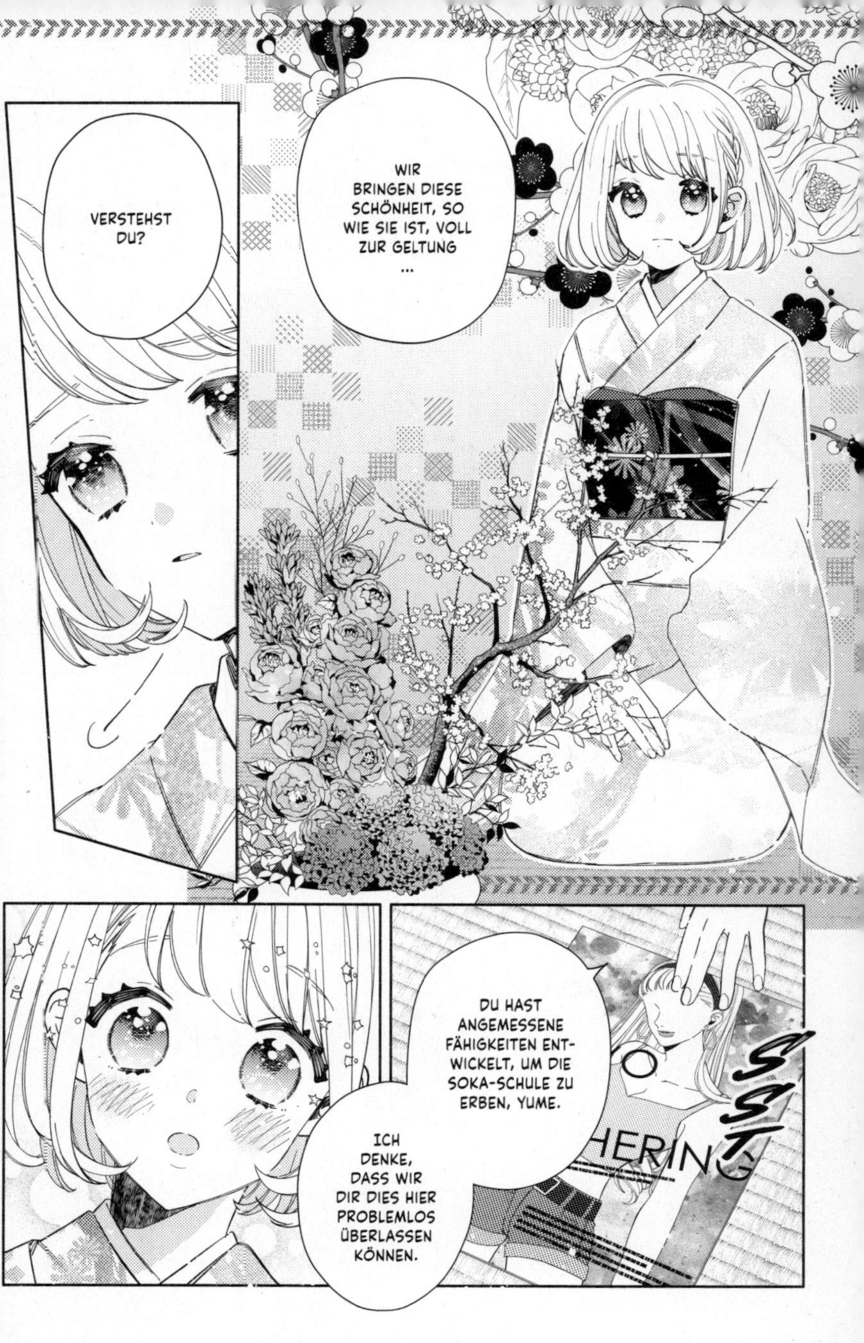
WIR BRINGEN DIESE SCHÖNHEIT, SO WIE SIE IST, VOLL ZUR GELTUNG ...
VERSTEHST DU?
DU HAST ANGEMESSENE FÄHIGKEITEN ENT-WICKELT, UM DIE SOKA-SCHULE ZU ERBEN, YUME.
SST
ICH DENKE, DASS WIR DIR DIES HIER PROBLEMLOS ÜBERLASSEN KÖNNEN.

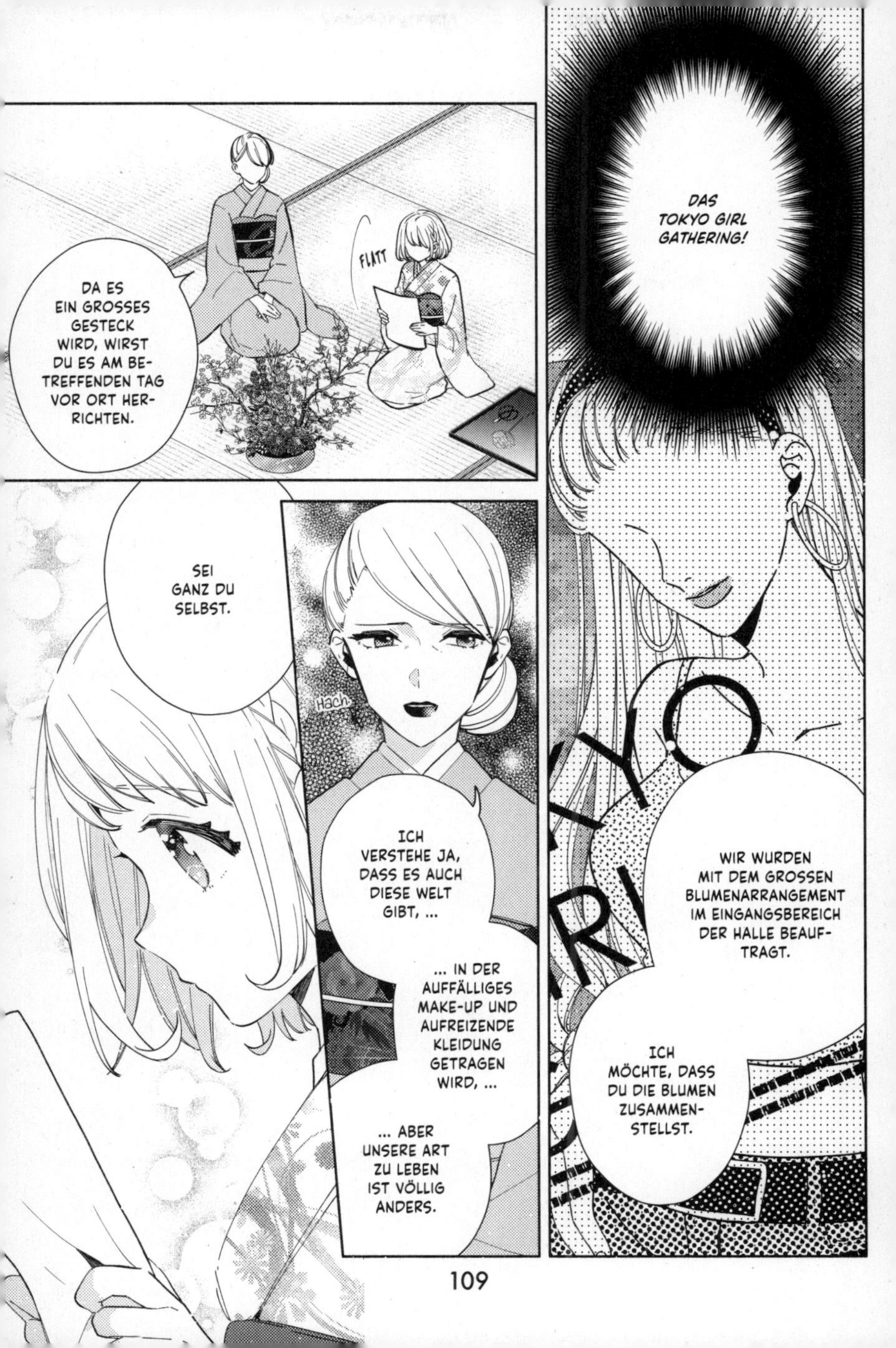
DAS TOKYO GIRL GATHERING!
WIR WURDEN MIT DEM GROSSEN BLUMENARRANGEMENT IM EINGANGSBEREICH DER HALLE BEAUFTRAGT.
ICH MÖCHTE, DASS DU DIE BLUMEN ZUSAMMENSTELLST.
FLATT
DA ES EIN GROSSES GESTECK WIRD, WIRST DU ES AM BETREFFENDEN TAG VOR ORT HERRICHTEN.
Hach.
ICH VERSTEHE JA, DASS ES AUCH DIESE WELT GIBT, ...
... IN DER AUFFÄLLIGES MAKE-UP UND AUFREIZENDE KLEIDUNG GETRAGEN WIRD, ...
... ABER UNSERE ART ZU LEBEN IST VÖLLIG ANDERS.
SEI GANZ DU SELBST.

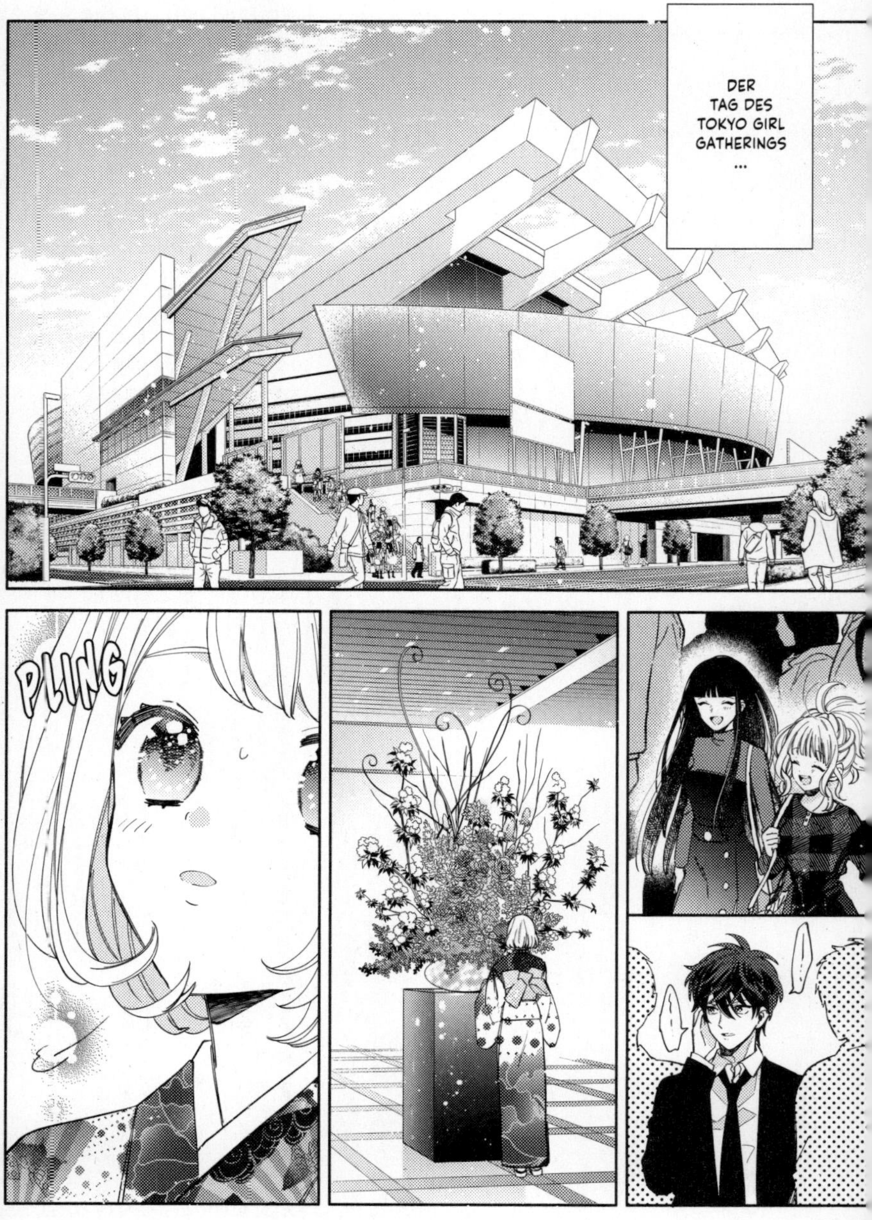
DER TAG DES TOKYO GIRL GATHERINGS ...
PLING

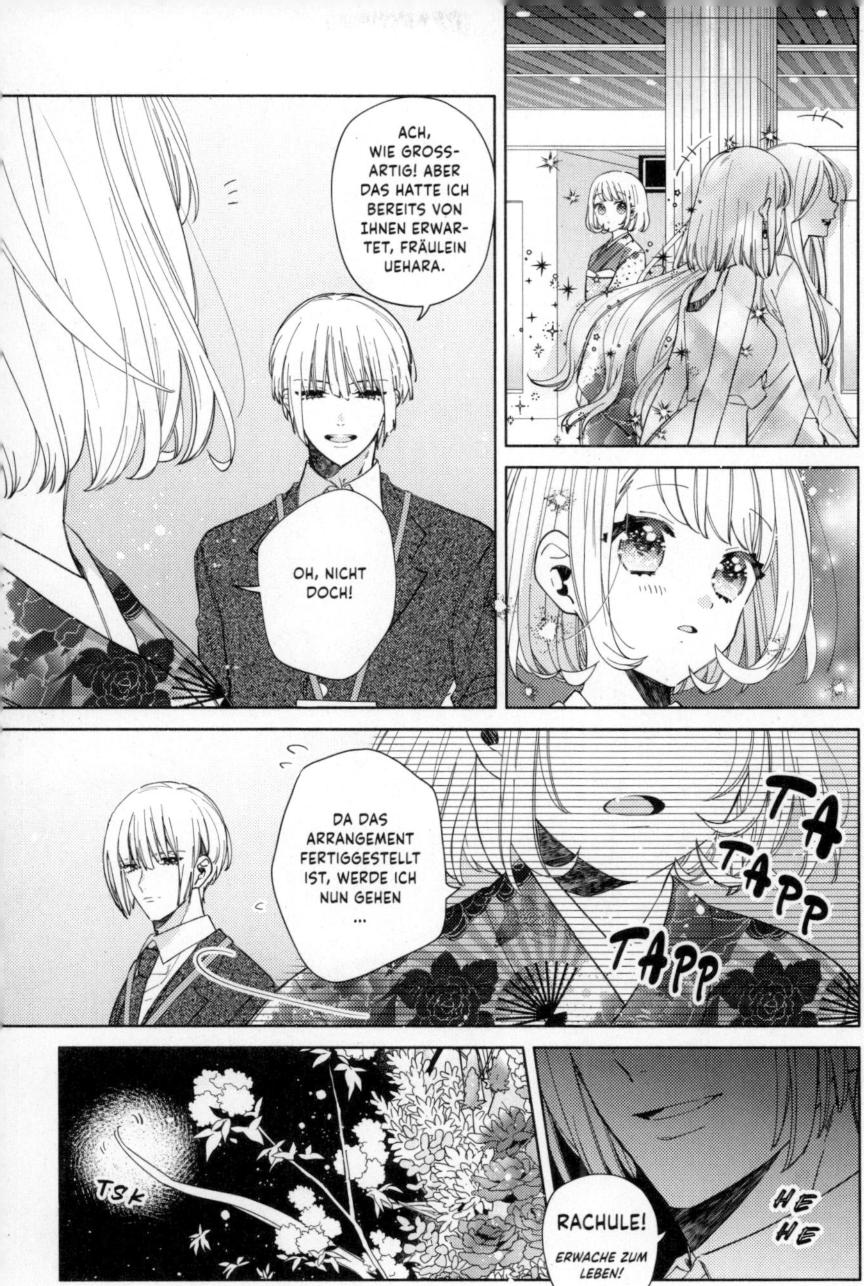
ACH, WIE GROSS-ARTIG! ABER DAS HATTE ICH BEREITS VON IHNEN ERWAR-TET, FRÄULEIN UEHARA.
OH, NICHT DOCH!
DA DAS ARRANGEMENT FERTIGGESTELLT IST, WERDE ICH NUN GEHEN ...
TA TAPP TAPP
TSK
HE HE
RACHULE!
ERWACHE ZUM LEBEN!

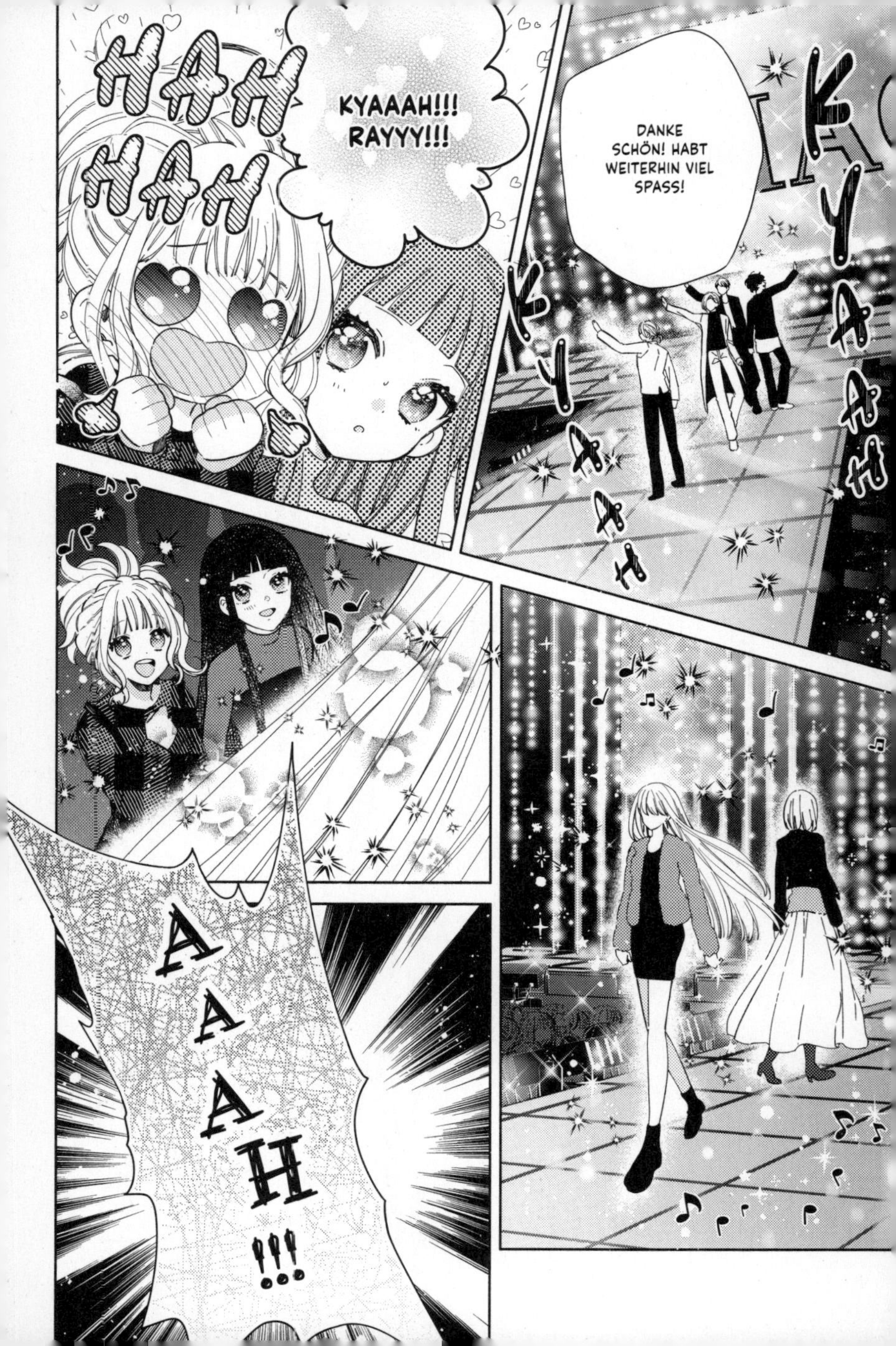
DANKE SCHÖN! HABT WEITERHIN VIEL SPASS!
KYAAAH!!! RAYYY!!!
HAH HAH
AAAH!!!

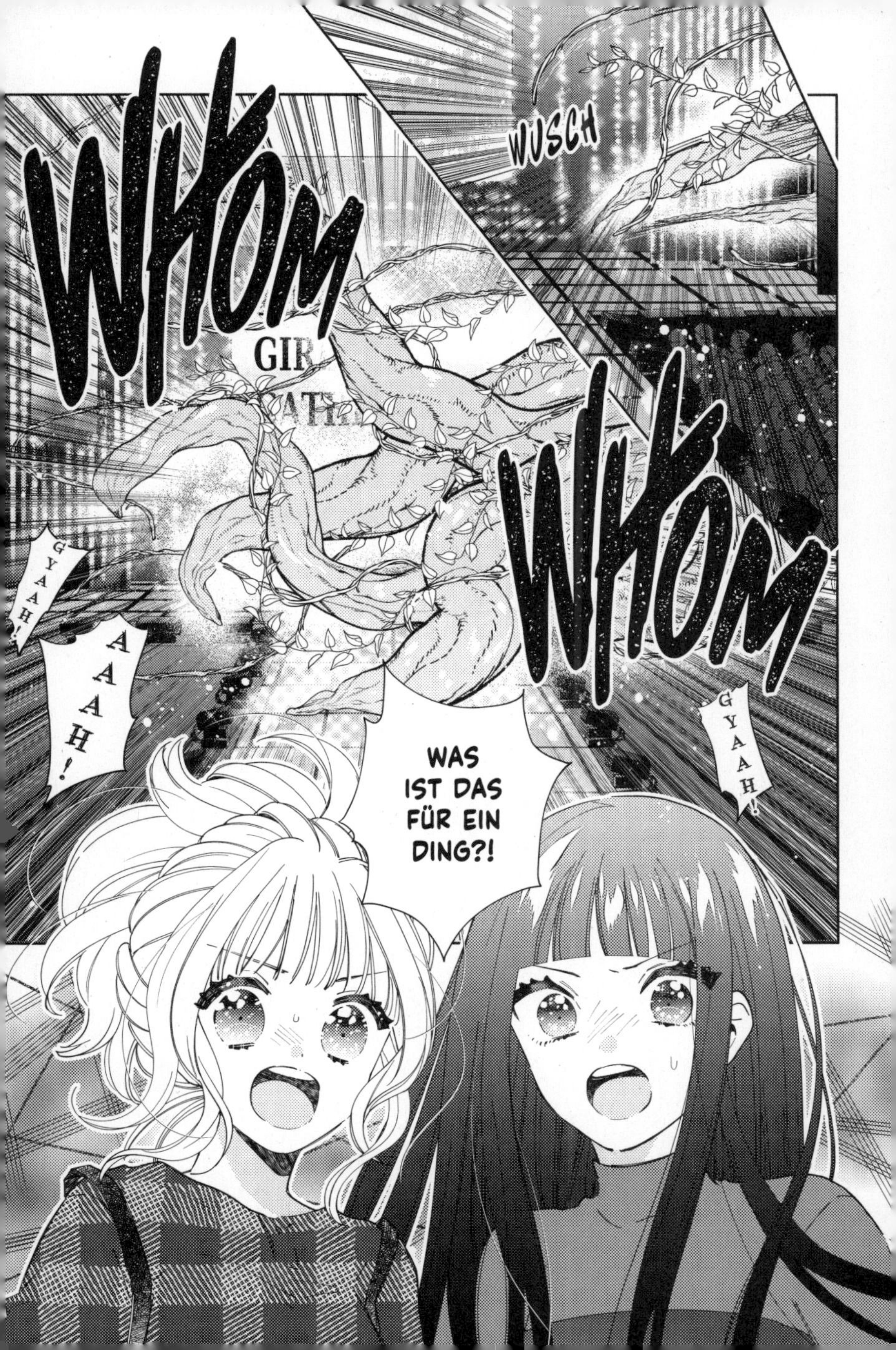
WUSCH
WHOM
WHOM
GYAAH!
GYAAH!
AAAH!
WAS IST DAS FÜR EIN DING?!

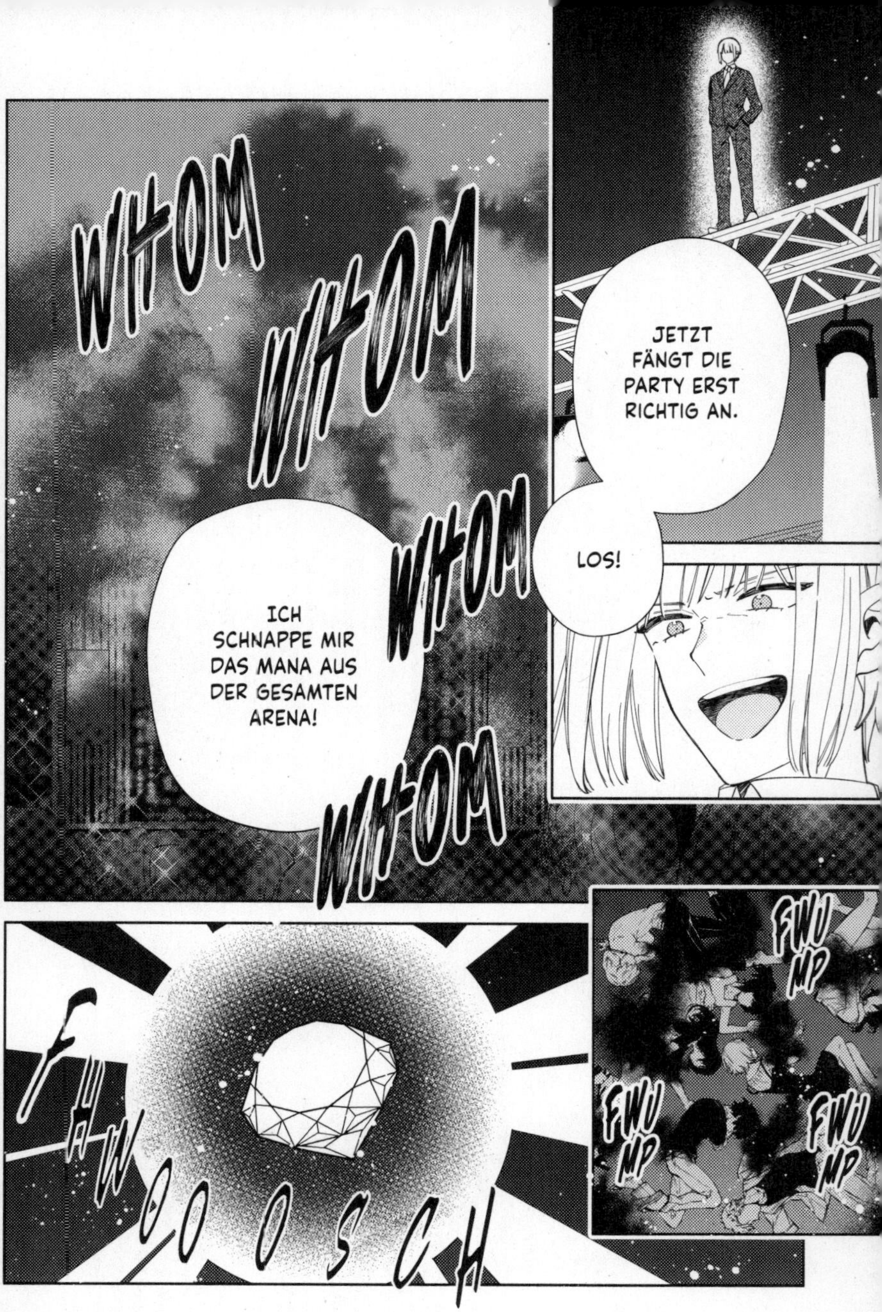
JETZT FÄNGT DIE PARTY ERST RICHTIG AN.
LOS!
WHOM WHOM WHOM WHOM
ICH SCHNAPPE MIR DAS MANA AUS DER GESAMTEN ARENA!
FWUMP
FWUMP
FWUMP
FHWOOOSCH

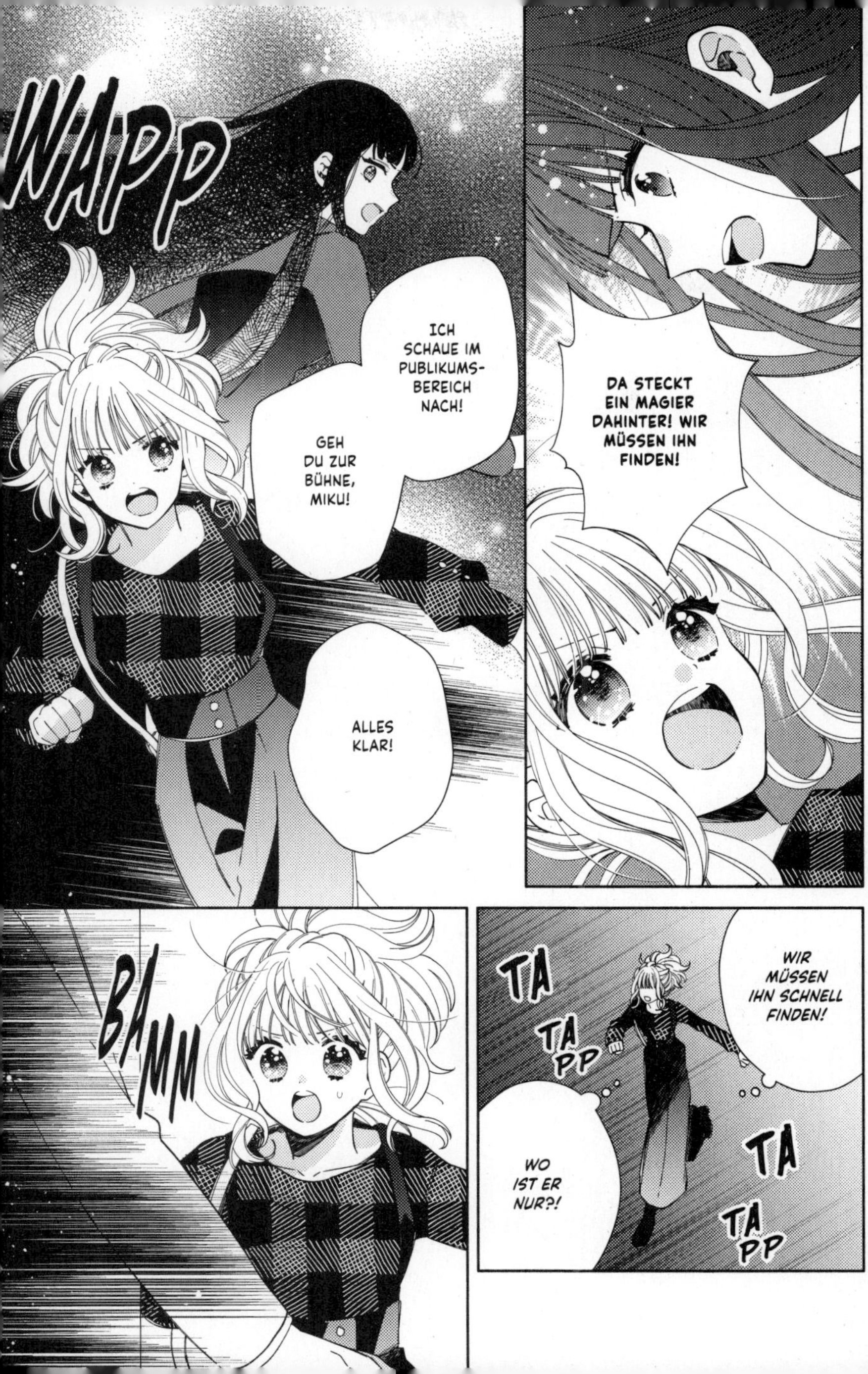
DA STECKT EIN MAGIER DAHINTER! WIR MÜSSEN IHN FINDEN!
WAPP
ICH SCHAUE IM PUBLIKUMS-BEREICH NACH!
GEH DU ZUR BÜHNE, MIKU!
ALLES KLAR!
WIR MÜSSEN IHN SCHNELL FINDEN!
TA
TAPP
WO IST ER NUR?!
TA
TAPP
BAMM

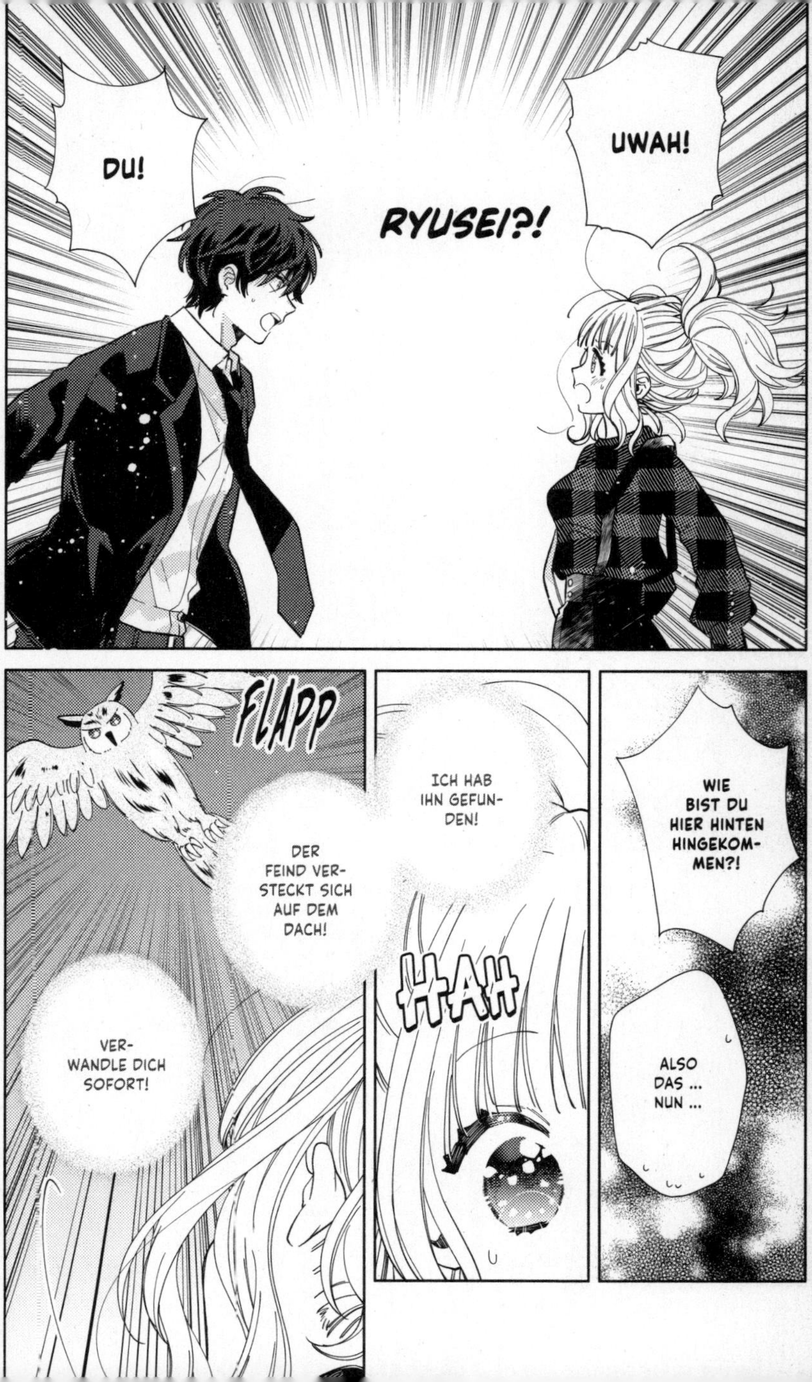
UWAH!
RYUSEI?!
DU!
WIE BIST DU HIER HINTEN HINGEKOMMEN?!
ALSO DAS ... NUN ...
ICH HAB IHN GEFUNDEN!
HAH
FLAPP
DER FEIND VERSTECKT SICH AUF DEM DACH!
VERWANDLE DICH SOFORT!

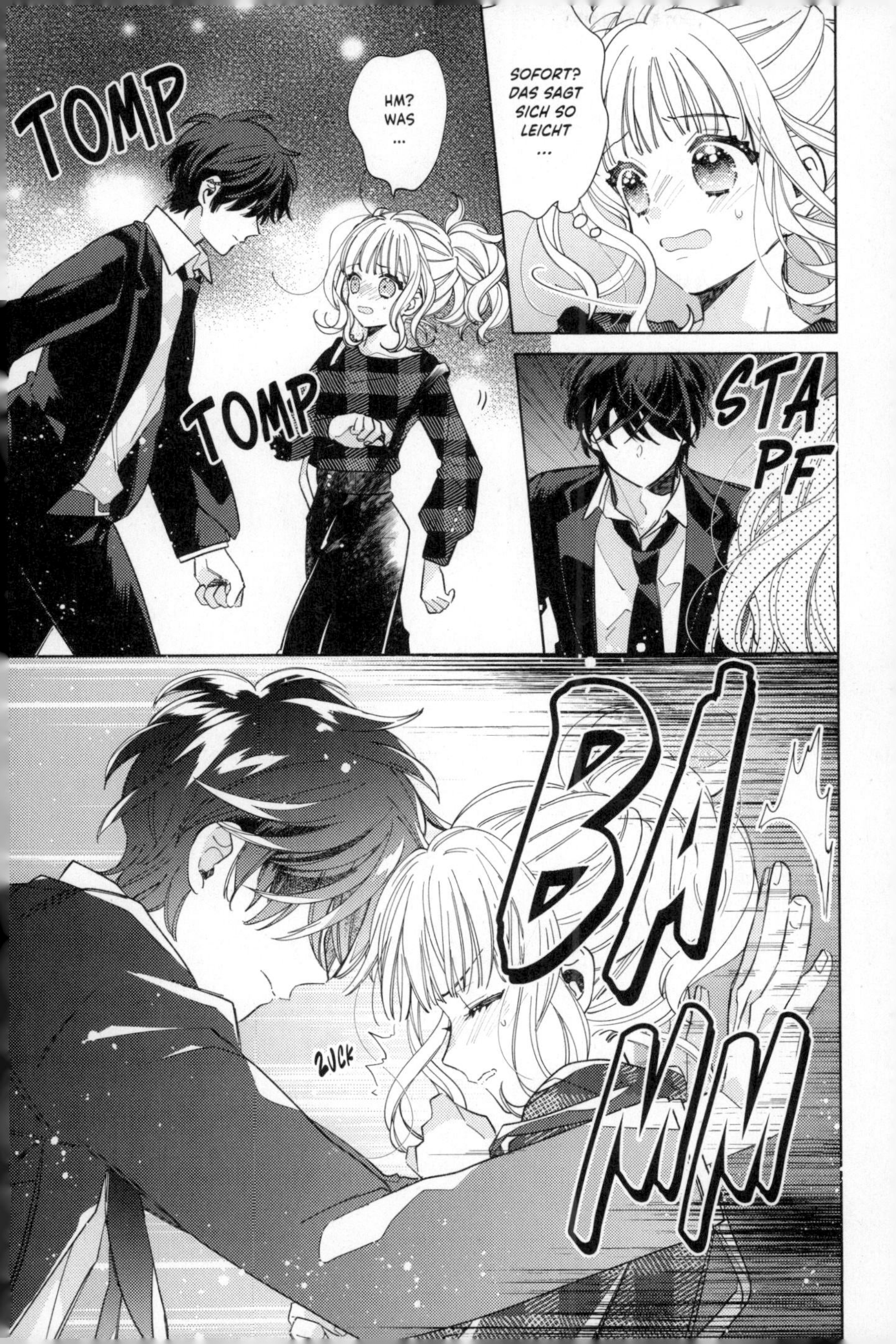
SOFORT? DAS SAGT SICH SO LEICHT ...
TOMP
HM? WAS ...
TOMP
STAPF
BAMM
ZUCK

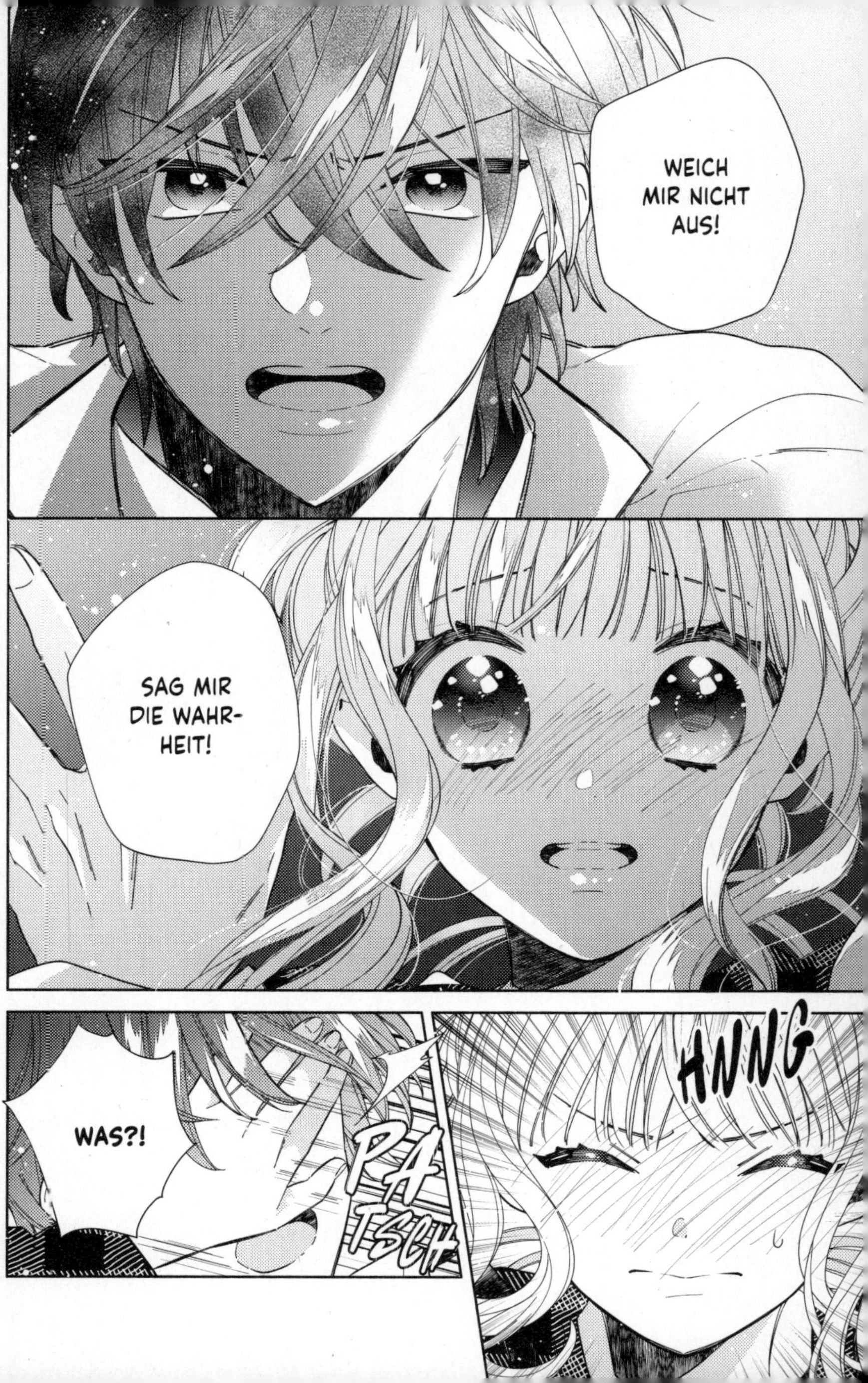
WEICH MIR NICHT AUS!
SAG MIR DIE WAHR-HEIT!
HNNG
PATSCH
WAS?!

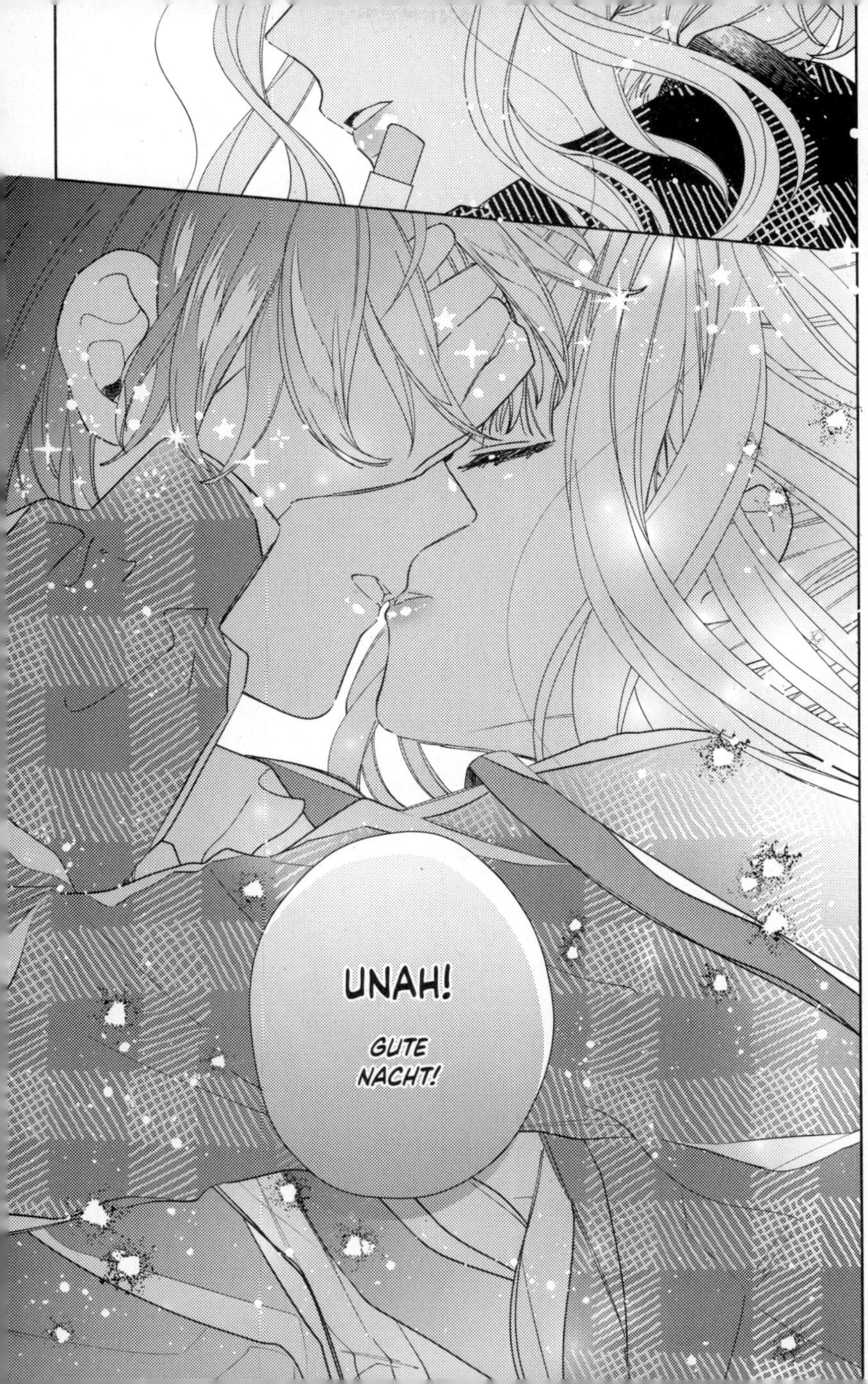
UNAH!
GUTE NACHT!

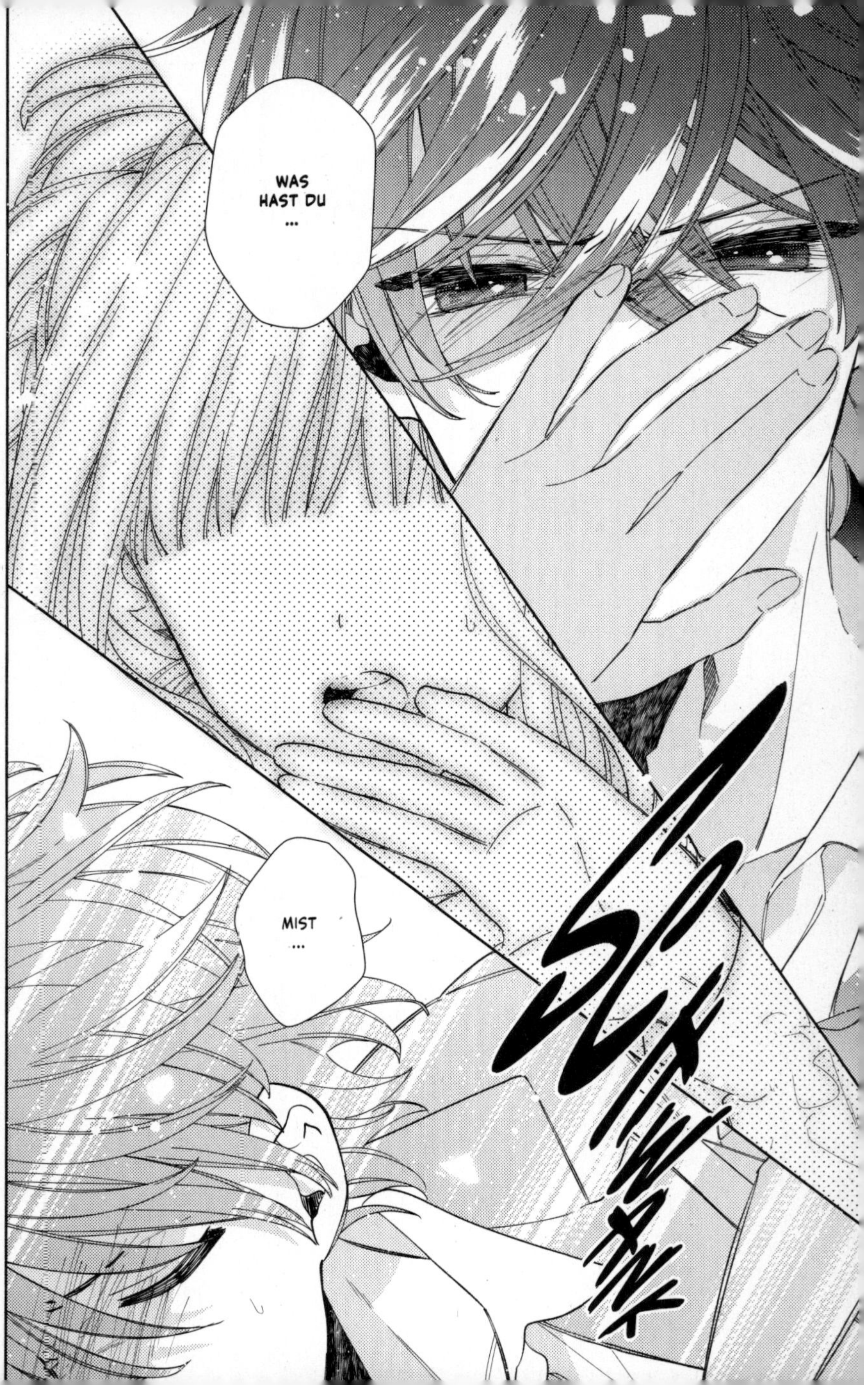
WAS HAST DU ...
MIST ...

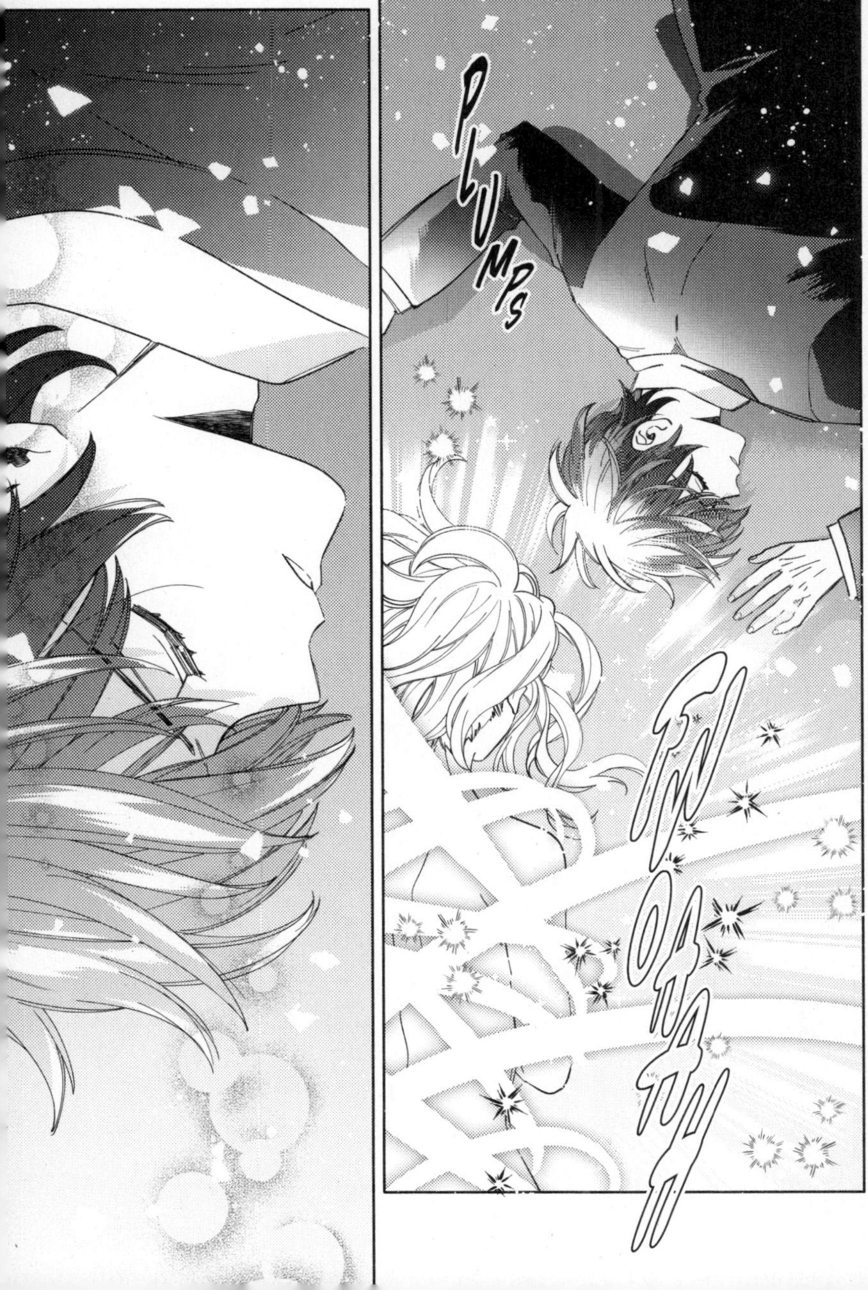
PLUMPS

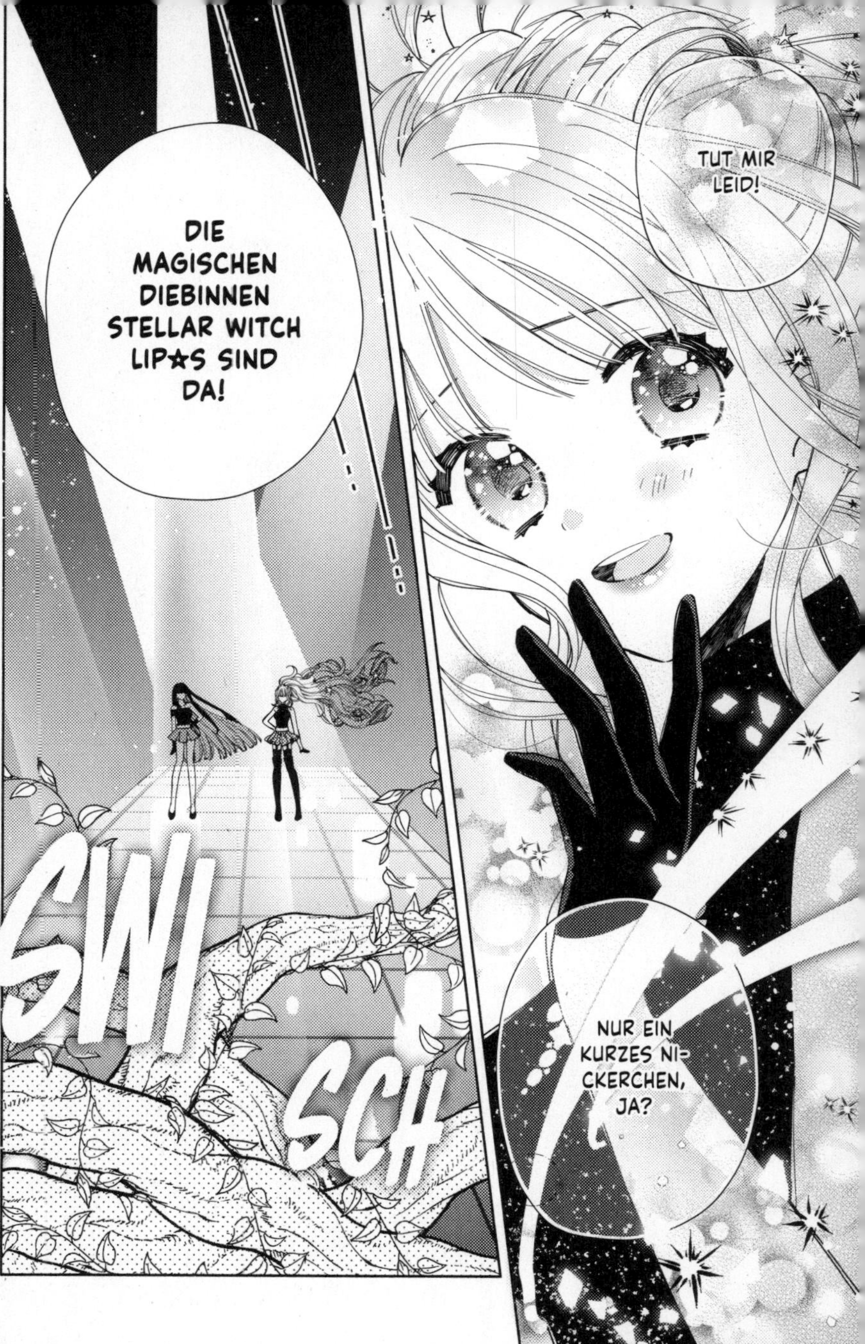
TUT MIR LEID!
NUR EIN KURZES NI-CKERCHEN, JA?
DIE MAGISCHEN DIEBINNEN STELLAR WITCH LIP☆S SIND DA!
SWISCH

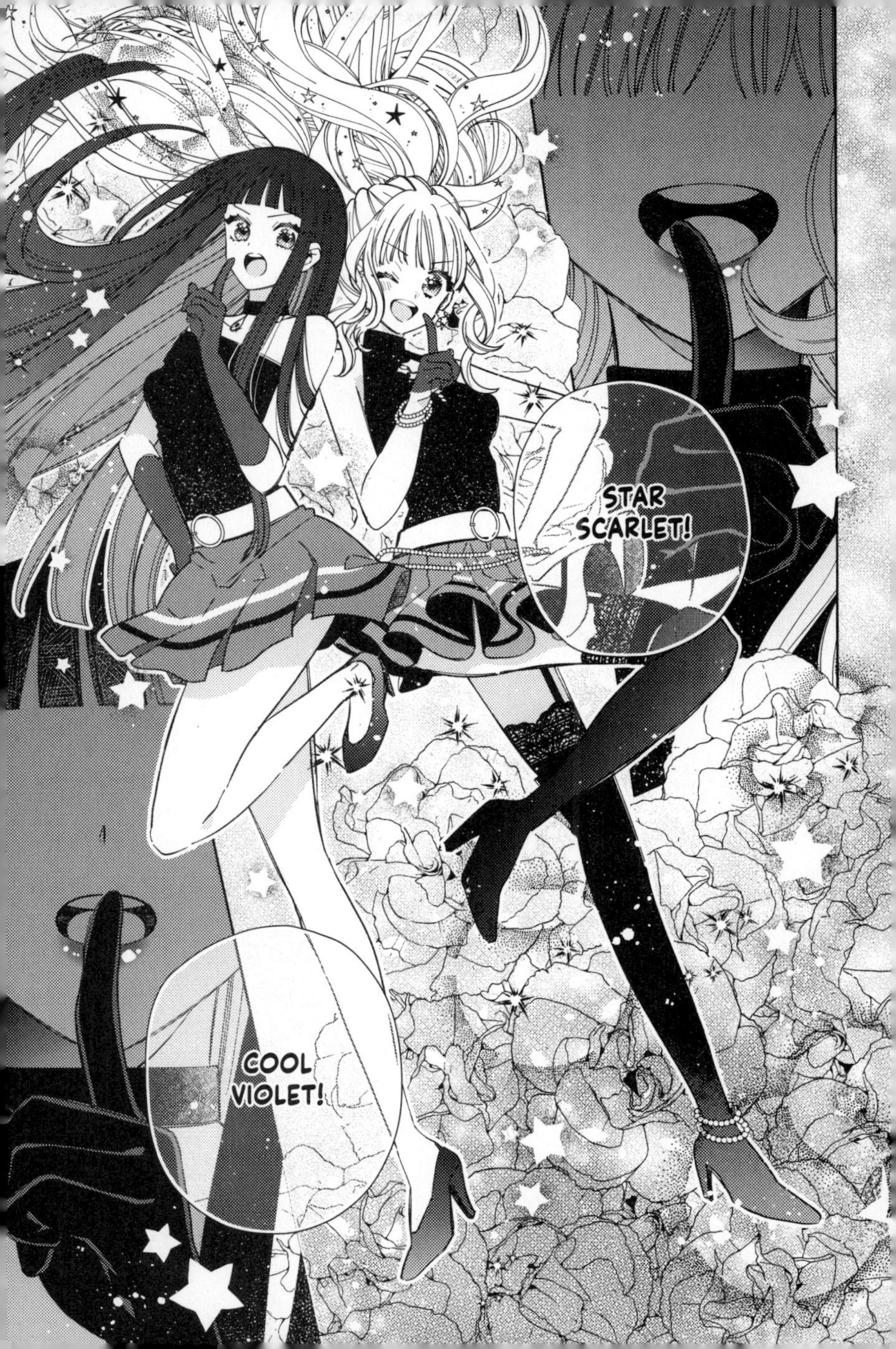
STAR SCARLET!
COOL VIOLET!

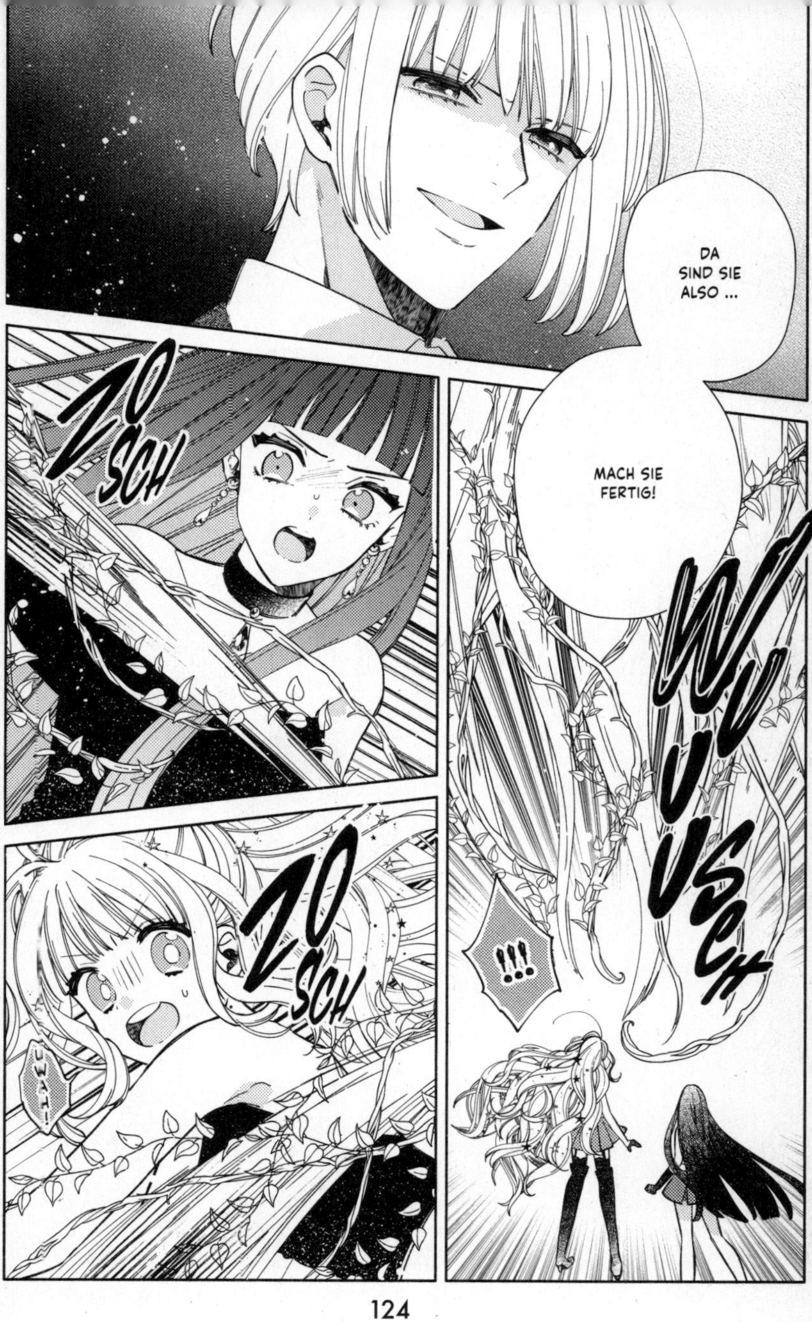
DA SIND SIE ALSO ...
MACH SIE FERTIG!
WUUUSCH
!!!
ZOSCH
ZOSCH
UWAH!

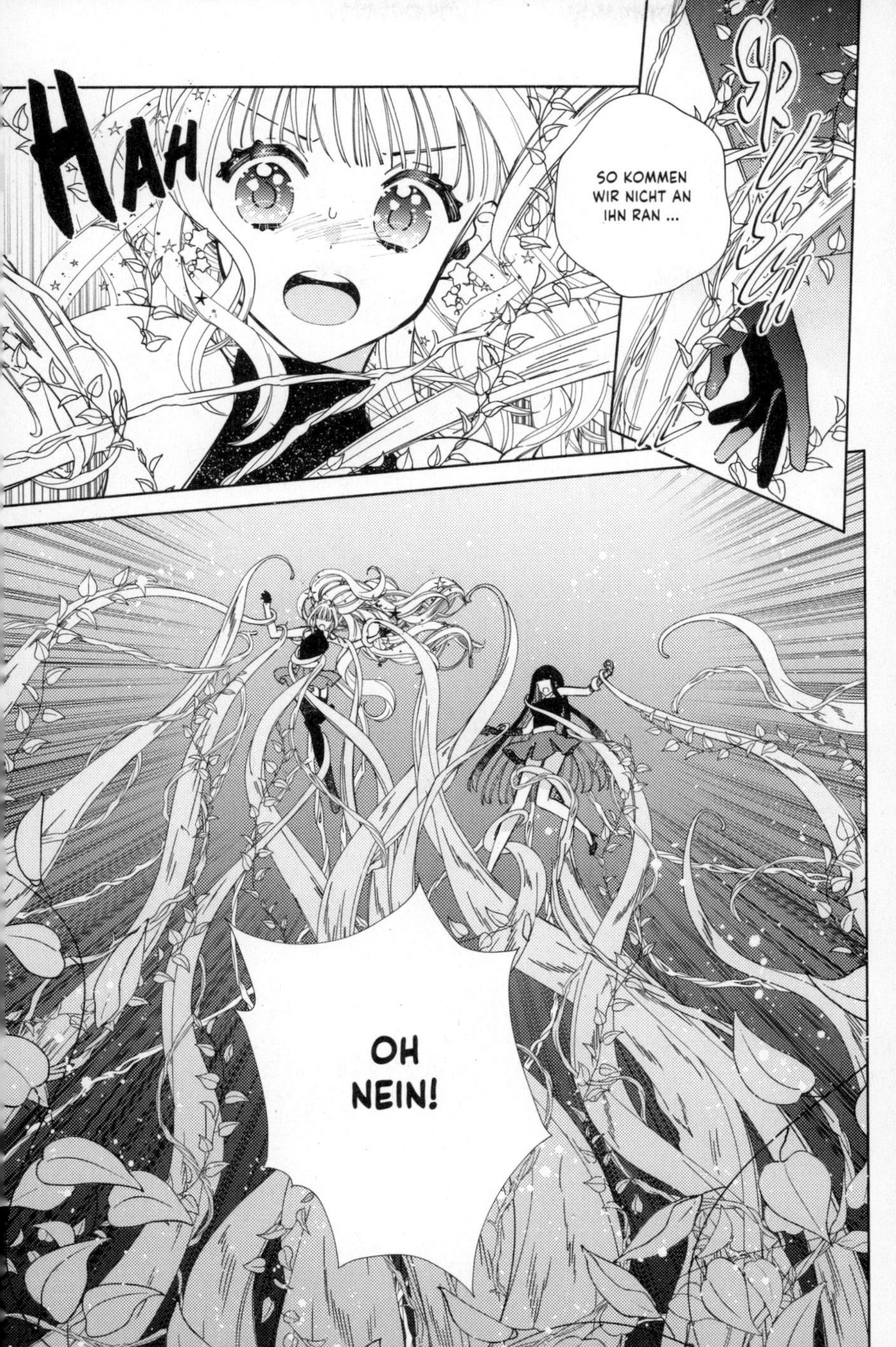
SO KOMMEN WIR NICHT AN IHN RAN ...
HAH
OH NEIN!

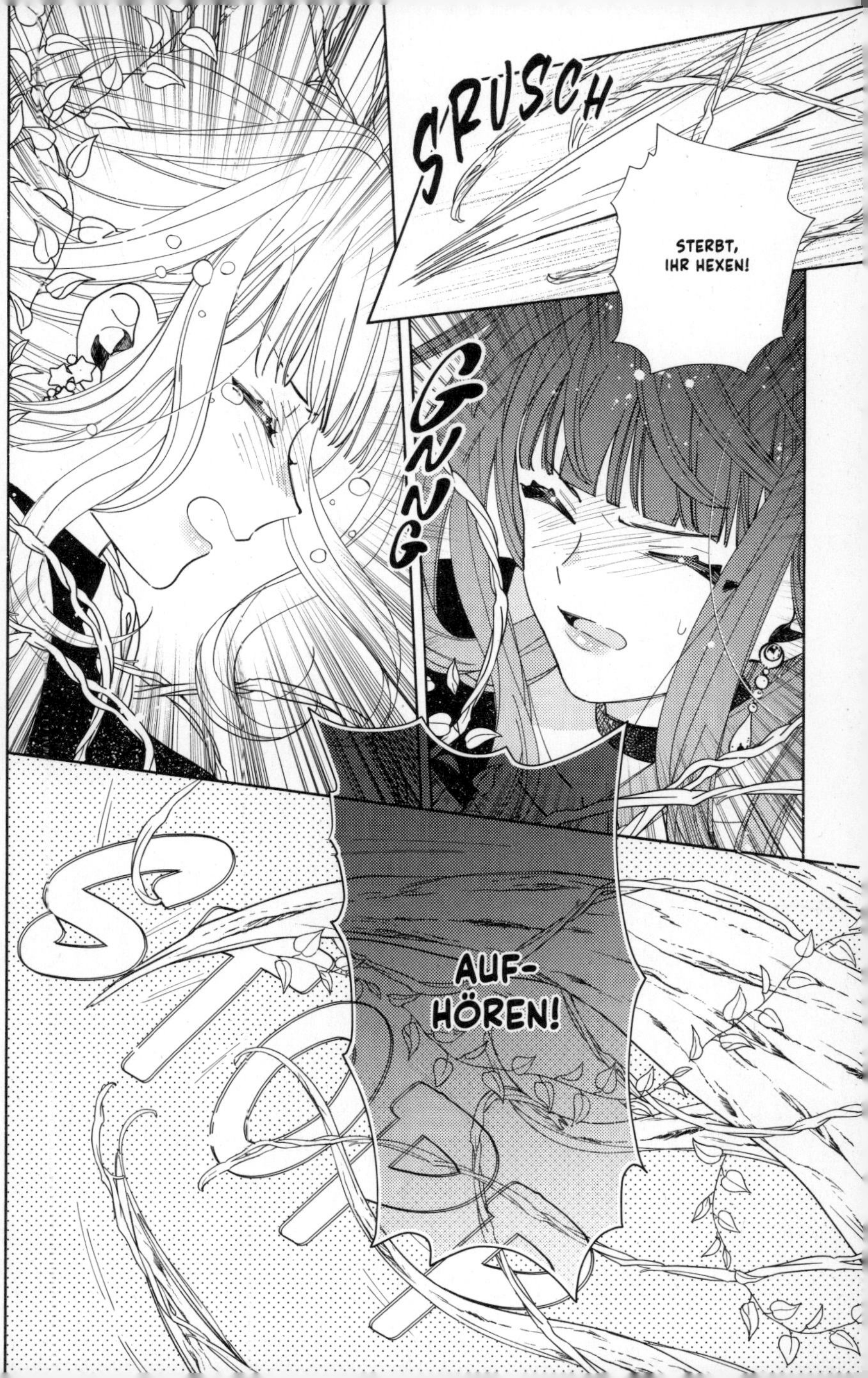
SRUSCH
STERBT, IHR HEXEN!
GNNG
AUF-HÖREN!

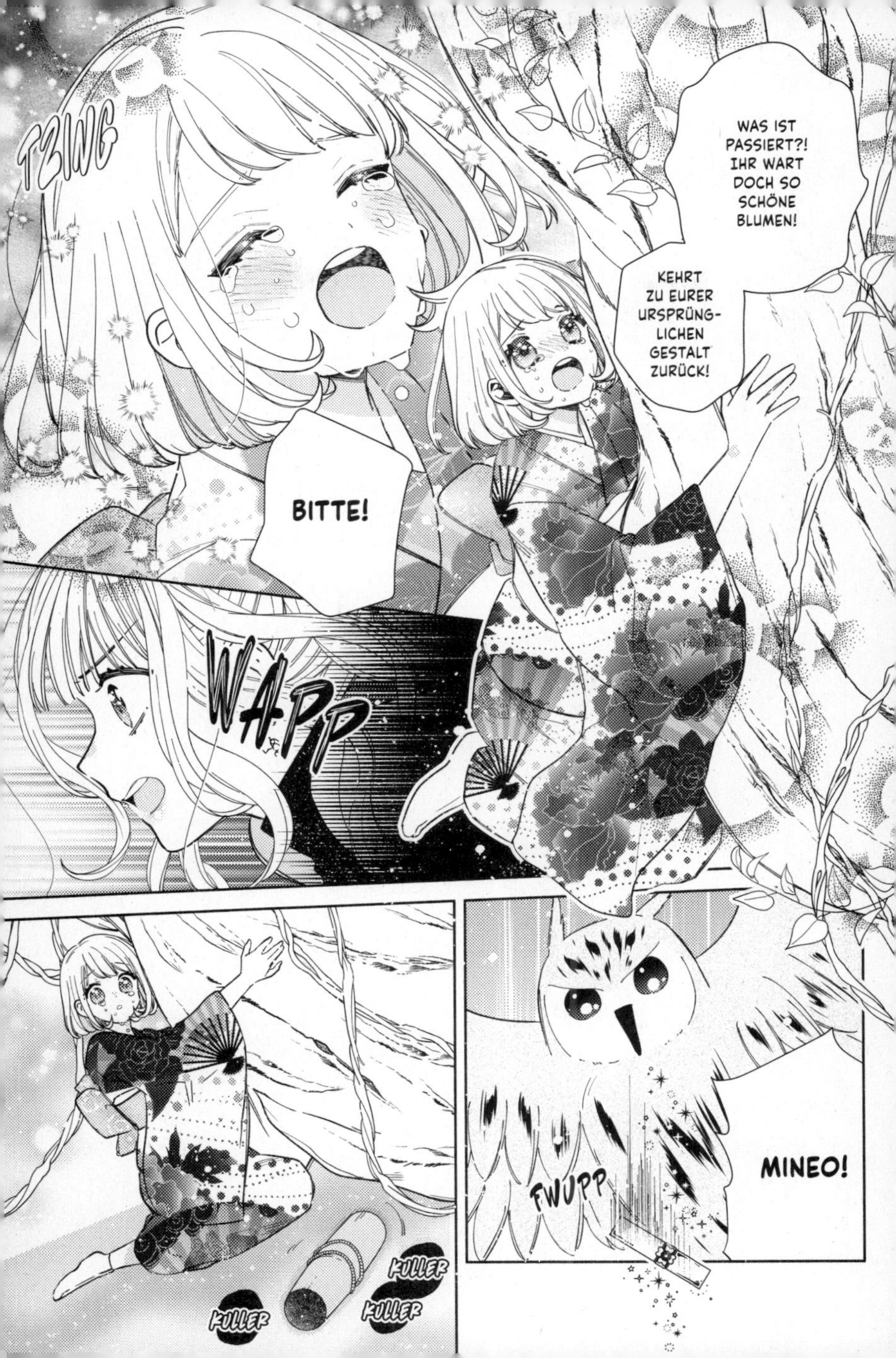
WAS IST PASSIERT?! IHR WART DOCH SO SCHÖNE BLUMEN!
KEHRT ZU EURER URSPRÜNG-LICHEN GESTALT ZURÜCK!
TZING
BITTE!
WAPP
MINEO!
FWUPP
KULLER
KULLER
KULLER

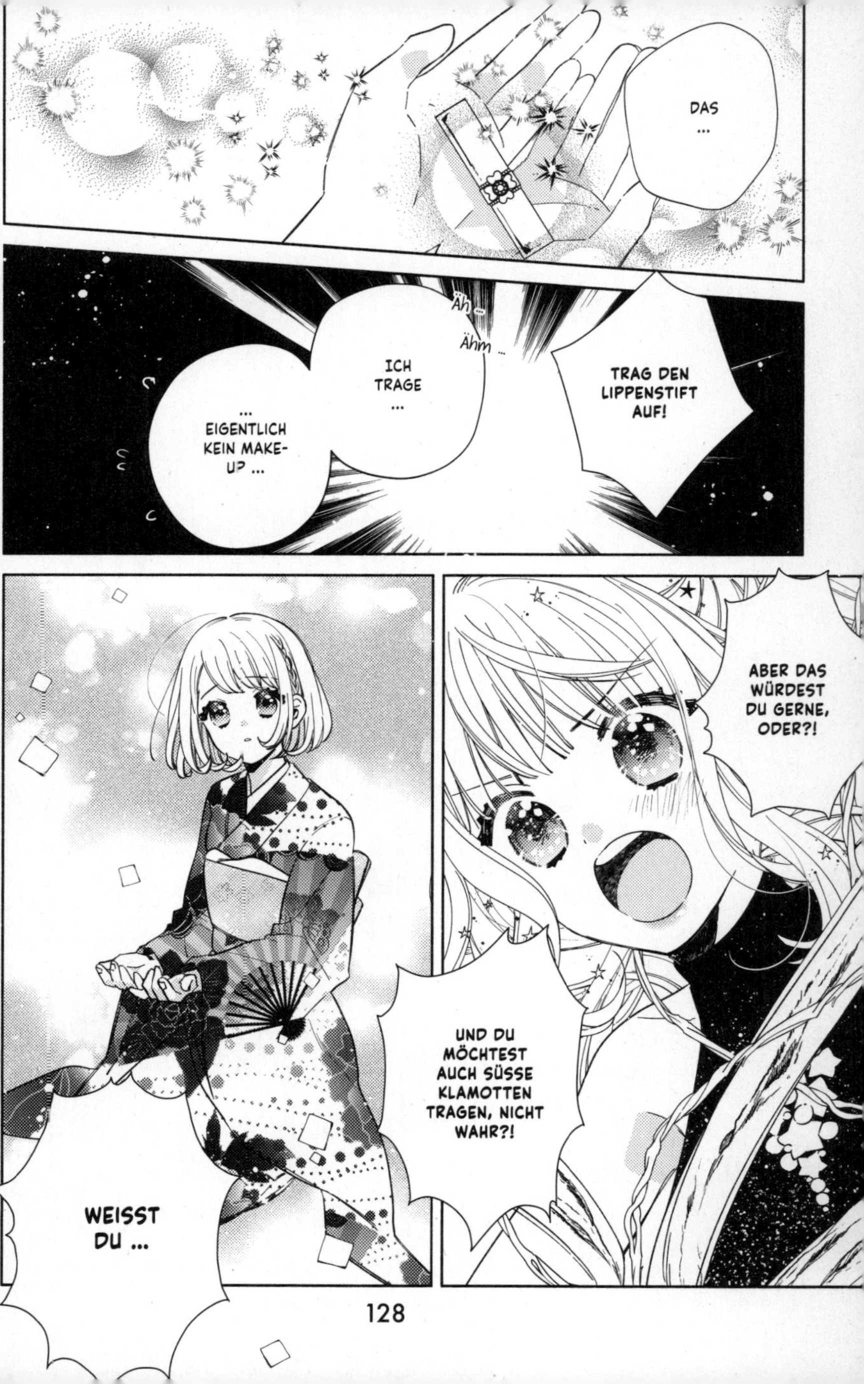
DAS ...
TRAG DEN LIPPENSTIFT AUF!
Äh ...
Ähm ...
ICH TRAGE ...
... EIGENTLICH KEIN MAKE-UP ...
ABER DAS WÜRDEST DU GERNE, ODER?!
UND DU MÖCHTEST AUCH SÜSSE KLAMOTTEN TRAGEN, NICHT WAHR?!
WEISST DU ...

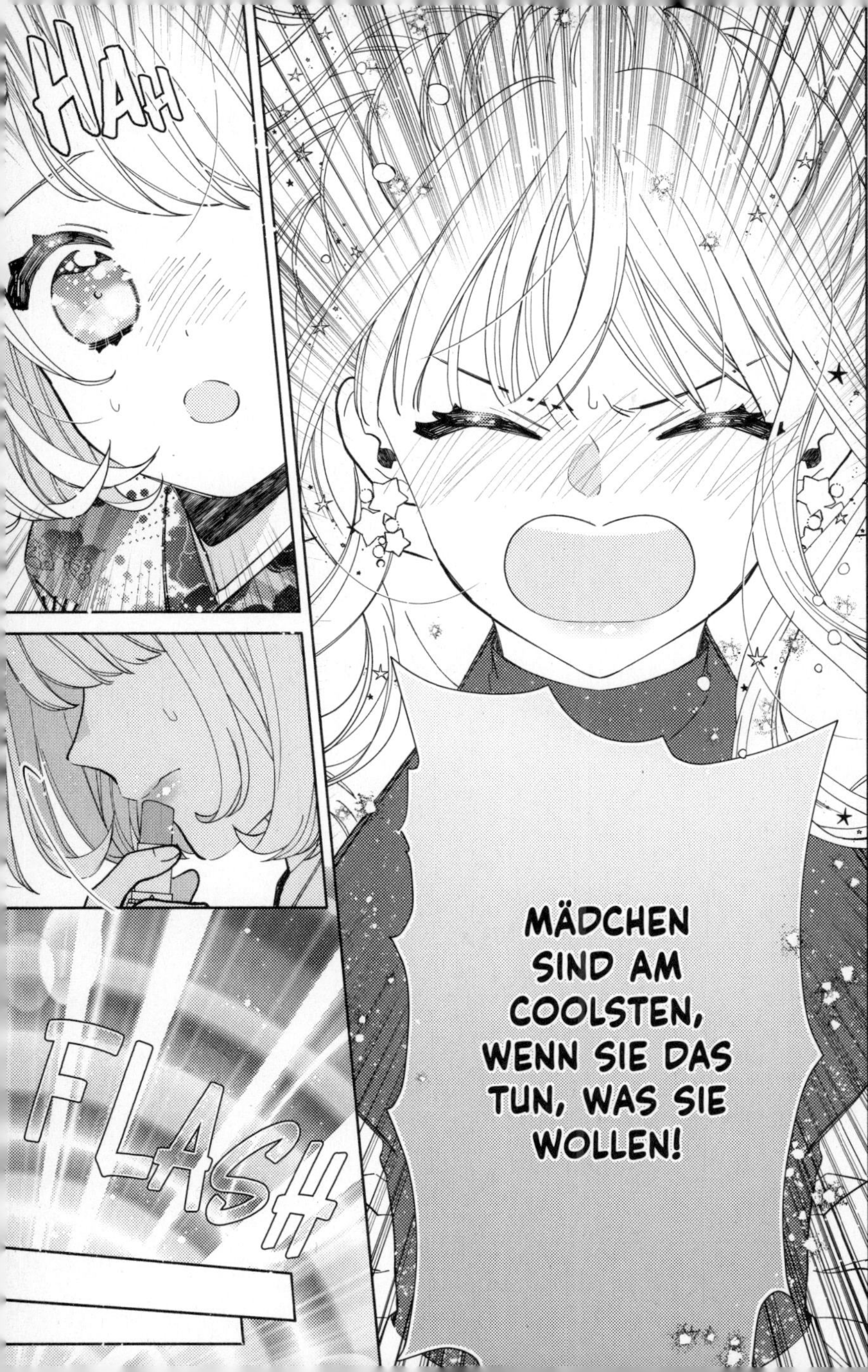
HAH
MÄDCHEN SIND AM COOLSTEN, WENN SIE DAS TUN, WAS SIE WOLLEN!
FLASH

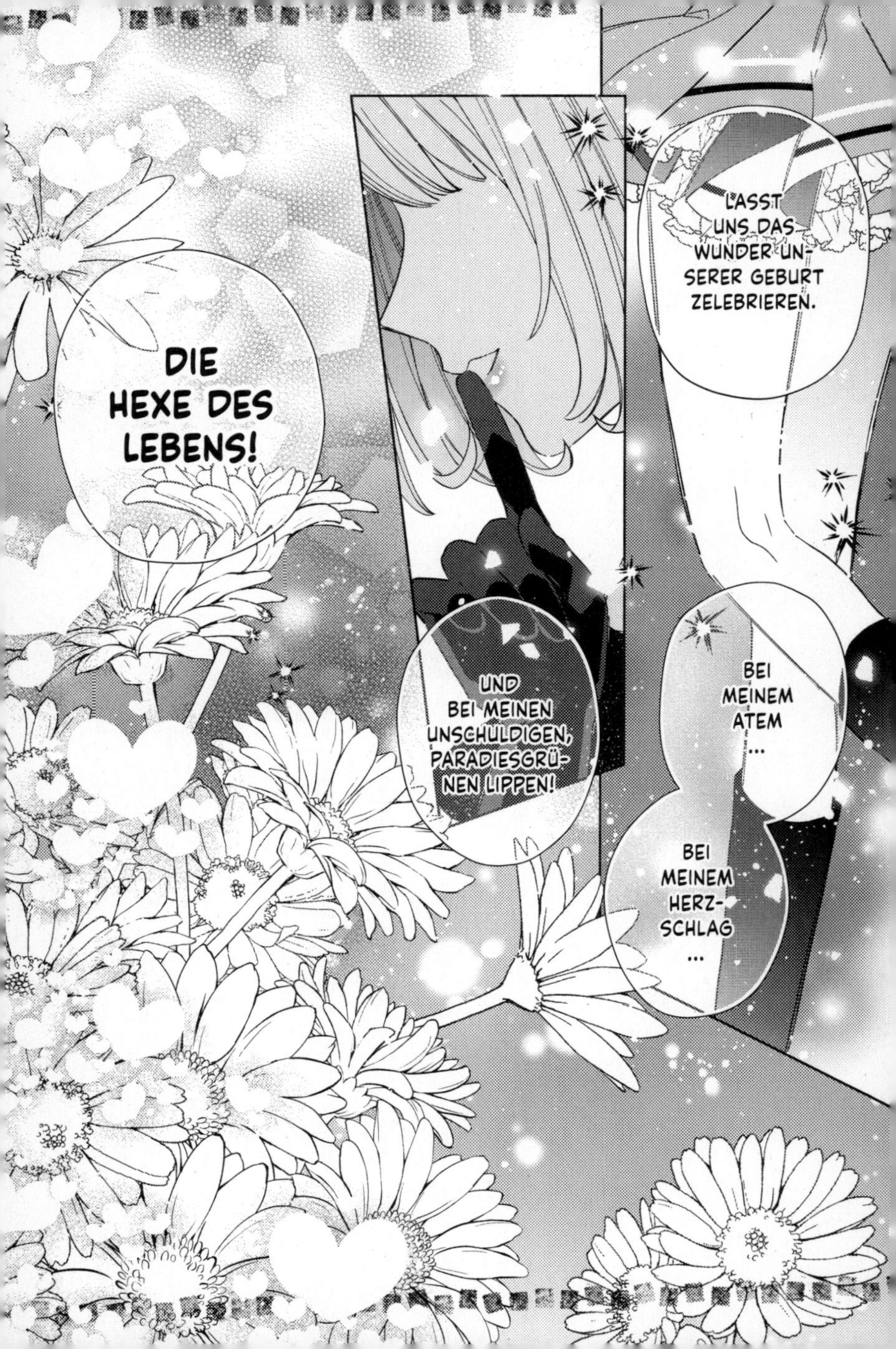
LASST UNS DAS WUNDER UNSERER GEBURT ZELEBRIEREN.
BEI MEINEM ATEM ...
BEI MEINEM HERZSCHLAG ...
UND BEI MEINEN UNSCHULDIGEN, PARADIESGRÜNEN LIPPEN!
DIE HEXE DES LEBENS!

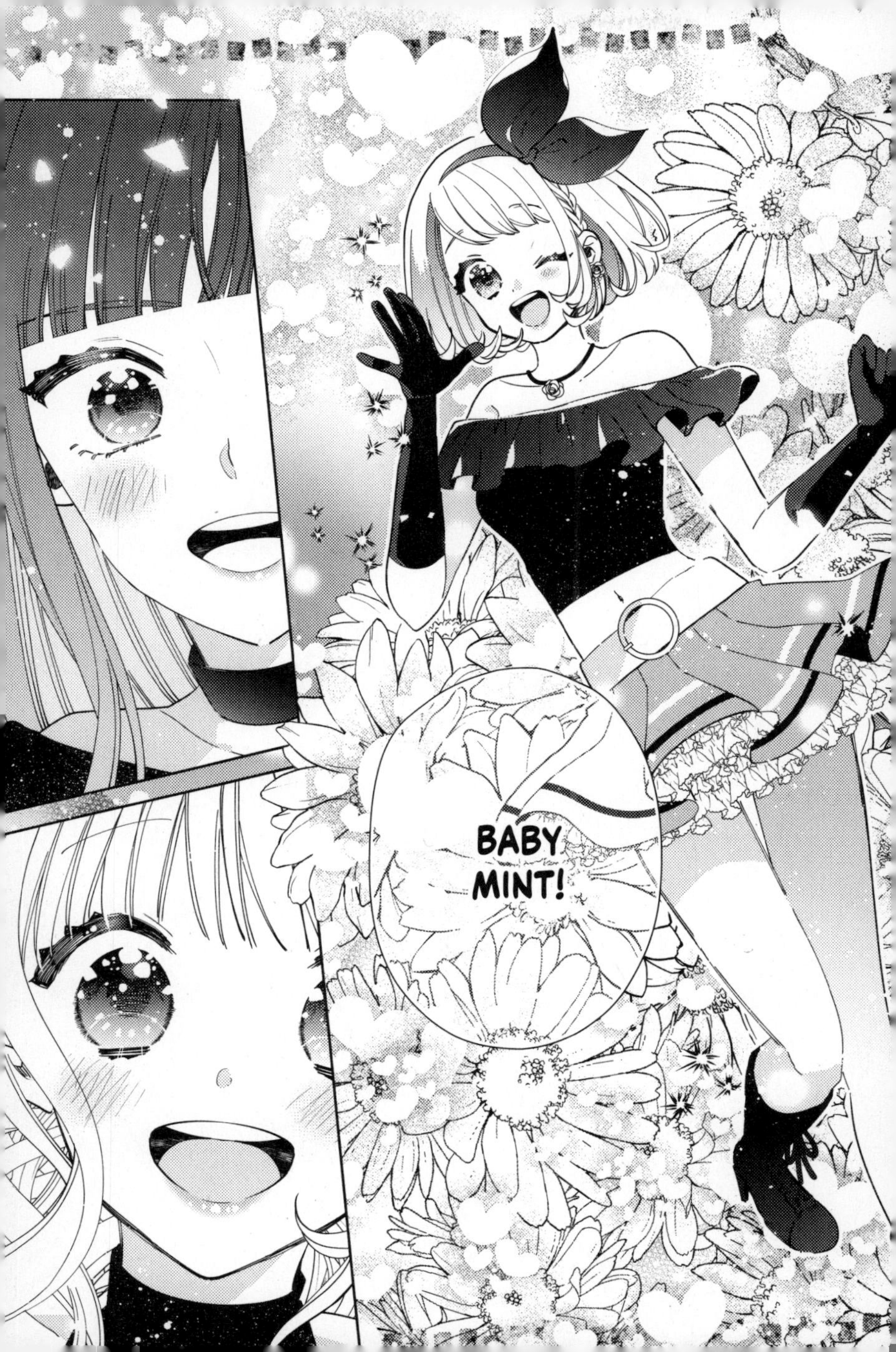
BABY MINT!

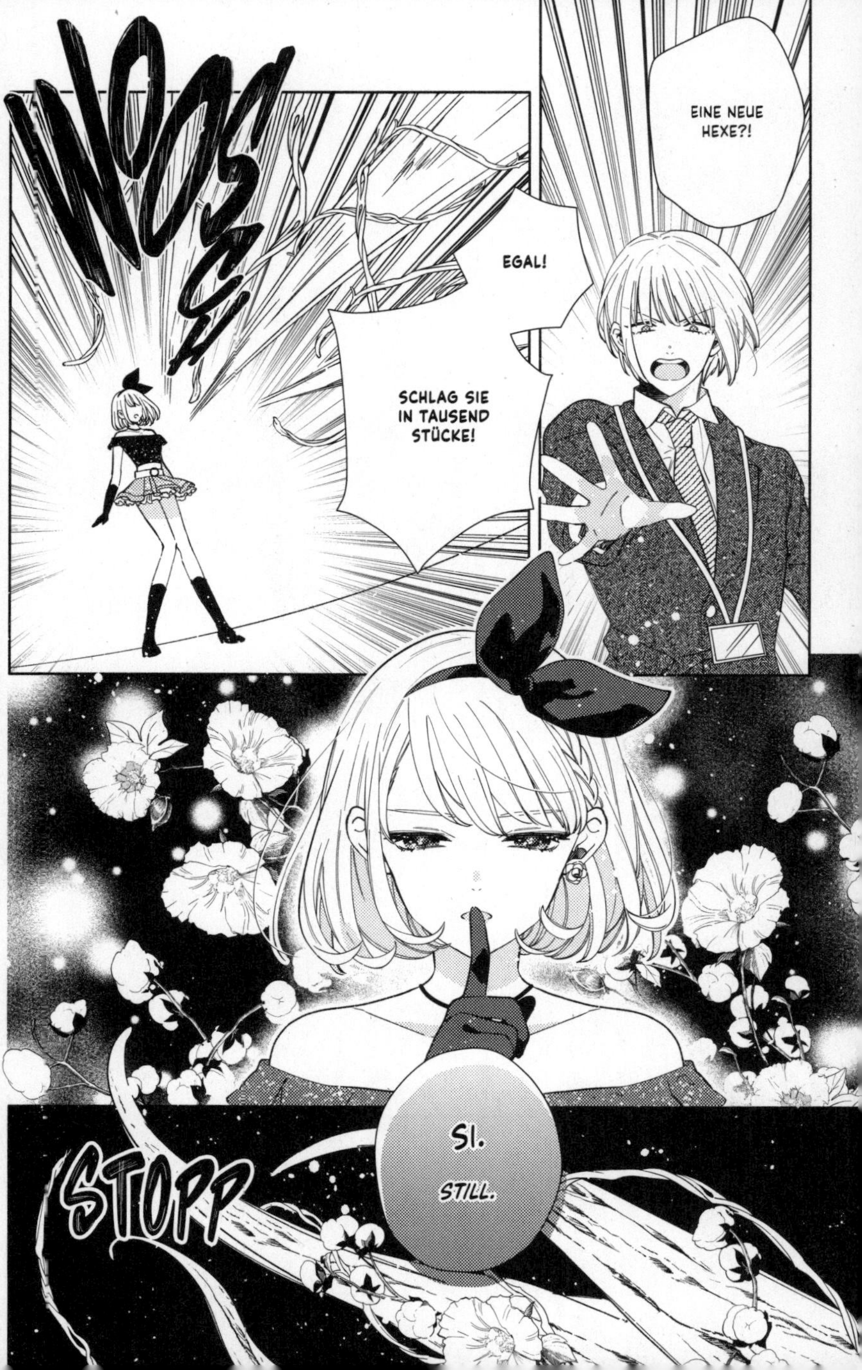
EINE NEUE HEXE?!
EGAL!
SCHLAG SIE IN TAUSEND STÜCKE!
WOOSCH
SI.
STILL.
STOPP

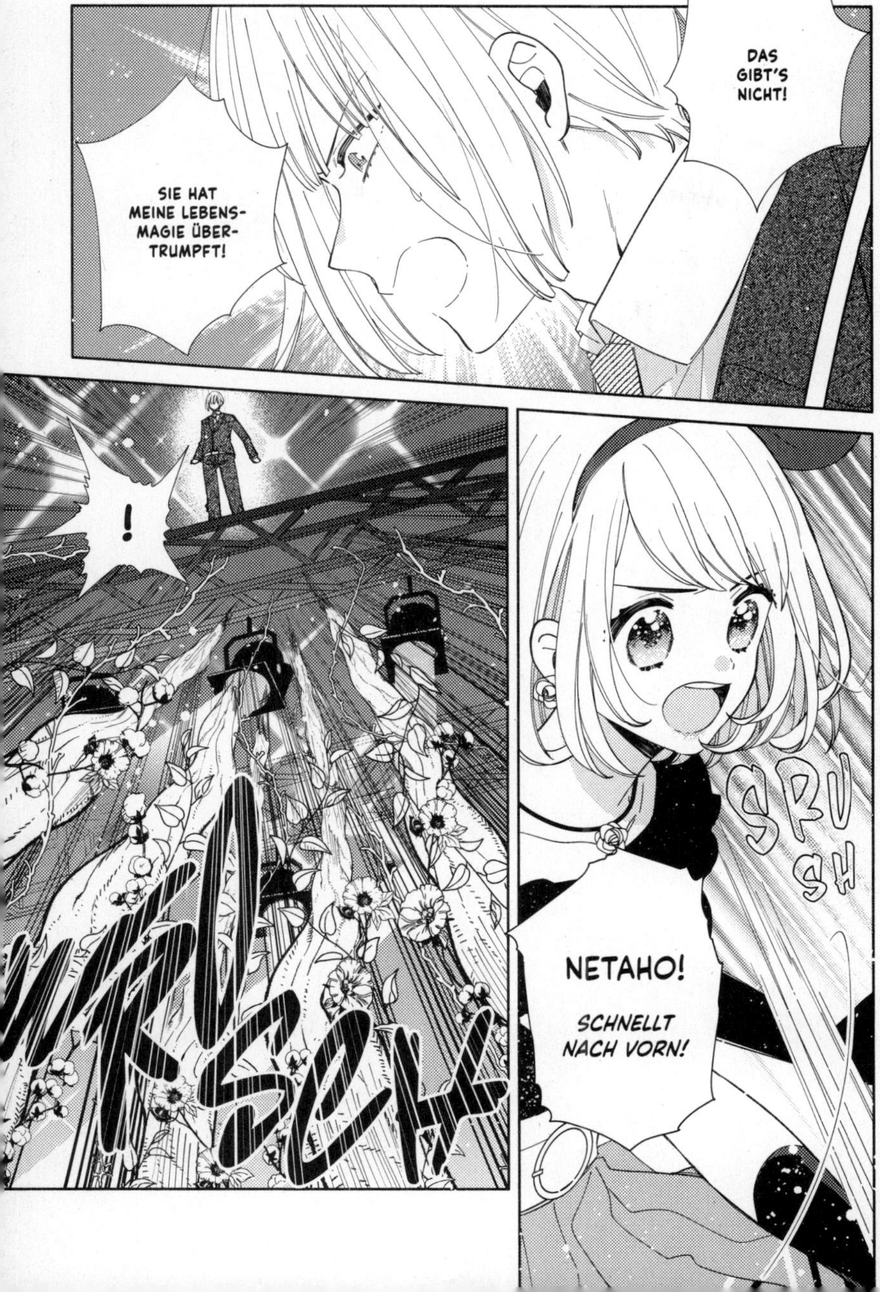
DAS GIBT'S NICHT!
SIE HAT MEINE LEBENS-MAGIE ÜBER-TRUMPFT!
SRUSH
NETAHO!
SCHNELLT NACH VORN!
!

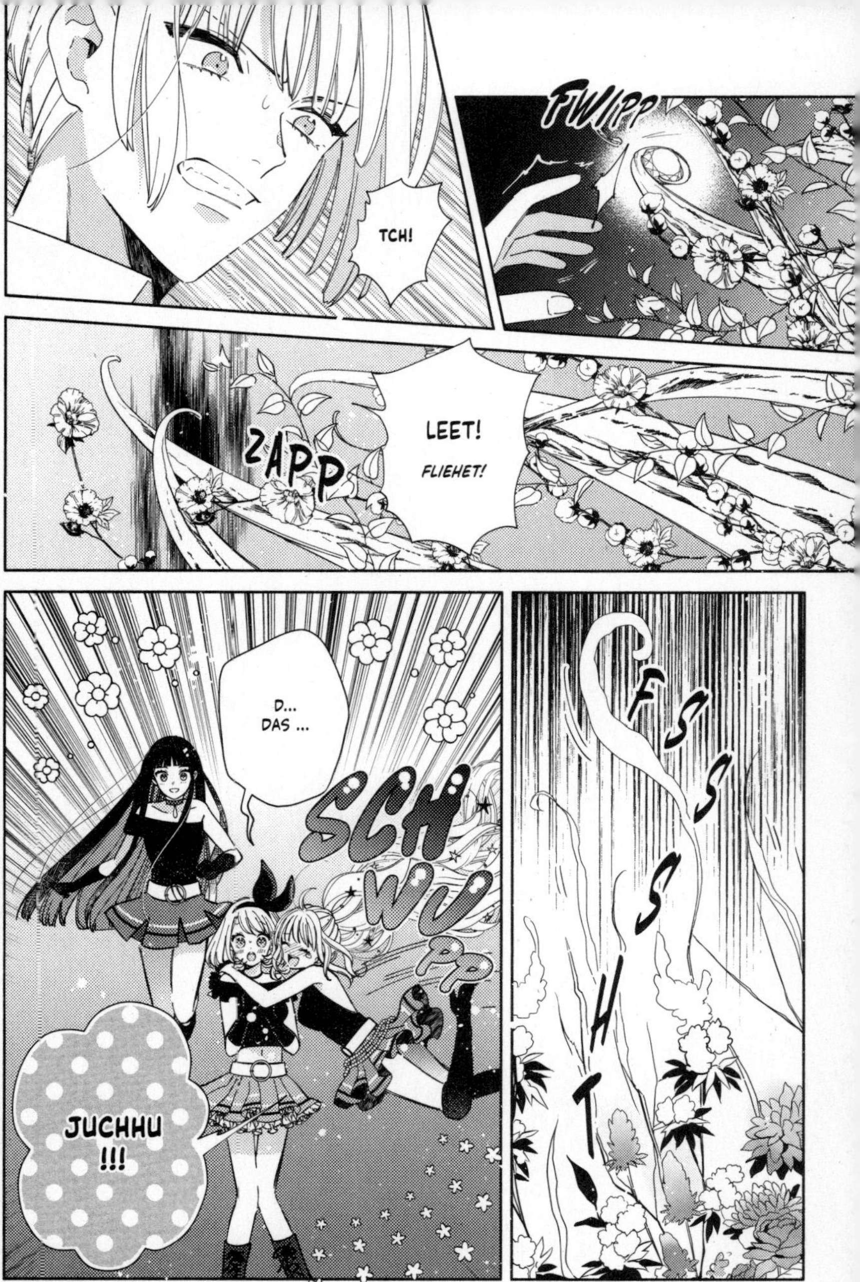
FWIPP
TCH!
LEET!
FLIEHET!
ZAPP
FSSSHT
SCHWUPP
D... DAS ...
JUCHHU !!!

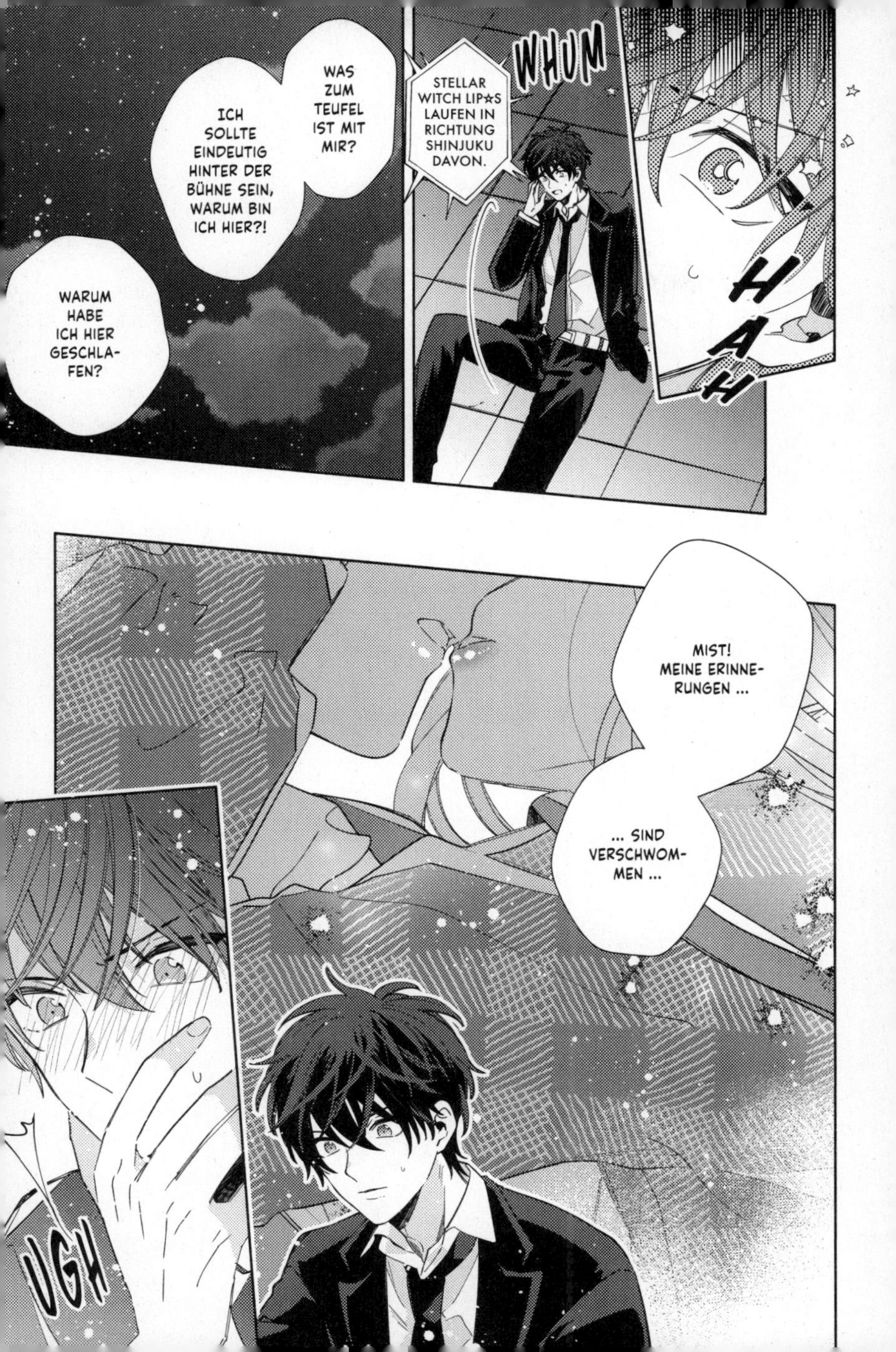
HAH
WHUM
STELLAR WITCH LIP☆S LAUFEN IN RICHTUNG SHINJUKU DAVON.
WAS ZUM TEUFEL IST MIT MIR?
ICH SOLLTE EINDEUTIG HINTER DER BÜHNE SEIN, WARUM BIN ICH HIER?!
WARUM HABE ICH HIER GESCHLAFEN?
MIST! MEINE ERINNERUNGEN ...
... SIND VERSCHWOMMEN ...
UGH

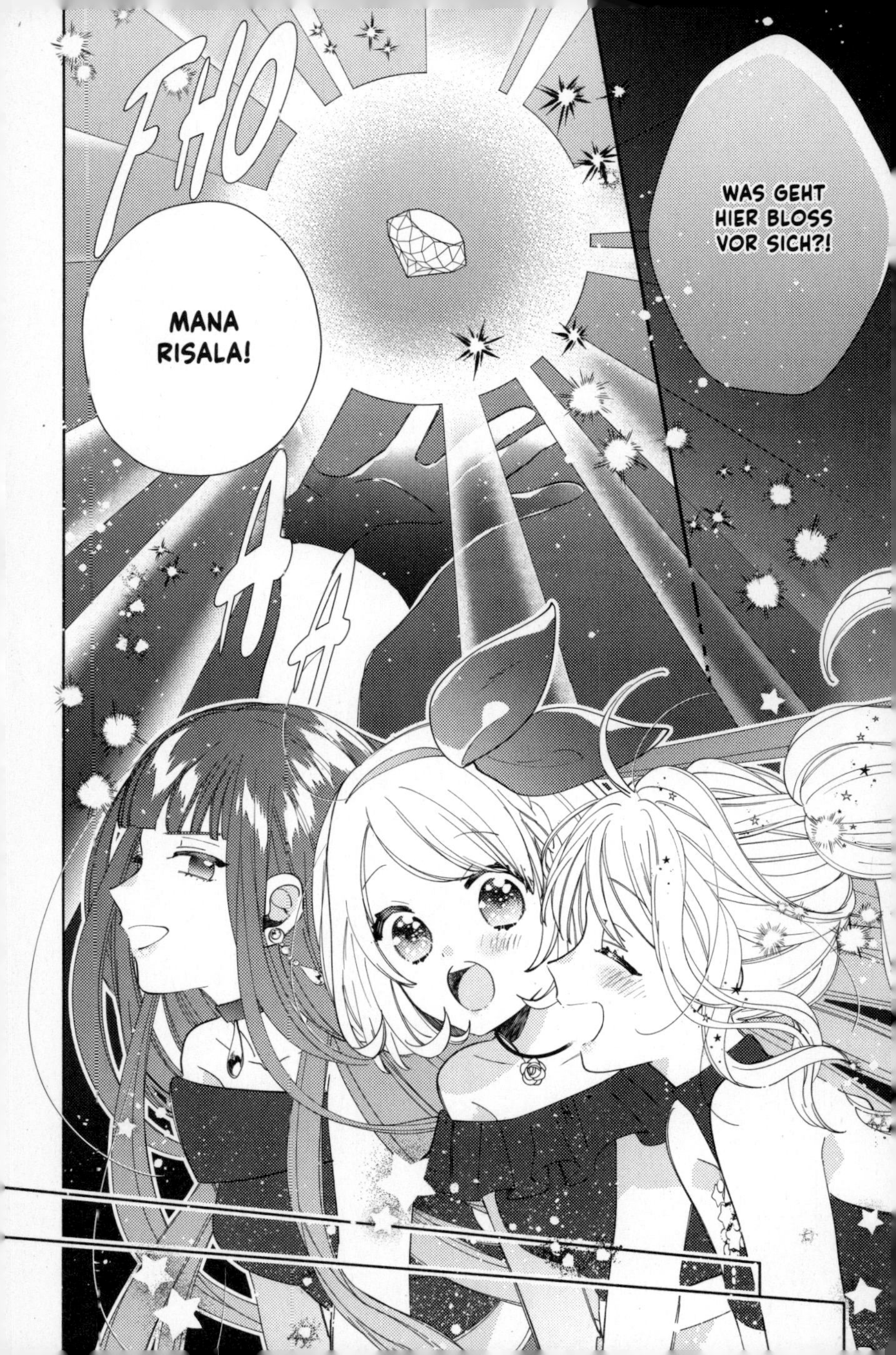
WAS GEHT HIER BLOSS VOR SICH?!
FHO
MANA RISALA!

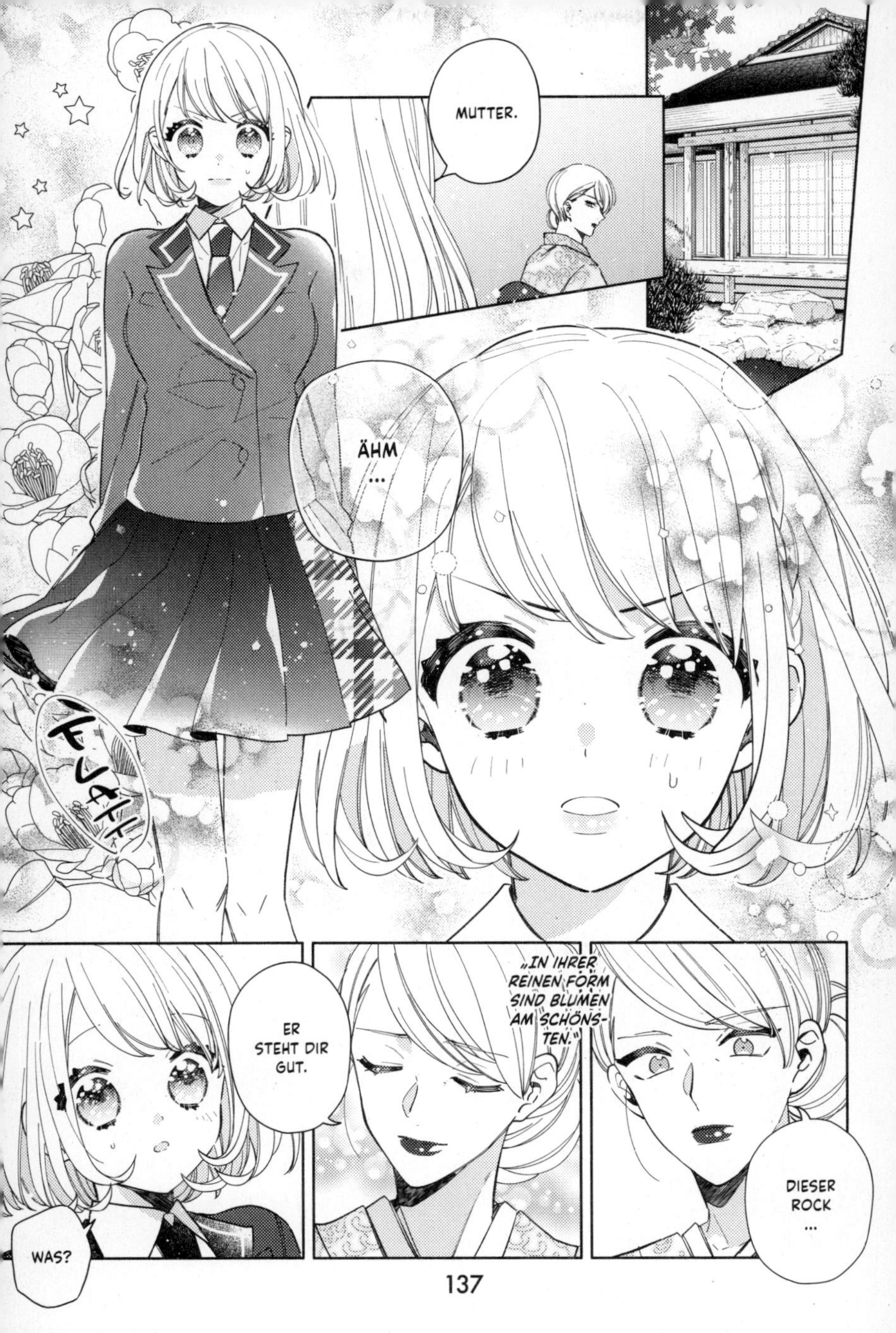
MUTTER.
ÄHM ...
FLATT
DIESER ROCK ...
„IN IHRER REINEN FORM SIND BLUMEN AM SCHÖNS-TEN."
ER STEHT DIR GUT.
WAS?

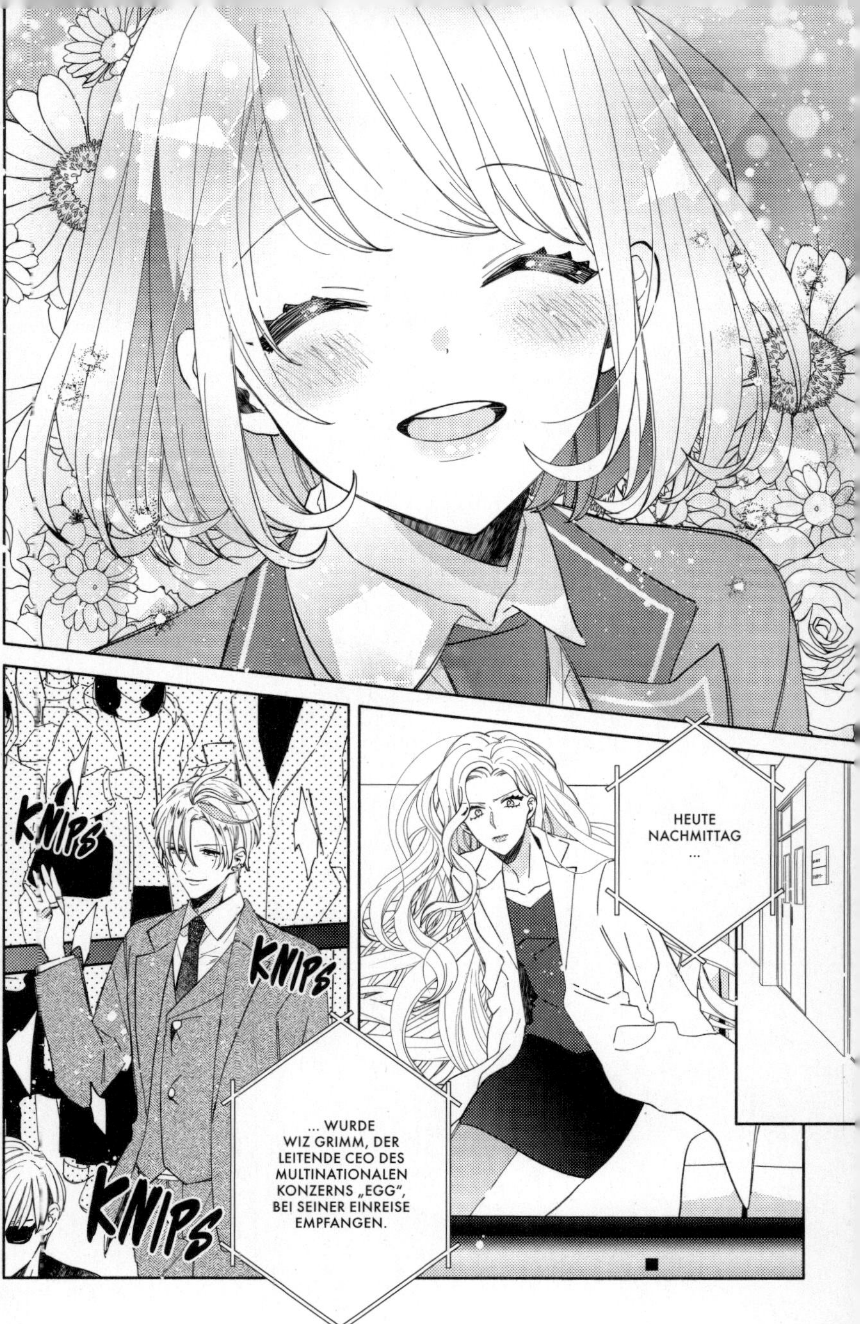
HEUTE NACHMITTAG …
KNIPS
KNIPS
KNIPS
… WURDE WIZ GRIMM, DER LEITENDE CEO DES MULTINATIONALEN KONZERNS „EGG“, BEI SEINER EINREISE EMPFANGEN.

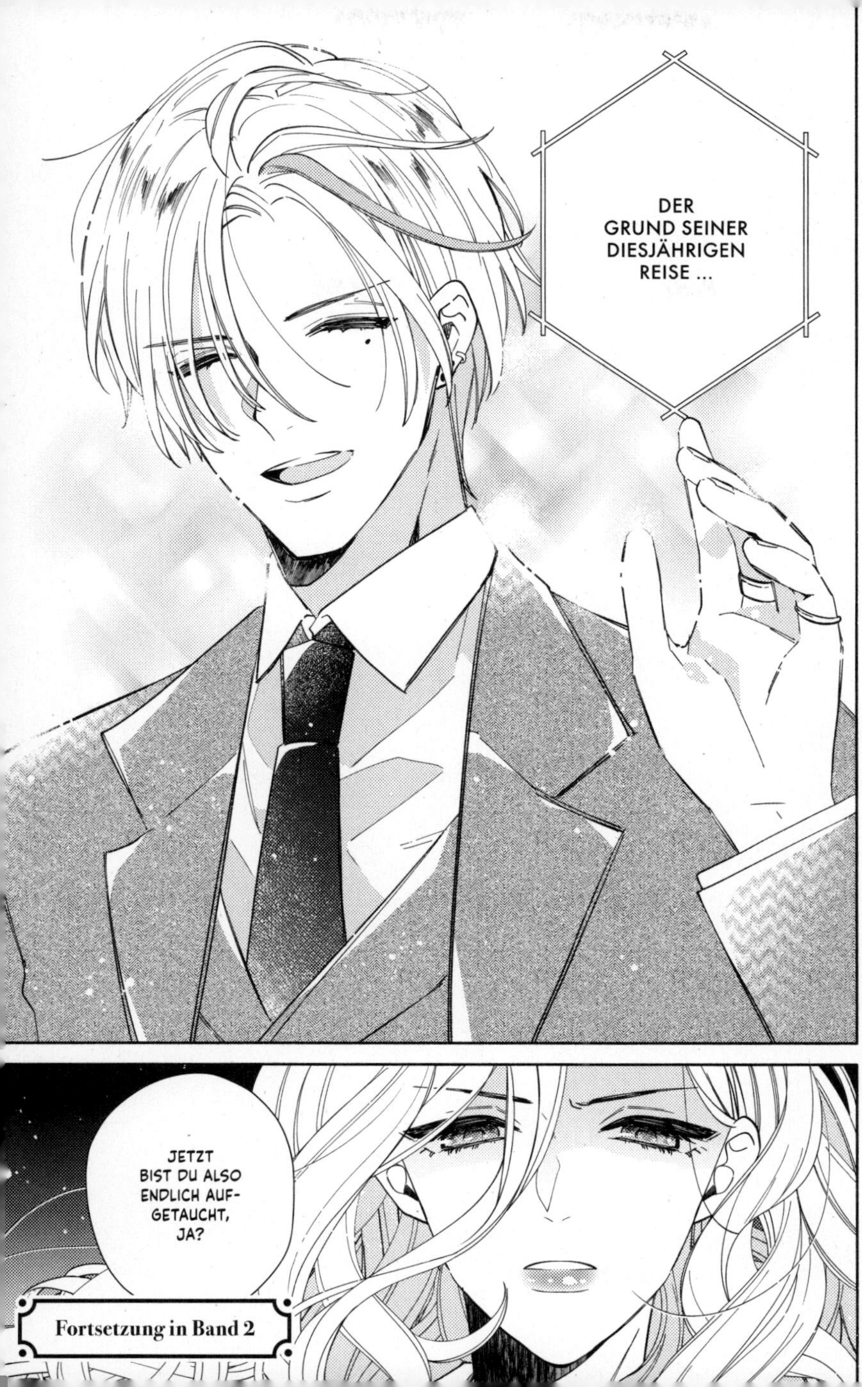
DER GRUND SEINER DIESJÄHRIGEN REISE ...
JETZT BIST DU ALSO ENDLICH AUF-GETAUCHT, JA?
Fortsetzung in Band 2

Stellar Witch LIPS

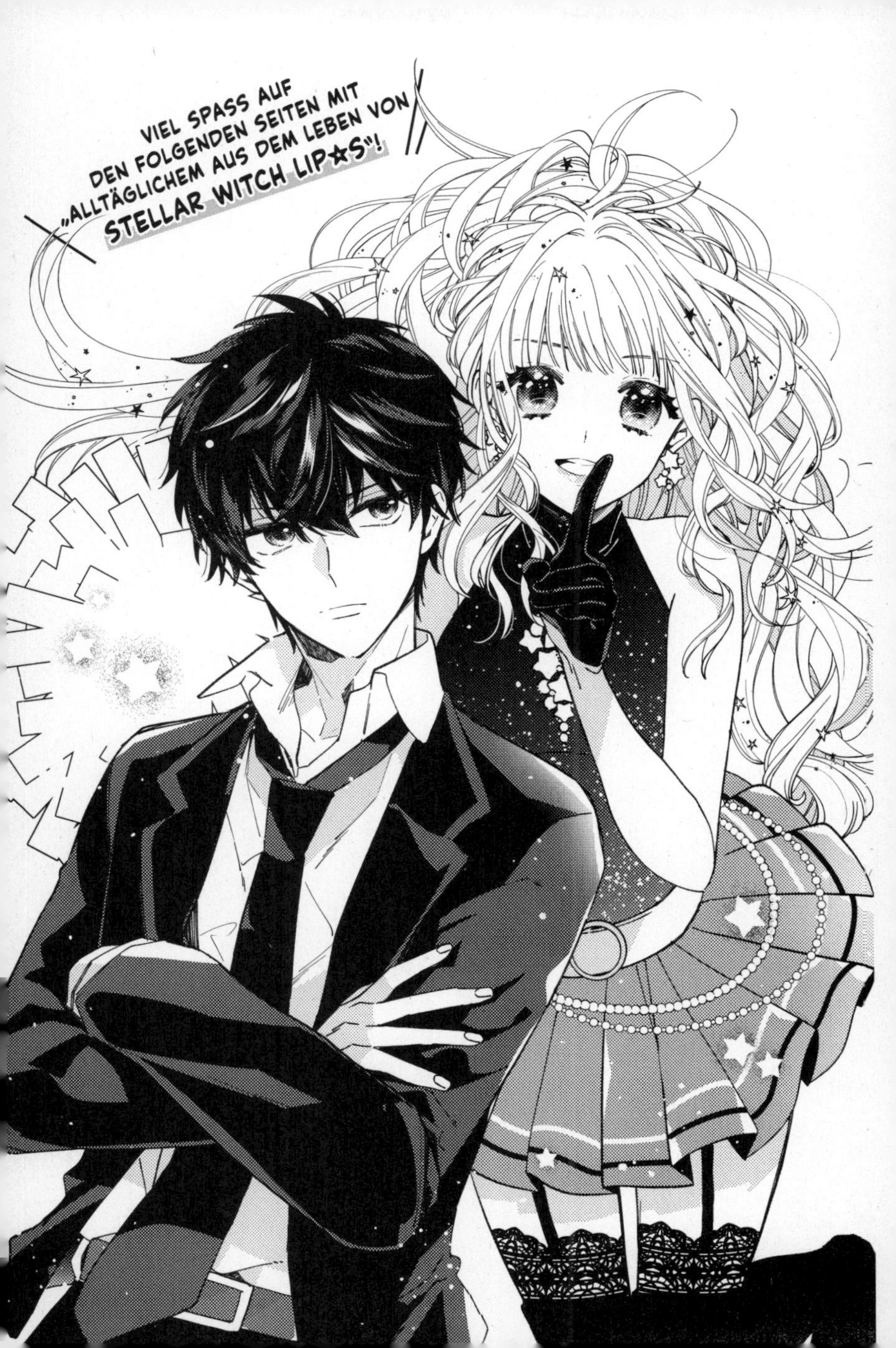
VIEL SPASS AUF DEN FOLGENDEN SEITEN MIT „ALLTÄGLICHEM AUS DEM LEBEN VON STELLAR WITCH LIP☆S"!

MARIS ALLTAG NR. 1

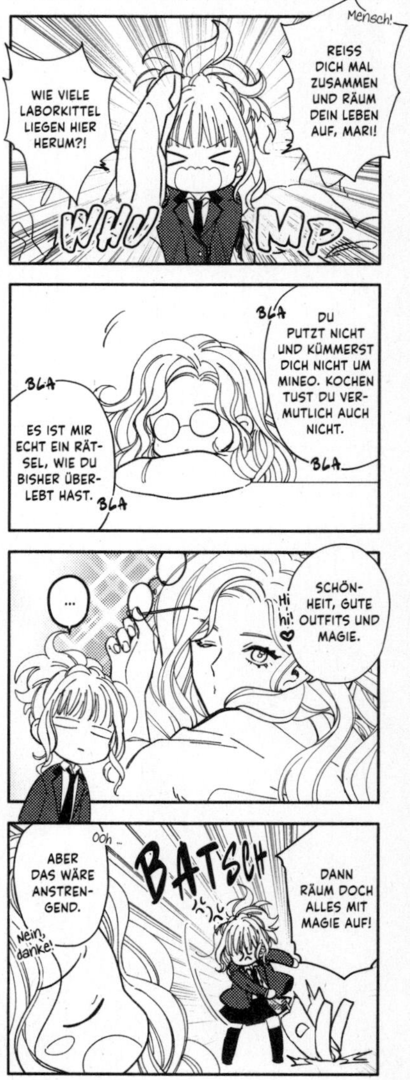

MARIS ALLTAG NR. 2

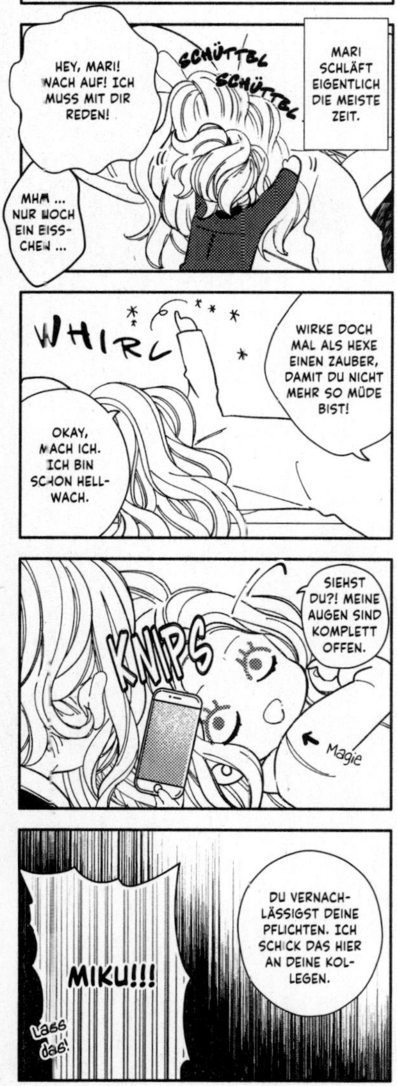

SHIZUKUS GEBRAUCHSANWEISUNG ♡

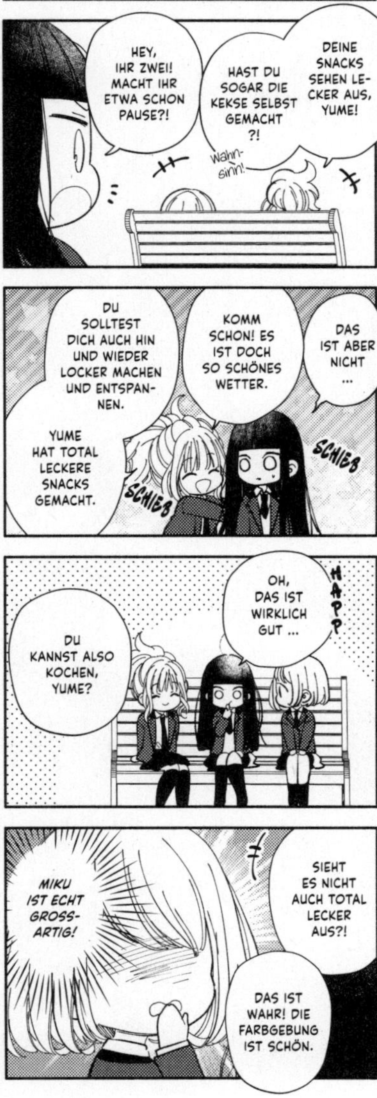

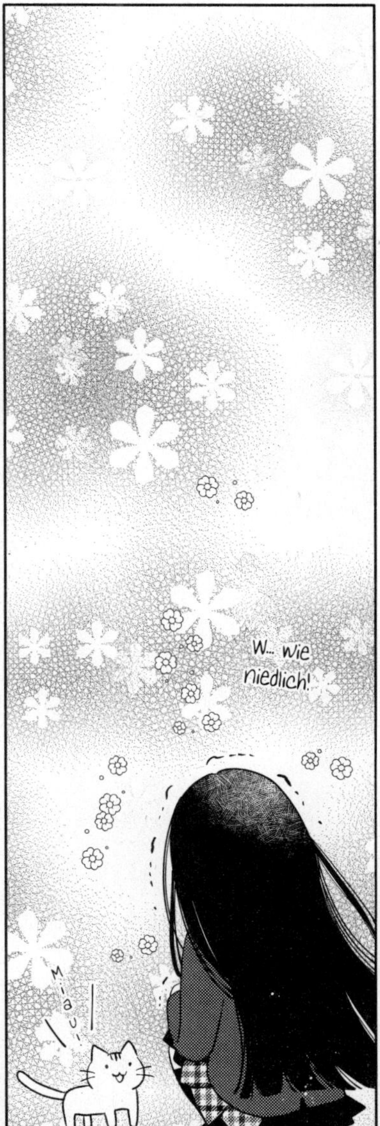

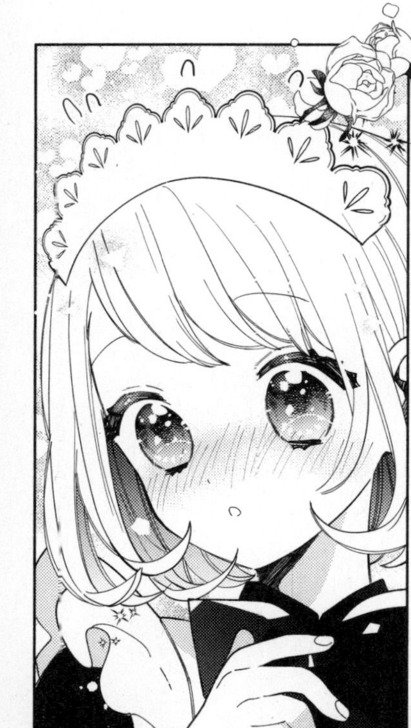

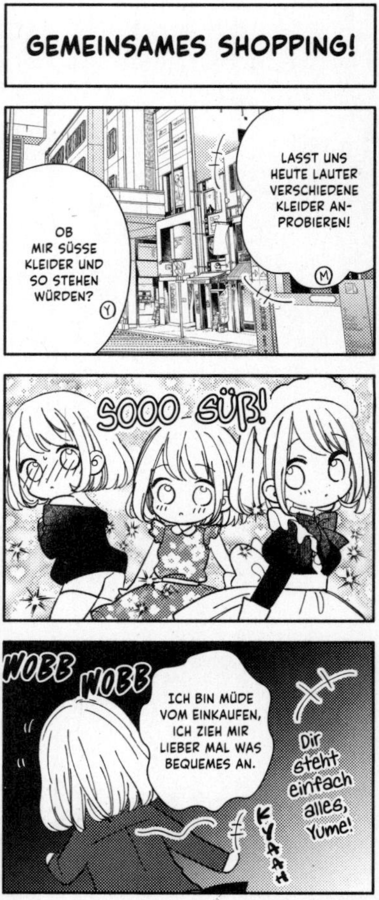
GEMEINSAMES SHOPPING!
LASST UNS HEUTE LAUTER VERSCHIEDENE KLEIDER AN-PROBIEREN!
OB MIR SÜSSE KLEIDER UND SO STEHEN WÜRDEN?
SOOO SÜß!
WOBB WOBB
Dir steht einfach alles, Yume!
KYAAH
ICH BIN MÜDE VOM EINKAUFEN, ICH ZIEH MIR LIEBER MAL WAS BEQUEMES AN.
Puh ...
IN DIESEN SACHEN FÜH-LE ICH MICH AM WOHLS-TEN.
...

KRASSE MAGIE NR. 1

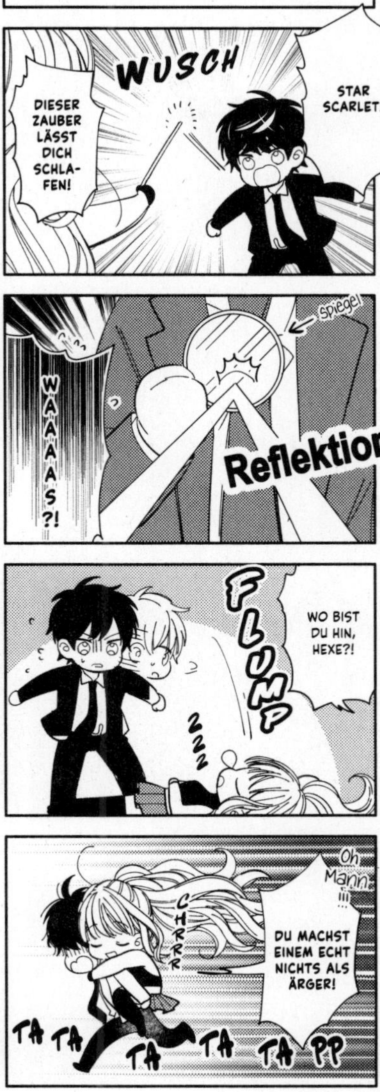

KRASSE MAGIE NR. 2

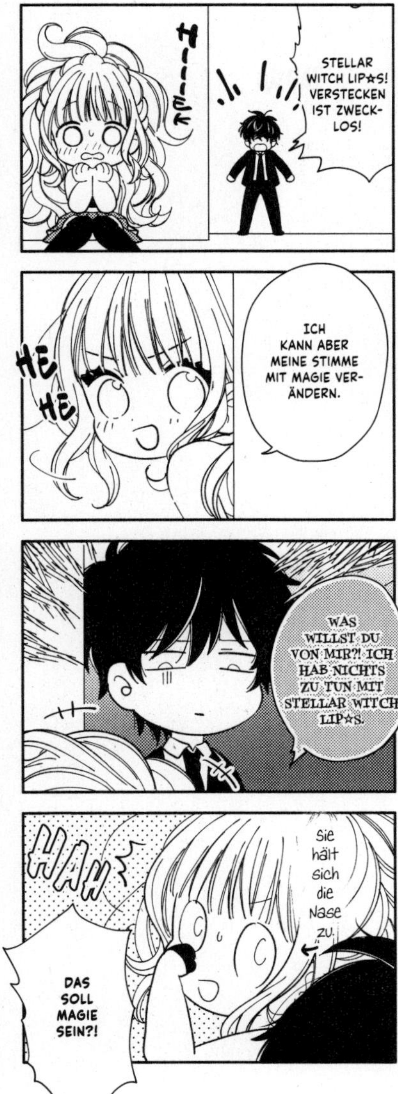

EINE WARNUNG?!

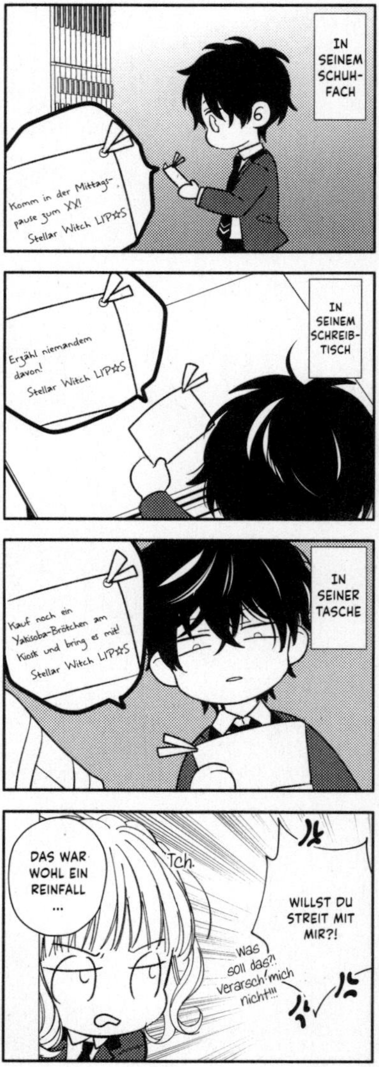

EINE KARIKATUR VON STELLAR WITCH LIP☆S?!

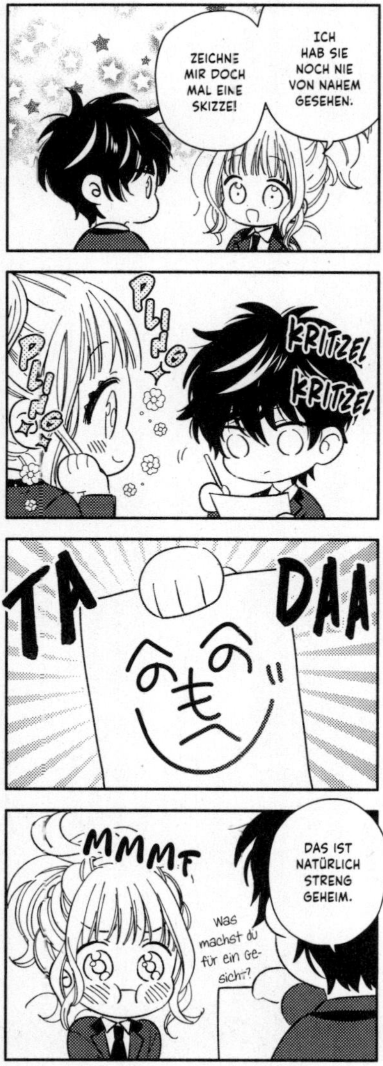

Stellar Witch
LIPS

Große Enthüllungen!

Charakterskizzen von Stellar Witch LIP☆S

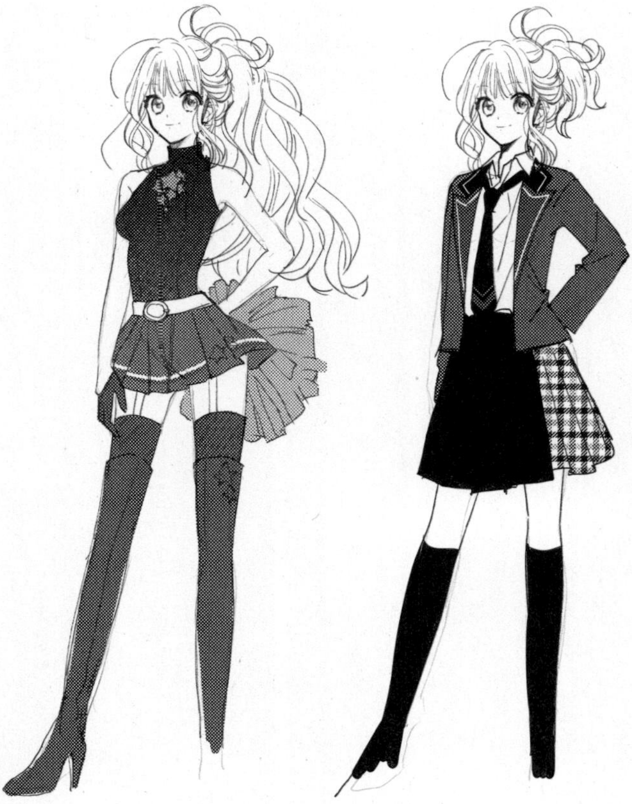

Miku Hoshino

Star Scarlet

SIE GEHT IN DIE ZEHNTE KLASSE UND IST EIN GEWÖHNLICHES MÄDCHEN, DAS DIE IDOLGRUPPE M.A.G LIEBT. ICH HABE MIR DEN KOPF DARÜBER ZERBROCHEN, WIE ICH DIE ÄRMEL UND STERN-ACCESSOIRES AN IHREM TOP GESTALTEN SOLLTE. DA DAS DESIGN DER SCHULUNIFORM EBENFALLS SEHR WICHTIG IST, HABE ICH MIR ZEIT GENOMMEN UND EINIGES MIT DEN KLAMOTTEN AUSPROBIERT. IHRE HAARE WERDEN BEI DER VERWANDLUNG LÄNGER! (LACH)
DAS MOTIV ALS CHEERLEADERIN MIT POMPONS KÖNNTE IN DEN KOMMENDEN BÄNDEN AUFTAUCHEN ... VIELLEICHT!

Stellar Witch

LIPS

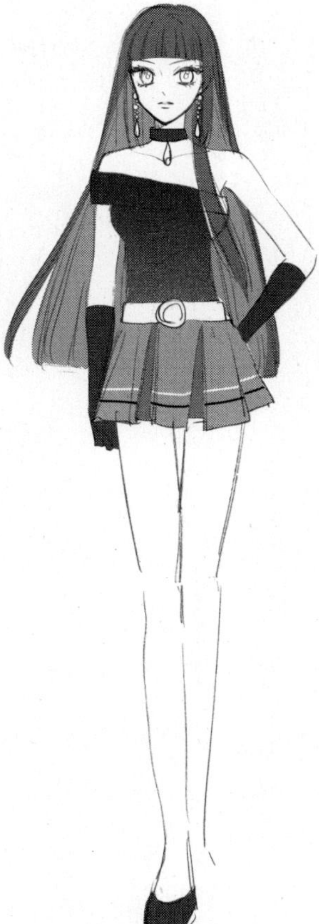

Shizuku Shijo

Cool Violet

SIE GEHT IN DIE ZEHNTE KLASSE, DIE KLUGE, KÜHLE UND BILDHÜBSCHE SCHULSPRECHERIN. DOCH SIE WEISS AUCH GANZ GENAU, WAS MÄDCHEN IN WAHRHEIT DENKEN! IHRE FRISUR STAND SOFORT FEST UND IHRE HAARE HABEN EINEN GEWISSEN FARBLICHEN SCHIMMER ... IHR ENTSCHLOSSENER BLICK IST IHR HAUPT-FEATURE.

Stellar Witch LIPS

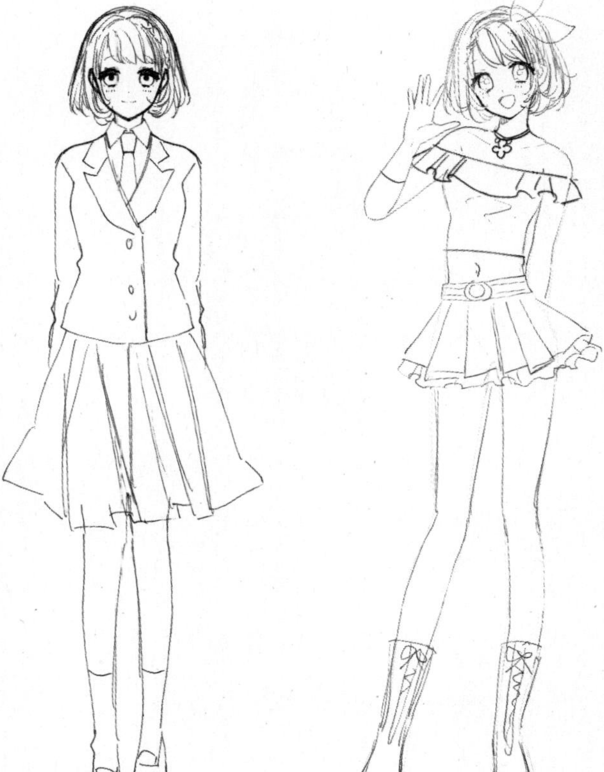

Yume Uehara

Baby Mint

SIE GEHT IN DIE ZEHNTE KLASSE UND IST TOCHTER UND ERBIN DER BERÜHMTEN SOKA-SCHULE FÜR BLUMENARRANGEMENTS. WEIL SIE LEBENSMAGIE VERWENDET, SIND BLUMEN IHR LEITMOTIV. NORMALERWEISE IST SIE BRAV UND ZURÜCKHALTEND, DOCH SIE KANN AUCH MAL SEHR GIRLY SEIN. SIE IST DER TYP MÄDCHEN, DER TOTAL BELIEBT SEIN SOLLTE! (LACH)
SIE HAT RÜSCHEN AM BRUSTTEIL IHRES OBERTEILS SOWIE ALS EINZIGE AUCH RÜSCHEN UNTER IHREM ROCK.

Stellar Witch LIPS

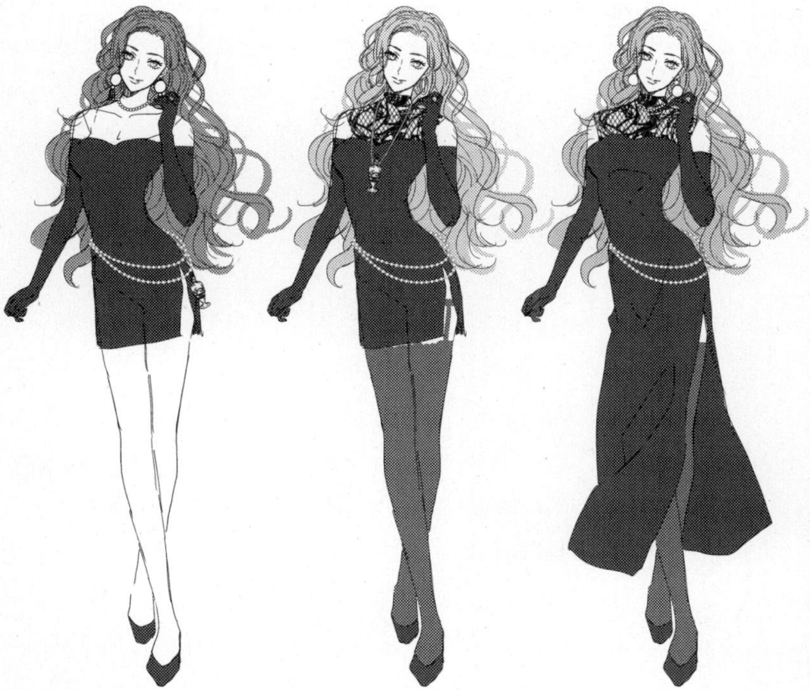

Mari Yurizono

Mari, die fünfte Hexe der Nacht

ALTER UNBEKANNT. (LACH) SIE IST MIKUS NATURWISSENSCHAFTS- UND KLASSENLEHRERIN. SIE LEBT IN DER SCHULE. SIE IST UNORDENTLICH UND NICHT GUT DARIN, ZU PUTZEN ... WENN SIE SICH JEDOCH IN EINE HEXE VERWANDELT, WIRD SIE ZU EINER UNVERGLEICHLICHEN, SEXY SCHÖNHEIT! SIE IST HINREISSEND, ABER ... NA JA, DIE REDAKTION WOLLTE, DASS ICH IHR DAS IMAGE EINER FRAU AUS DEN ACHTZIGERN GEBE. (LACH)

Stellar Witch LIPS

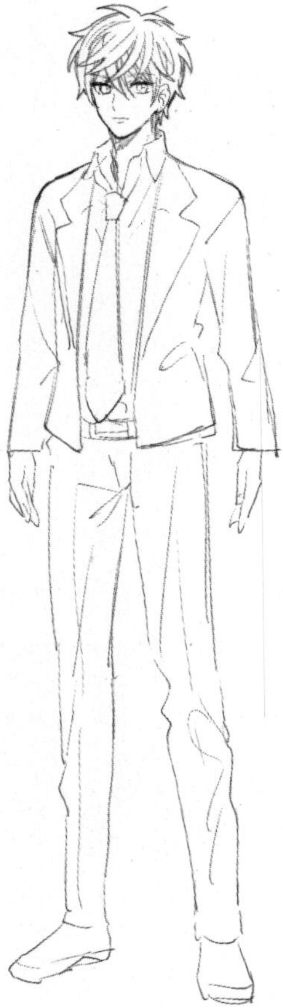

Ryusei Azuchi

Schüler und Kommissar bei Interpol

BEI RYUSEI HABE ICH MICH EBENFALLS ERSTAUNLICH SCHNELL FÜR EINEN LOOK ENTSCHIEDEN. DIE REDAKTION WAR OFFENBAR AUCH BEGEISTERT DAVON, DENN ES HIESS NUR: „DER IST JA SUPERCOOL!" (LACH) OBWOHL ER NOCH EIN SCHÜLER IST, ACHTE ICH DARAUF, DASS ER EHER ALS ERWACHSENER JUNGER MANN RÜBERKOMMT, DEM AUCH ANZÜGE STEHEN. ICH FREUE MICH SCHON SEHR DARAUF, WIE SICH VON NUN AN SEINE BEZIEHUNG ZU MIKU/STAR SCARLET ENTWICKELN WIRD.

Stellar Witch LIPS

Die gut aussehenden bösen Magier

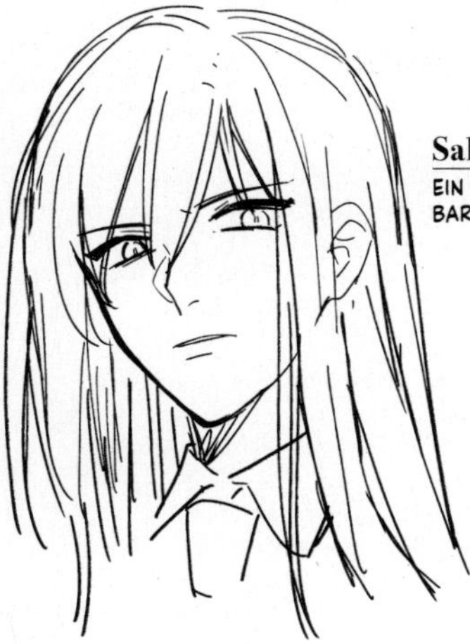

Sala

EIN LANGHAARIGER KERL, DER LEICHT REIZBAR ZU SEIN SCHEINT.

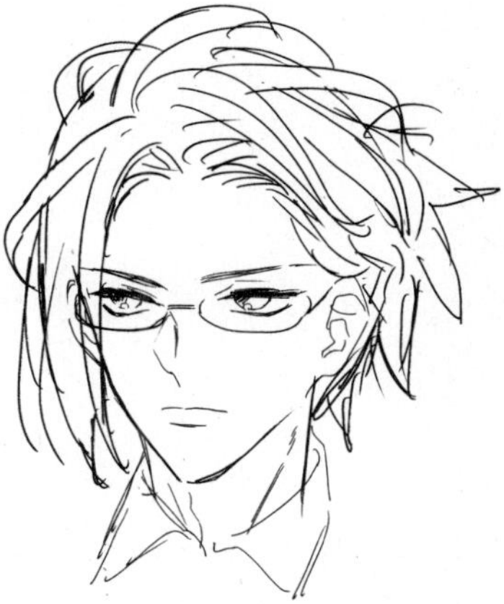

Undine

ICH WOLLTE IHM DURCH DIE BRILLE EIN INTELLEKTUELLES IMAGE UND EINE ERWACHSENE AURA VERPASSEN.

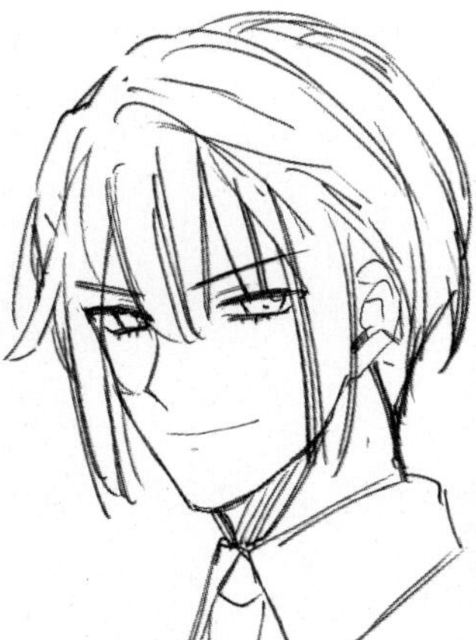

Sylphid

ER WIRKT ETWAS FEMININ. SEINE FRISUR IST ZIEMLICH SPEZIELL.

Nachwort

„Stellar Witch LIP☆S" sind Hexen und magische Diebinnen.
„Hexen" werden als böse angesehen, weil sie mithilfe von Sprüchen oder Zaubern böse Dinge verursachen oder Menschen schaden können. „Diebe" sind bekanntermaßen Leute, die andere bestehlen, und haben damit natürlich einen schlechten Ruf.

Demnach ist eine Kombination von Hexen und Dieben besonders schlimm.
Wäre es dann besser, es gäbe keine magischen Diebinnen?
Warum existieren die magischen Diebinnen?
Die Antwort auf diese Fragen möchte ich im weiteren Verlauf mit euch zusammen herausfinden.
Danke, dass ihr den ersten Band gelesen habt!
Seid auf den zweiten Band gespannt!

Hana Kagami

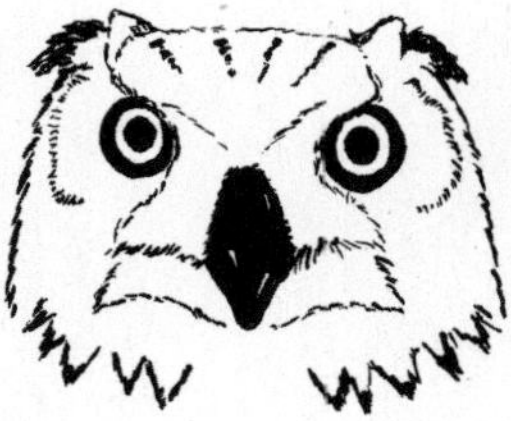

Der echte Mineo

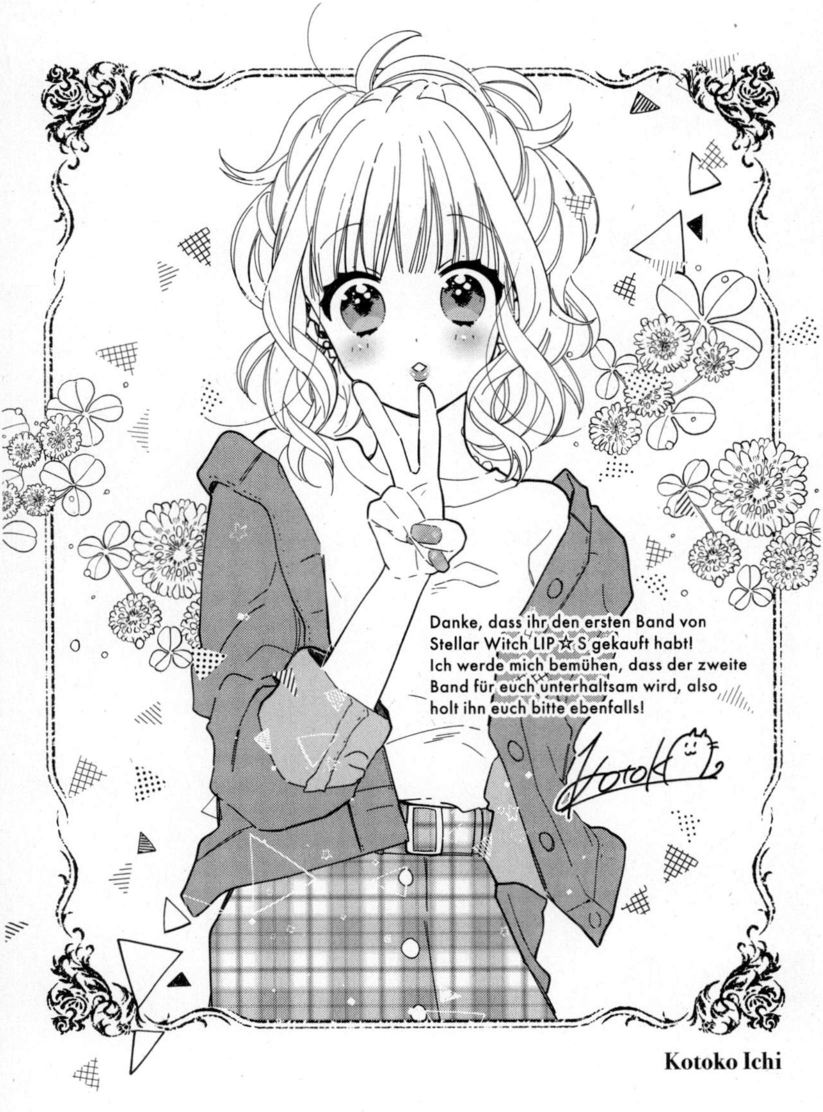
Danke, dass ihr den ersten Band von
Stellar Witch LIP☆S gekauft habt!
Ich werde mich bemühen, dass der zweite
Band für euch unterhaltsam wird, also
holt ihn euch bitte ebenfalls!

Kotoko Ichi

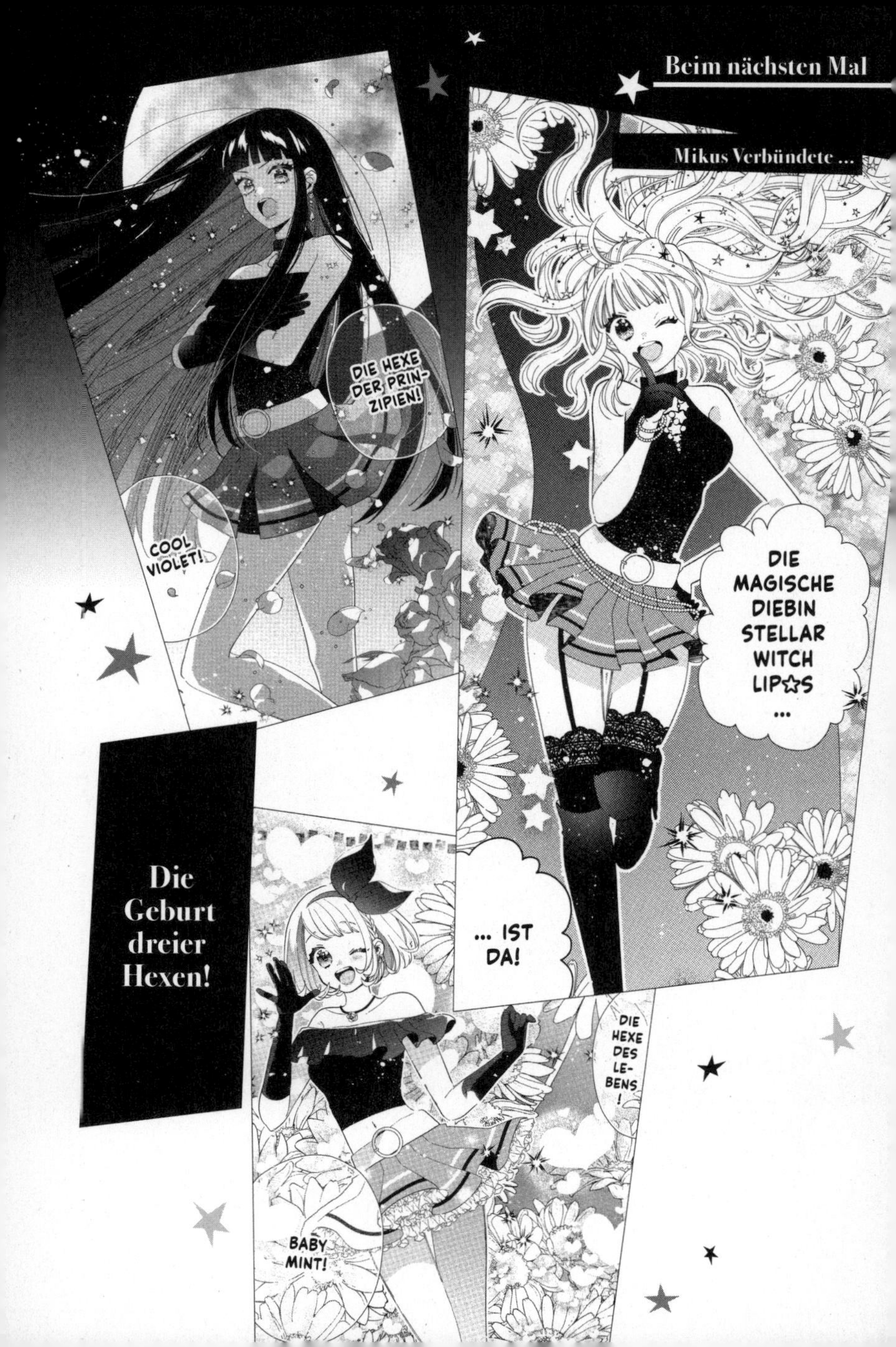
Beim nächsten Mal
Mikus Verbündete ...
DIE MAGISCHE DIEBIN STELLAR WITCH LIP☆S ...
... IST DA!
DIE HEXE DER PRINZIPIEN!
COOL VIOLET!
DIE HEXE DES LEBENS!
BABY MINT!
Die Geburt dreier Hexen!

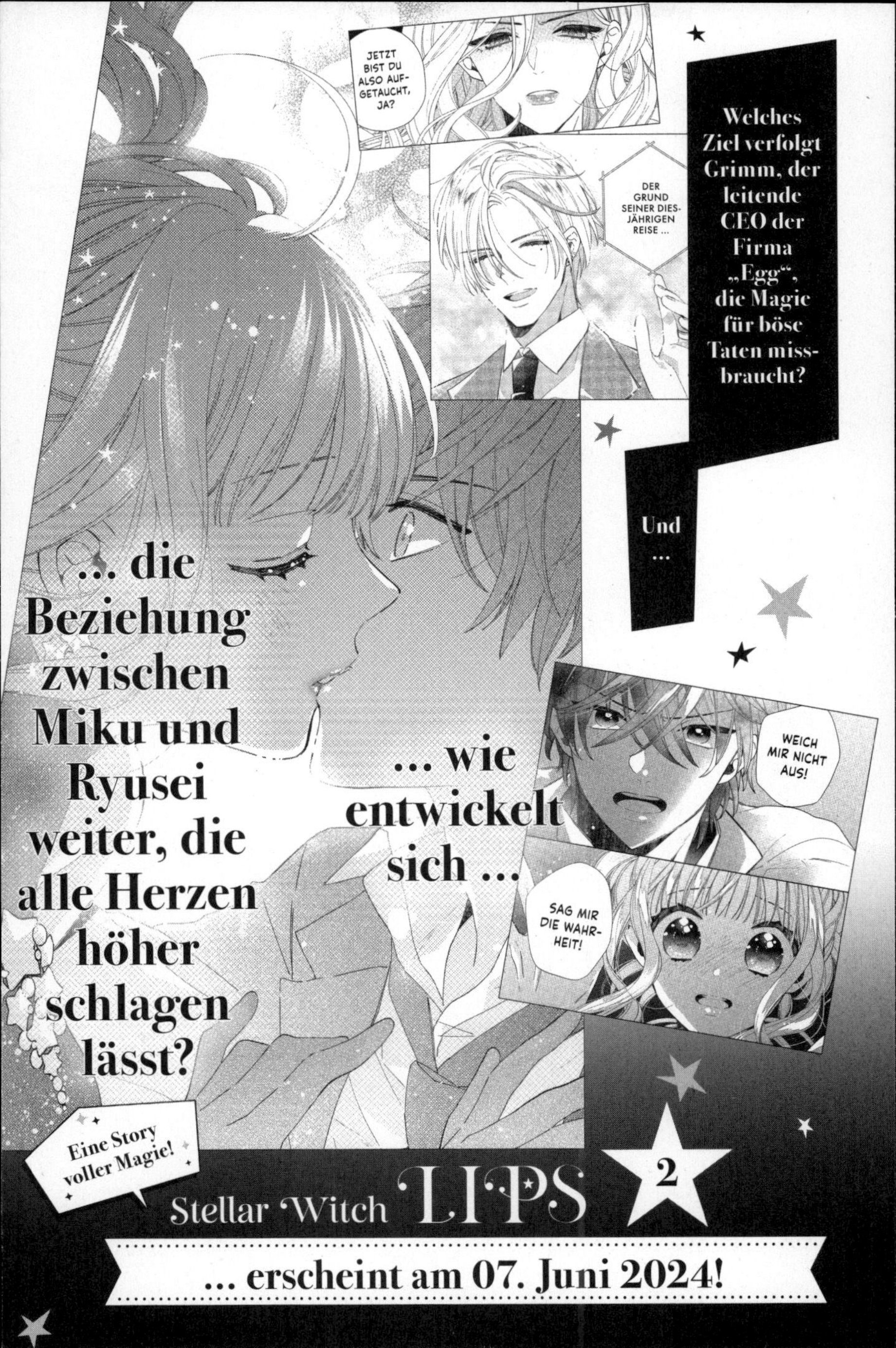
JETZT BIST DU ALSO AUFGETAUCHT, JA?
DER GRUND SEINER DIESJÄHRIGEN REISE ...
Welches Ziel verfolgt Grimm, der leitende CEO der Firma „Egg“, die Magie für böse Taten missbraucht?
Und ...
WEICH MIR NICHT AUS!
SAG MIR DIE WAHRHEIT!
... wie entwickelt sich ...
... die Beziehung zwischen Miku und Ryusei weiter, die alle Herzen höher schlagen lässt?
Eine Story voller Magie!
Stellar Witch LIPS 2
... erscheint am 07. Juni 2024!

Stellar Witch

LIPS

KODANSHA

Deutschsprachige Ausgabe / German Edition

CH-1007 Lausanne
1. Auflage

Aus dem Japanischen von Katharina Schmölders

Programmleitung: Hideki Iyama / Lizenzkoordination: Ai Kono
Redaktion: Frederike Demarczyk / Herstellung: Sonja Lesch
Deutsche Logo- und Covergestaltung: Stephanie Gieck
Lettering: Paolo Gattone, Chiara Antonelli, Alessio Ravazzani
Druck und Bindung: GGP Media GmbH, Pößneck

ISBN 978-2-88951-900-2